Eva Krötz

Oberpfälzer Wald

mit Český les (Naturpark Böhmischer Wald)

50 ausgewählte Wanderungen

ROTHER
BERGVERLAG

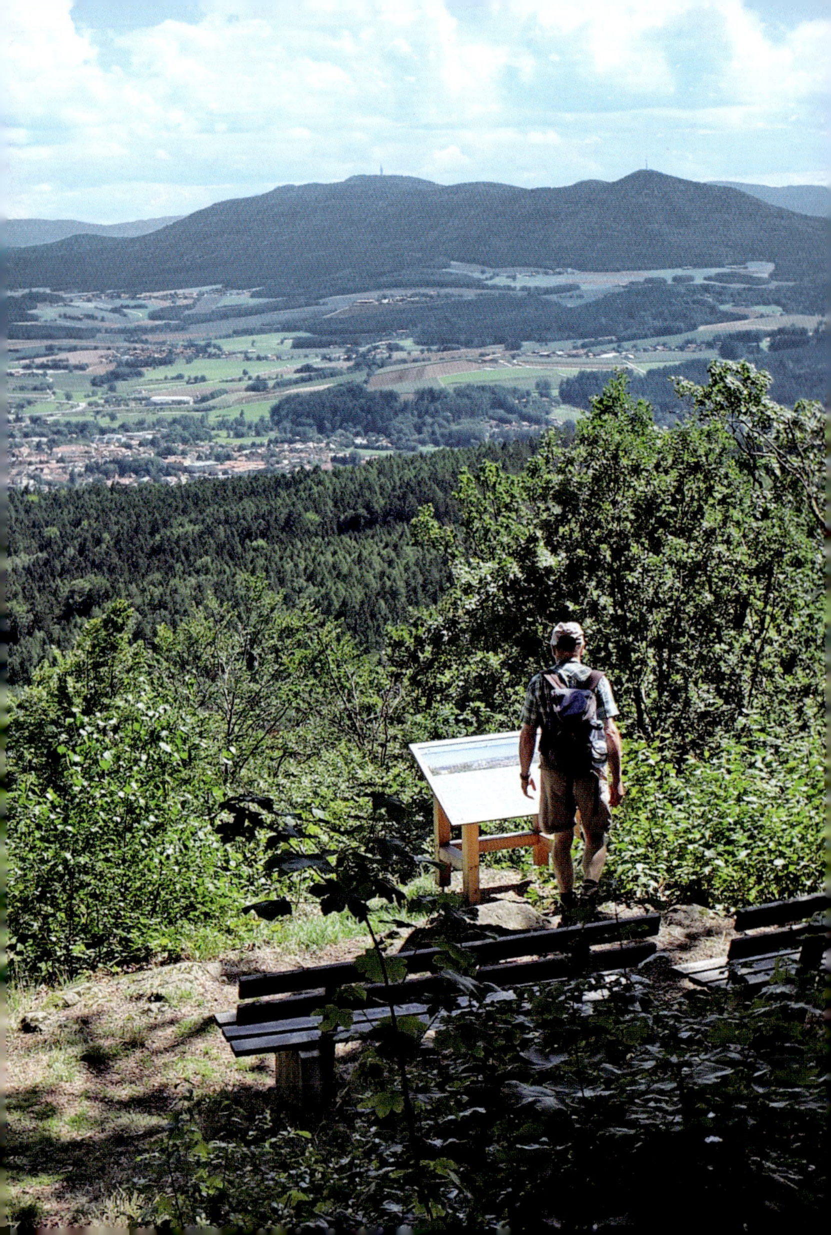

Vorwort

Wo liegt der Oberpfälzer Wald? In Bayerns Nordosten! Vielen unbekannt und in fast keinem Reiseführer erwähnt, bietet diese burgenreiche Mittelgebirgsregion nördlich von Regensburg erstaunlich viel. Felsige Hügel, schlafende Vulkane, idyllische Seen und ausgedehnte Wälder prägen die Landschaft. Seit der Grenzöffnung zu Tschechien hat sich das Wander- und Radfahreldorado um den Naturpark Český les (Böhmischer Wald) mit seinem gut markierten Wegenetz erweitert. Von zahlreichen Aussichtstürmen bietet sich eine fantastische Aussicht auf die bis zu 1000 Meter hohen Bergzüge in beiden Ländern. Auf Granitfelsen thronen Burgen und Burgruinen. Herausragende Beispiele sind die Ruinen Flossenbürg und Weißenstein, die allein schon aufgrund ihrer exponierten Lage imponieren; gut erhalten sind die Burganlagen Falkenberg und Wernberg. Geologisch ist die Region von Granit und Basalt geprägt. Der Egergraben, ein Riss in der Erdkruste und Ursache der Entstehung von über 100 Vulkanen, ist ein noch heute geologisch aktives Zentrum. Die Kurbäder Marienbad und Karlsbad, aber auch das Sibyllenbad in Neualbenreuth profitieren von Mineralquellen. Und nicht nur im Naturschutzgebiet Soos bei Franzensbad blubbern Mineralquellen aus dem Boden, vielmehr begegnen wir auch auf unseren Touren immer wieder sprudelnden Quellen und Sauerbrunnen. Die eindrucksvollsten Zeugen des Vulkanismus sind die Basaltsäulen des Hohen Parksteins und der Basaltkegel Rauher Kulm bei Neustadt am Kulm.
Genießen Sie die Wanderungen, erholen Sie sich bei einem Zoiglbier und lassen Sie sich die einheimischen Kartoffelgerichte wie den Dotsch oder einen fangfrischen Karpfen schmecken. Ich wünsche allen Einheimischen und Besuchern mit der 4., aktualisierten Auflage erlebnisreiche Wanderstunden.

Regensburg, im Frühjahr 2021 — Eva Krötz

Liebe Leserinnen und Leser,

infolge der Corona-Krise können sich Änderungen ergeben haben, die bei Redaktionsschluss noch nicht absehbar waren. Soweit möglich werden wir aktuelle Hinweise unter www.rother.de (beim Buch) zur Verfügung stellen. Bitte informieren Sie sich vor der Wanderung zusätzlich über die derzeitigen Gegebenheiten.
Sollten Sie geänderte Gegebenheiten vor Ort feststellen, freuen wir uns über Korrekturhinweise per E-Mail an leserzuschrift@rother.de.

Blick vom Geißriegel vor der Roberthütte in den Hohenbogen-Winkel (Tour 4).

Inhaltsverzeichnis

Symbole

	mit Bahn/Bus erreichbar		Kirche, Kapelle, Kloster
	Einkehrmöglichkeit unterwegs		Wassermühle
	für Kinder geeignet		Gipfel
P	Parkplatz/Wanderparkplatz		Turm, Aussichtsturm
	Bahnanschluss		Aussichtsplatz
	Bushaltestelle		Picknickplatz
	Ort mit Einkehrmöglichkeit		Abzweig
	Einkehrmöglichkeit		Badestelle
	Burg, Burgruine, Schloss		markanter Baum

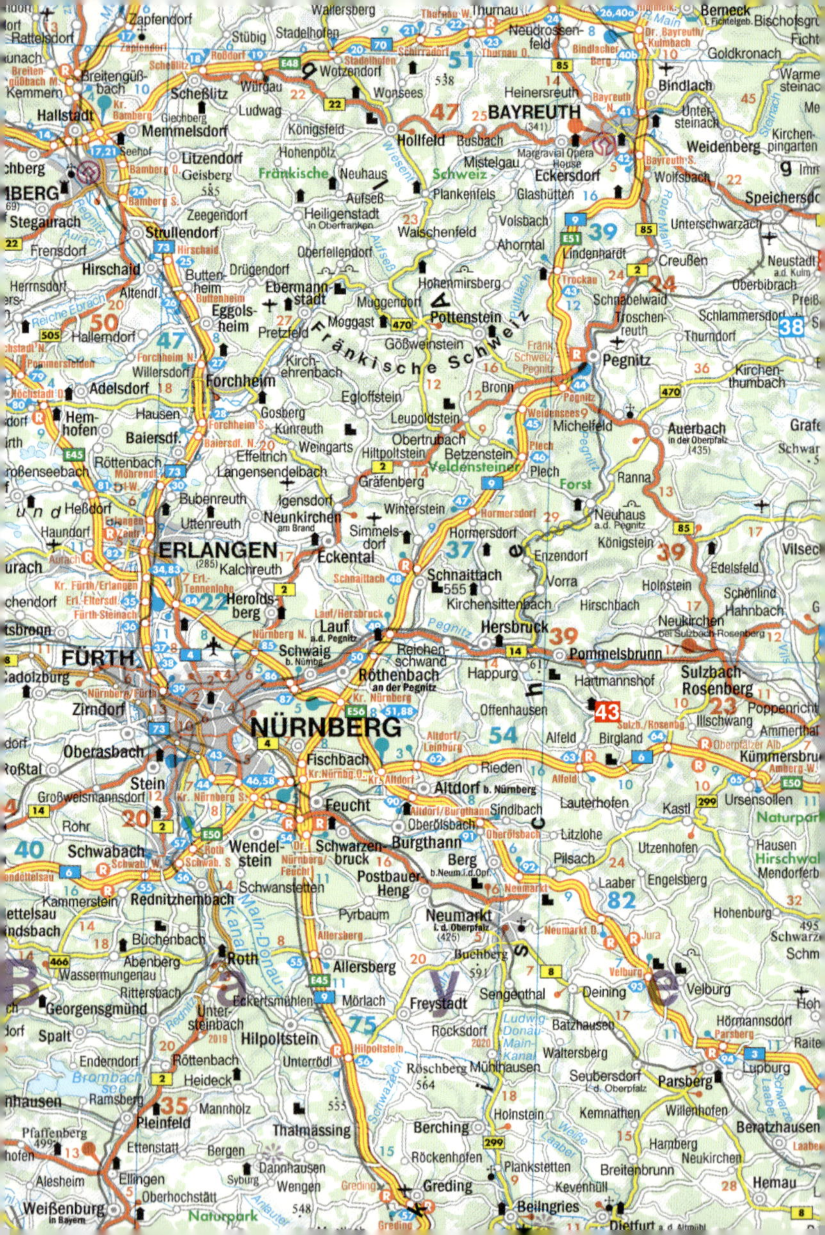

Zapfendorf
Rattelsdorf
Breitengüßbach
Kemmern
Hallstadt
Memmelsdorf
Scheßlitz
Stübig
Stadelhofen
Wattendorf
Wallersberg
Wotzendorf
Würgau
Ludwag
Wonsees
Königsfeld
Thurnau
Neudrossenfeld
Berneck
Bischofsgrün
Goldkronach
Bindlach
Heinersreuth
BAYREUTH
Hollfeld
Busbach
Mistelgau
Eckersdorf
Glashütten
Weidenberg
Speichersdorf
Litzendorf
Geisberg
Hohenpölz
Fränkische
Schweiz
Neuhaus
Aufseß
Plankenfels
Zeegendorf
Heiligenstadt in Oberfranken
Waischenfeld
Volsbach
Ahorntal
Unterschwarzach
Stegaurach
Strullendorf
Frensdorf
Hirschaid
Oberfellendorf
Lindenhardt
Creußen
Neustadt a.d. Kulm
Oberbibrach
Herrnsdorf
Altendorf
Buttenheim
Drügendorf
Ebermannstadt
Muggendorf
Hohenmirsberg
Pottenstein
Schnabelwaid
Troschenreuth
Schlammersdorf
Thurndorf
Eggolsheim
Pretzfeld
Moggast
Gößweinstein
Hallerndorf
Willersdorf
Fränkische Schweiz
Kirchehrenbach
Pegnitz
Kirchenthumbach
Adelsdorf
Forchheim
Egloffstein
Bronn
Hemhofen
Hausen
Gosberg
Kunreuth
Leupoldstein
Michelfeld
Auerbach in der Oberpfalz
Baiersdorf
Effeltrich
Weingarts
Obertrubach
Hiltpoltstein
Betzenstein
Veldensteiner
Forst
Plech
Ranna
Röttenbach
Langensendelbach
Gräfenberg
Großenseebach
Heßdorf
Bubenreuth
Igensdorf
Neunkirchen am Brand
Winterstein
Neuhaus a.d. Pegnitz
Haundorf
Uttenreuth
Simmelsdorf
Hormersdorf
Königstein
ERLANGEN
Kalchreuth
Eckental
Enzendorf
Schnaittach
Vorra
Edelsfeld
Heroldsberg
Kirchensittenbach
Hirschbach
Hohnstein
Schönlind
Hahnbach
Lauf a.d. Pegnitz
Hersbruck
Neukirchen bei Sulzbach-Rosenberg
FÜRTH
Schwaig b. Nürnbg
Reichenschwand
Pommelsbrunn
Cadolzburg
Röthenbach an der Pegnitz
Happurg
Hartmannshof
Sulzbach-Rosenberg
Zirndorf
Offenhausen
Poppenricht
Illschwang
Ammerthal
NÜRNBERG
Oberasbach
Fischbach
Alfeld
Birgland
Kümmersbruck
Roßtal
Stein
Rieden
Altdorf b. Nürnberg
Großweismannsdorf
Feucht
Sindlbach
Lauterhofen
Kastl
Ursensollen
Rohr
Oberölsbach
Litzlohe
Schwabach
Wendelstein
Schwarzenbruck
Burgthann
Berg b.Neum.i.d.Opf.
Pilsach
Utzenhofen
Hausen
Mendorferbuch
Rednitzhembach
Schwanstetten
Postbauer-Heng
Laaber
Engelsberg
Kammerstein
Pyrbaum
Neumarkt i. d. Oberpfalz
Hohenburg
Büchenbach
Abenberg
Roth
Allersberg
Buchberg
Wassermungenau
Rittersbach
Georgensgmünd
Eckertsmühlen
Mörlach
Sengenthal
Deining
Velburg
Freystadt
Untersteinbach
Spalt
Hilpoltstein
Rocksdorf
Batzhausen
Hörmannsdorf
Waltersberg
Parsberg
Enderndorf
Röttenbach
Unterrödl
Röschberg
Mühlhausen
Lupburg
Brombachsee
Heideck
Seubersdorf i. d. Oberpfalz
Ramsberg
Mannholz
Thalmässing
Holnstein
Kemnathen
Willenhofen
Pleinfeld
Berching
Beratzhausen
Pfaffenberg
Ettenstatt
Bergen
Röckenhofen
Hamberg
Neukirchen
Plankstetten
Breitenbrunn
Alesheim
Ellingen
Dannhausen
Syburg
Wengen
Greding
Kevenhüll
Hemau
Oberhochstätt
Weißenburg in Bayern
Naturpark
Beilngries
Dietfurt a. d. Altmühl
Main-Donau-Kanal

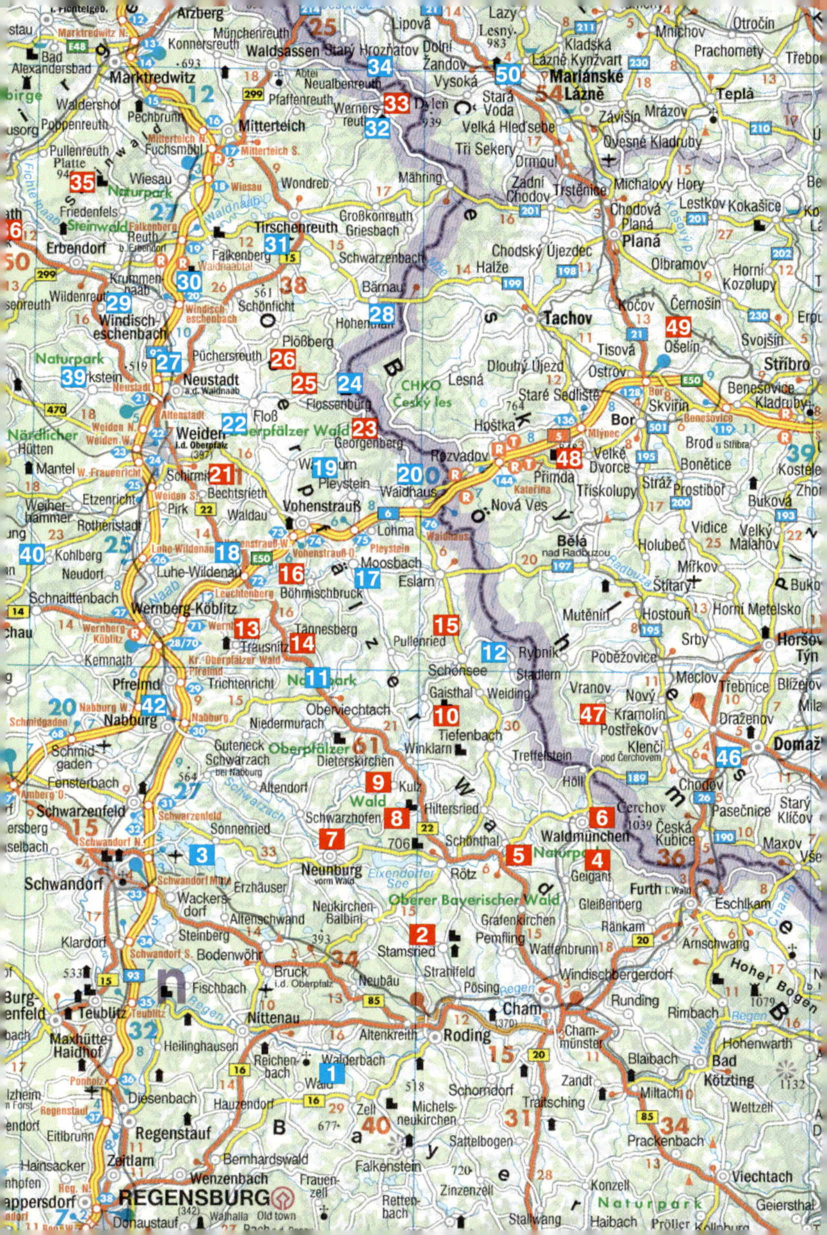

Arzberg
Marktredwitz
Waldsassen
Mitterteich
Tirschenreuth
Erbendorf
Windisch-eschenbach
Neustadt a.d. Waldnaab
Weiden i.d. Oberpfalz
Vohenstrauß
Luhe-Wildenau
Wernberg-Köblitz
Pfreimd
Nabburg
Schwarzenfeld
Schwandorf
Teublitz
Maxhütte-Haidhof
Regenstauf
Zeitlarn
REGENSBURG
Donaustauf
Nittenau
Bruck i.d. Oberpfalz
Neunburg vorm Wald
Roding
Cham
Waldmünchen
Furth i. Wald
Bad Kötzting
Viechtach
Lipová
Lazy
Mariánské Lázně
Teplá
Planá
Tachov
Bor
Rozvadov
Waidhaus
Přimda
Bělá nad Radbuzou
Horšovský Týn
Domažlice
Klenčí pod Čerchovem
Česká Kubice
Stříbro
Flossenbürg
Bärnau
Mähring
Pleystein
Moosbach
Eslarn
Schönsee
Oberviechtach
Tiefenbach
Winklarn
Rötz
Naturpark Steinwald
Naturpark Nördlicher Oberpfälzer Wald
Oberpfälzer Wald
CHKO Český les
Oberer Bayerischer Wald
Naturpark
Hoher Bogen

Top-Touren im Oberpfälzer Wald

Klammerfels, Dreiwappen und Kreuzfelsen

Felsenreiche Aussichtstour im Hinteren Oberpfälzer Wald. Reizvolle Gipfelerlebnisse an der Grenze zu Tschechien (Tour 4, 8.00 Std.).

Auf den Čerchov

Grenzüberschreitende Wanderung von Waldmünchen auf den höchsten Berg im Oberpfälzer Wald auf tschechischer Seite (Tour 6, 3.45 Std.).

Ruine Schwarzenburg und Bergfried Thanstein

Über die furchteinflößende Felsformation Totentruhe und eine gesicherte »Steinerne Wand« hinauf zu zwei Burgruinen mit Bergfried (Tour 8, 4.15 Std.).

Über Bügellohe zum Böhmerwald-Aussichtsturm

Auf Waldwegen und Grenzpfaden geht es vorbei am verfallenen Ort Bügellohe zum Böhmerwaldturm. Aussicht genießen wir auch an der Ruine Reichenstein und am Naturdenkmal Hochfels (Tour 12, 4.15 Std.).

Pfreimdtal und Burg Trausnitz

Idyllische Flusswanderung auf Uferpfaden und schönen Waldwegen kombiniert mit einer aussichtsreichen Höhenwanderung zur Burg Trausnitz; auch teilbar in zwei Rundtouren (Tour 13, 8.30 Std.).

Schellenberg und Havran

Aufstieg zur spektakulär auf Felsen erbauten Ruine Schellenburg mit fantastischem Blick; am markanten Brotfelsen vorbei geht es zum Aussichtsturm auf dem Havran und weiter zur Silberhütte (Tour 24, 3.30 Std.).

Flossenbürg – Welt des Granits

Rund um das Wahrzeichen des Naturparks Nördlicher Oberpfälzer Wald – der weithin sichtbaren Ruine Flossenbürg (Tour 25, 2.45 Std.).

Das wildromantische Waldnaabtal

Landschaftliches Highlight ist das von Felsen übersäte Naturschutzgebiet Waldnaabtal. Wir folgen über Steighilfen dem tief eingeschnittenen Flusslauf zur beliebten Blockhütte mit großem Biergarten (Tour 30, 3.45 Std.).

Egerländer Fachwerkkunst

Über den erst 100.000 Jahre alten Vulkan Eisenbühl nach Doubrava (Taubrath) mit seinen herrlichen Fachwerkhäusern (Tour 34, 3 Std.).

Höhepunkte des Steinwalds

Über den besteigbaren Saubadfelsen zum Aussichtsturm auf der 946 m hohen Platte und zur imposanten Ruine Weißenstein (Tour 35, 5.45 Std.).

Zum Vulkan Rauher Kulm, 681 m

Über Basaltblockhalten zum Aussichtsturm auf dem Vulkankegel Rauher Kulm und zu seinem kleinen Bruder jenseits Neustadt am Kulm (Tour 37, 3.30 Std.); unbedingt auch den Basaltkegel Hoher Parkstein besuchen (Tour 39, 3.45 Std.).

Zum Ausflugsziel Ruine Lichtenegg

Maiwanderung zum streng geschützen Frauenschuh, vorbei an der Ruine Lichtenegg und einigen Kletterfelsen (Tour 43, 4.15 Std.).

Ein zauberhafter Blick auf Kallmünz im Naabtal (Tour 45).

Allgemeine Hinweise

Tourenauswahl und -planung

Wie finde ich für den heutigen Tag die richtige Tour? An erster Stelle steht dabei der Zeitfaktor. Berücksichtigen Sie die Anfahrtsdauer zum Ausgangspunkt. Dessen ungefähre Lage können Sie anhand der Übersichtskarten auf den Seiten 6/7 (1:700.000) und auf der Rückseite des Buches (1:1.000.000) bestimmen. Den Anfahrtsweg können Sie guten Straßen- oder Wanderkarten entnehmen; auf Letzteren ist der Ausgangspunkt meist einfacher zu finden. Für Autonavigationsgeräte ist, sofern er in einem Ort liegt, die Adresse des Ausgangspunkts im Tourensteckbrief vermerkt. In anderen Fällen ist ein Punkt in unmittelbarer Nähe angegeben.

Die für die einzelnen Wanderungen veranschlagte Gehzeit gibt nur die reine Wanderzeit (ohne Pausen!) wieder. Die Zeit, die Sie benötigen, um Sehenswürdigkeiten wie Burgen und Kirchen zu besichtigen oder Aussichtstürme zu besteigen, ist nicht berücksichtigt. Da es sich bei den Wanderungen in diesem Buch nicht um Hochgebirgstouren (mit einem Gipfel als Ziel), sondern um hügelige oder leicht bergige Mittelgebirgstouren handelt, sollten Sie die vielen Sehenswürdigkeiten am Wegesrand in den Mittelpunkt stellen. Bitte kalkulieren Sie deshalb für jede Wanderung deutlich mehr Zeit, als in Kopfbalken und Höhendiagramm angegeben ist.

Die Rubrik »Höhenunterschied« weist die Summe der Höhenmeter aus, die im Verlauf einer Tour zu bewältigen sind. Bei Streckentouren können die Angaben für An- und Abstieg voneinander abweichen.

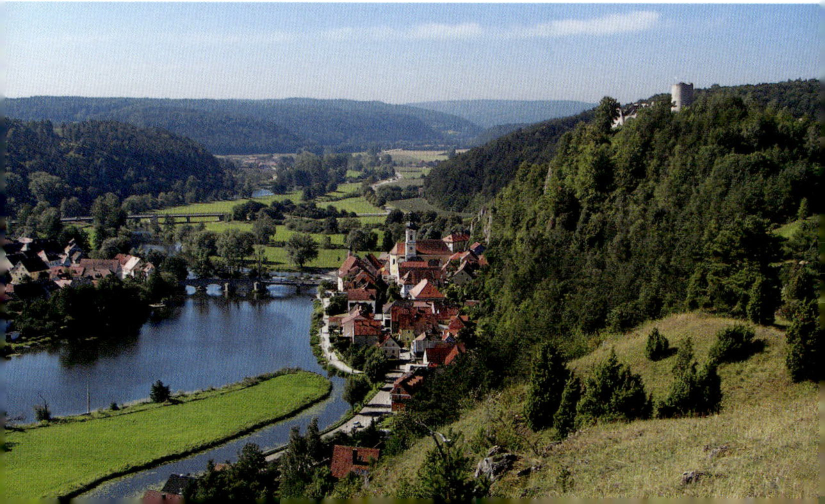

Unter »Anforderungen« werden Länge und Beschaffenheit der Wege sowie Streckenabschnitte, die besondere Aufmerksamkeit erfordern, beschrieben. Der Schwierigkeitsgrad einer Tour ist an der Farbe der jeweiligen Tourennummer zu erkennen:

Leicht Einfache Wanderungen auf gut markierten oder leicht zu findenden Wegen. Die Wege sind problemlos zu begehen; die Gehzeit beträgt in der Regel nicht mehr als einen halben Tag.

Mittel Touren auf nur teilweise markierten Wegen, die dem Wanderer etwas Orientierungssinn abverlangen können. Die Wege sind oft schmal, steinig oder verwurzelt und können Trittsicherheit erfordern. Mehrere, auch steilere Anstiege sind möglich. Die Dauer der Wanderungen reicht von der Halbtages- bis zur Tagestour.

Ausrüstung

Gehen Sie nie ohne passende Wanderausrüstung auf Tour. Ein Muss sind passende Wanderschuhe und eine möglichst wasserdichte Jacke. Auch ein Rucksack mit ausreichend Getränken und einem Imbiss sollte immer dabei sein. Bedenken Sie, dass Einkehrmöglichkeiten am Weg geschlossen sein können oder die Zeit manchmal nicht ausreicht, um ein Gasthaus aufzusuchen. Wanderkarte, Personalausweis (nicht nur bei grenzüberschreitenden Wanderungen), Erste-Hilfe-Set, Sonnenschutzcreme und eine Taschen- oder Stirnlampe gehören ebenfalls zur Ausrüstung. Outdoor-GPS-Geräte oder ein Smartphone mit Navigationsapp sind eine komfortable Ergänzung.

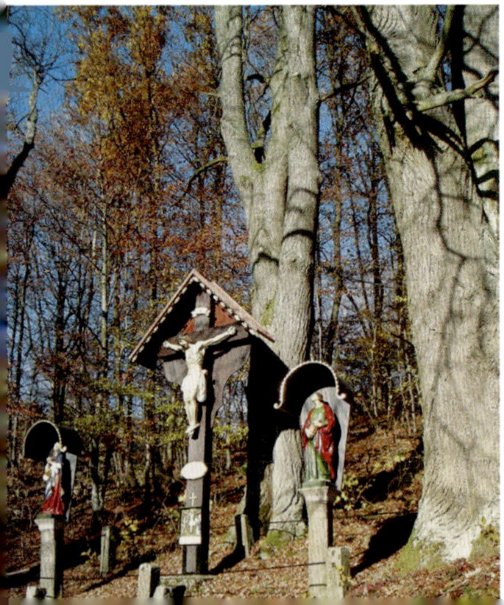

Wandern mit Kindern

Erfahrungsgemäß laufen Kinder nicht besonders gerne. Spaß am Wandern haben sie nur, wenn sie der Weg voll in Anspruch nimmt. Bevorzugen Sie ruhig die anspruchsvolleren Pfade, denn auf breiten, bequemen Wegen kommt schnell Langeweile auf. Empfehlenswert sind Wanderungen, die schon unterwegs viel zu bieten haben und vor allem nicht zu lang sind. Dafür eignen sich Lehrpfade

Marterl und Christusgruppen wie die unweit von Dautersdorf (Tour 7) sind im Oberpfälzer Wald häufige Wegbegleiter.

und Walderlebniswege, wie z. B. jener bei Stamsried (Tour 2). Hier kann man auf Holzinstrumenten spielen, Steine summen lassen oder Bäume als Telefon benutzen. Interessant zu besteigen und erforschen sind natürlich auch die vielen Burgruinen, die der Oberpfälzer Wald zu bieten hat. Für Kinder geeignete Touren sind mit dem entsprechenden Symbol versehen.

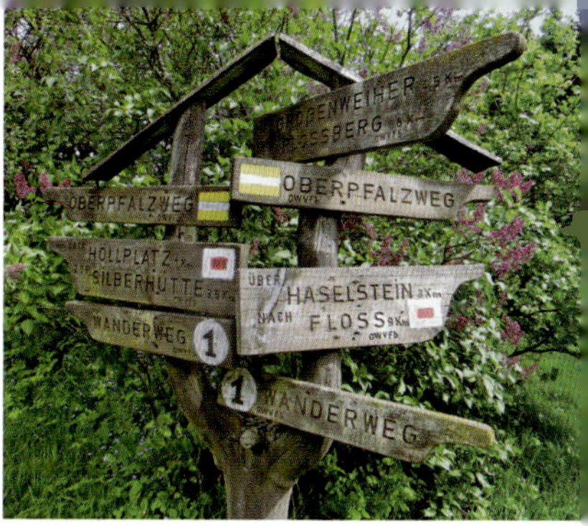

Stets gut markiert dank dem Oberpfälzer Waldverein.

Wegenetz und Markierungen

Das Ziel dieses Wanderführers ist es, Sie dabei zu unterstützen, den Reichtum der Natur im Oberpfälzer Wald zu entdecken. Dafür unabdingbare Voraussetzungen sind eine abwechslungsreiche Routenführung und ein schöner Wanderweg. Doch was ist unter einem »schönen« Wanderweg zu verstehen? Gerade darüber werden die Meinungen vermutlich oft auseinandergehen.

Bei der Zusammenstellung in diesem Buch wurde großer Wert darauf gelegt, die Touren möglichst auf schmalen, steinigen oder verwurzelten Pfaden verlaufen zu lassen. Gemieden werden hingegen langweilige Forstwege und Asphaltstraßen. Für Abwechslung sorgen geologische und landschaftliche Besonderheiten, Aussichtspunkte und Türme sowie hübsche Burgen, Burgruinen, Schlösser, Mühlen oder Hammerwerke am Wegesrand.

Die Markierungen, die unsere Wanderungen in Anspruch nehmen, sind häufig jene des Oberpfälzer Waldvereins (OWV, www.owv-hv.de), der für eine gute Instandhaltung Sorge trägt. Lediglich regional markierte Wege können manchmal Schwierigkeiten bereiten.

Fernwanderwege

Zahlreiche Fernwanderwege durchziehen den Oberpfälzer Wald und viele davon werden uns im Tourenteil wieder begegnen. Leider kann im Rahmen dieses Führers nicht jede dieser zweifelsfrei interessanten Wanderrouten in Gänze beschrieben werden; sie sind aber meist gut markiert und mit eigener Wanderkarte problemlos durchführbar. Mehrtageswanderungen mit Gepäcktransport und Zimmerreservierung sind bei den Tourismuszentren im Oberpfälzer Wald (im Internet unter: www.oberpfaelzerwald.de) buchbar.

Informationen zu den für unsere Touren relevanten Fernwanderwegen finden Sie im Infokasten auf der folgenden Seite. Hier sind neben Markierung und Länge jedes einzelnen Wegs auch die wichtigsten Stationen im Wandergebiet Oberpfälzer Wald aufgeführt.

Fernwanderwege im Oberpfälzer Wald

Burgenweg/ Goldsteig

ca. 176 km; Teil des 2007 entstandenen Prädikatwegs Goldsteig, erschließt neben Burgen und Ruinen auch reizvolle Flusstäler wie das Waldnaabtal.
Wegverlauf: Von Marktredwitz über Ruine Weißenstein, Burg Falkenberg, Burg Neuhaus, Burg Leuchtenberg, Burg Trausnitz und Oberviechtach nach Waldmünchen. Seit 2018 beginnt in Chodová Planá der 289 km lange tschechische Goldsteig, der mit zahlreichen Querverbindungen an den bayerischen Goldsteig angebunden ist.

Oberpfalzweg

ca. 229 km; Nord-Süd-Weg, der die landschaftlichen Höhepunkte mit interessanten Orten verbindet.
Wegverlauf: Von der Wallfahrtskirche Kappl bei Waldsassen über Tirschenreuth, die Ruine Flossenbürg, den Rosenquarzfelsen Pleystein, Moosbach, Schönsee und Neunburg vorm Wald nach Regensburg.

Wanderweg »Goldene Straße«

ca. 90 km; folgt der ehemaligen, von Kaiser Karl IV. (1316–1378) festgelegten Reichsstraße von Nürnberg nach Prag.
Wegverlauf: Von Sulzbach-Rosenberg über Hirschau, Kohlberg, Weiden, Neustadt a. d. Waldnaab, Plößberg und Bärnau zur Landesgrenze.

Nurtschweg

ca. 133 km; Teil des Europäischen Fernwanderwegs E 6 Ostsee – Adria.
Wegverlauf: Entlang der deutsch-tschechischen Grenze von der Klosterstadt Waldsassen über Neualbenreuth, Bärnau, Silberhütte, Waidhaus, Eslarn und Stadlern nach Waldmünchen.

Grün-Weiß-Weg

ca. 133 km; Teil der Ostlinie des Main-Donau-Wegs.
Wegverlauf: Vom Basaltkegel Armesberg bei Kemnath über den Waldecker Schlossberg, den Basaltkegel Parkstein, die Aussichtstürme Rödlas und Kulm, Nabburg und Neunburg vorm Wald nach Rötz.

Main-Mies-Weg

ca. 93 km; verbindet die Rotmainquelle in Franken mit dem Quellgebiet der Mies an der tschechischen Grenze.
Wegverlauf: Vom Basaltkegel Rauher Kulm über Erbendorf, Burg Falkenberg und Tirschenreuth zum Quellgebiet der Mies bei Griesbach.

Wallenstein-Tilly-Weg

ca. 90 km; Anschluss an Albquerweg.
Wegverlauf: Von Pruihausen über Vilseck, den Aussichtsturm Rödlas und Burg Leuchtenberg zur Tillyschanz bei Eslarn an der Landesgrenze.

Jakobsweg

ca. 89 km; Teilstück des Pilgerwegs.
Wegverlauf: Von der Tillyschanz bei Eslarn über Ruine Wildenstein, Fuchsberg und Schwandorf nach Ensdorf.

Karl-Krampol-Weg

ca. 81 km; dem ehemaligen Regensburger Regierungspräsidenten Karl Krampol gewidmet, der sich sehr für die Wanderregion Oberpfalz eingesetzt hat.
Wegverlauf: Von Amberg über Nabburg, Guteneck, Obermurach, Oberviechtach, Schönsee und Stadlern nach Schwarzach an der tschechischen Grenze.

Vilstalwanderweg

89 km; führt durch die reizvolle Landschaft des Bayerischen Jura.
Wegverlauf: Von der Vilsquelle in Kleinschönbrunn über Burg Dagestein in Vilseck, Amberg, Hammerschloss Theuern, Kloster Ensdorf und Schmidmühlen bis zur Mündung in die Naab bei Kallmünz.

Die Oberpfalz

Wandern in der Oberpfalz

Was erwartet den Wanderer, wenn er die Oberpfalz bereist? Sicher kein überlaufenes Touristengebiet; eher ruhig und beschaulich geht es zu. Ist man wandernd unterwegs, kann man auf einsamen Pfaden seiner Wege gehen. Burgen, Ruinen und Aussichtstürme liegen meist tief im Wald verborgen.
Kurz gesagt: Es erwarten ihn hügelige oder leicht bergige Wandertouren auf kaum frequentierten Wegen zu oft unerwartet eindrucksvollen Naturschauplätzen und Kulturdenkmälern.

Das Wandergebiet, ein Naturparkland

Das Wandergebiet, das dieser Führer vorstellt, wird im Süden von Regensburg, im Osten von Domažlice (Taus), im Norden von Waldsassen und im Westen von Sulzbach-Rosenberg begrenzt.
Gleich fünf Naturparkregionen kann die Oberpfalz ihr Eigen nennen; drei davon sind dem Oberpfälzer Wald zuzuordnen. Hoch im Norden liegt der **Naturpark Steinwald**, bekannt für seine interessanten Felsformationen. Vom Oberpfalzturm auf der 946 m hohen Platte, dem höchsten Berg der Oberpfalz, genießt man hier eine fantastische Aussicht (Tour 35).
Südlich schließt sich der **Naturpark Nördlicher Oberpfälzer Wald**, der einzige zertifizierte Qualitätsnaturpark der Region, an. Er umfasst die kreisfreie Stadt Weiden i.d. Oberpfalz, den Landkreis Neustadt a.d. Waldnaab und Teile des Landkreises Tirschenreuth. Viel Wald, große Teichlandschaften, Moore und Flüsse kennzeichnen die Landschaft. Geologisch bedeutsam sind die durch Vulkanismus entstandenen Basaltkegel. Die Basaltsäulen von Parkstein (Tour 39) und die Basaltblockhalden am Rauhen Kulm bei Neustadt (Tour 37) sind besonders sehenswert.
Zum **Naturpark Oberpfälzer Wald** gehören der nordöstliche Teil des Landkreises Schwandorf, Oberviechtach und das Schönseer Land. Hervorzuheben sind folgende Naturschutzgebiete: das Charlottenhofer Weihergebiet nordöstlich von

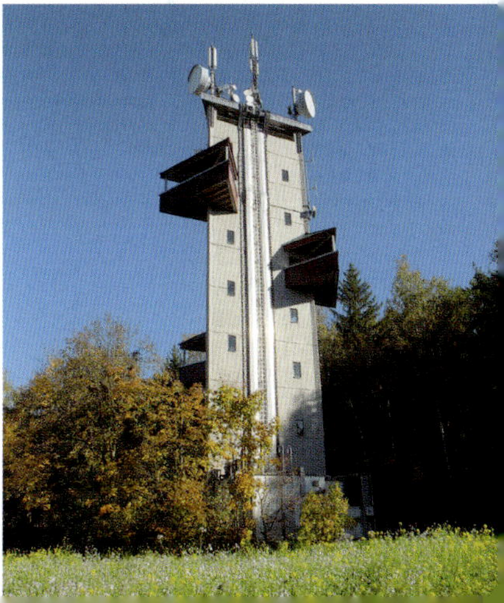

Der markante Rödlaser Aussichtsturm ist das Ziel der Tour 40.

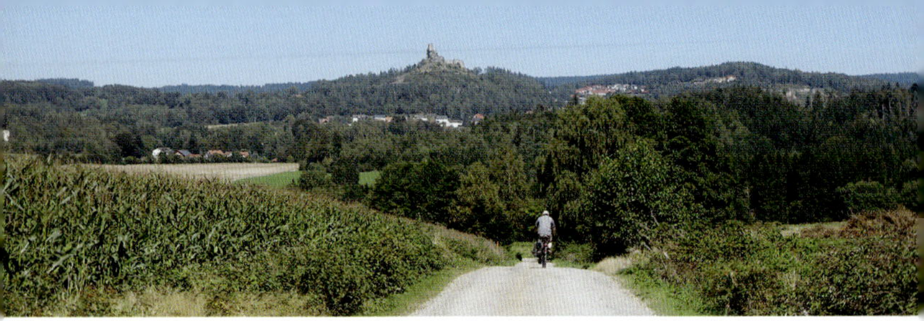

Wahrzeichen des Naturparks Nördlicher Oberpfälzer Wald – die Ruine Flossenbürg.

Schwandorf, das Prackendorfer und Kulzer Moos (Tour 9) sowie der Hirschberg mit seinem Aussichtsturm am Pfahl (Tour 3). Hügelig und waldreich ist die Landschaft. Der Böhmerwald-Aussichtsturm bei Stadlern an der Grenze zu Tschechien (Tour 12) liegt knapp 900 m hoch.

Im Südosten findet man im Landkreis Cham den **Naturpark Oberer Bayerischer Wald**. Da das Gebiet bereits im Rother Wanderführer »Bayerischer Wald« erwandert wird, beschränkt sich die Tourenauswahl auf den von den Gebieten um Waldmünchen (Tour 4, 5 und 6), Stamsried (Tour 2) und Zell (Tour 1) begrenzten Nordwesten des Naturparks.

Der jüngste, erst 2006 gegründete **Naturpark Hirschwald** liegt südlich von Amberg im Bayerischen Jura. Einst kurfürstliches Jagdgebiet, gehört der Hirschwald (Tour 44) heute zu den ältesten Forstbeständen Bayerns. Die Flusstäler von Vils und Lauterach laden zum Wandern und Kanufahren ein.

Auf tschechischer Seite verläuft entlang der Grenze der **Naturpark Český les (Böhmischer Wald)**. Er setzt sich zusammen aus dem Chebsko (Egerland) im Norden, dem Tachovsko (Tachauer Land) und dem Domažlicko (Tauser Land) im Süden.

Das Egerland mit seinen reizvollen Fachwerkhäusern ist ein aus geologischer Sicht hochaktives Gebiet. Die Kurbäder Františkovy Lázně (Franzensbad) und Mariánské Lázně (Marienbad) profitieren davon. Die Vulkane Komorní hůrka (Kammerbühl) und Železná hůrka (Eisenbühl; Tour 34) und die Mineralquellen von Soos sind Zeugen vergangener und zukünftiger vulkanischer Aktivität.

Die Burg Přimda (Pfraumberg; Tour 48) auf dem 848 m hohen Pfraumberg überragt das Tachauer Land. Sie wurde einst als Wachtposten über dem wichtigen Handelsweg Via Carolina (heute Autobahn A 6/D 5) errichtet.

Das Land der Choden ist das Tauser Land (Tour 46). Die Choden, ein slawischer Volksstamm, siedelten sich im Grenzgebiet an und wurden im Mittelalter mit der Bewachung der Grenze beauftragt. Volkstümliche Architektur, Bräuche und Trachten sind dort heute noch lebendig. Mitte August findet auf dem historischen Marktplatz von Domažlice (Taus) das Chodenfest statt. Der höchste Berg ist mit 1042 m der Čerchov (Tour 6).

Unbedingt anschauen

Viele Sehenswürdigkeiten werden im Rahmen der beschriebenen Touren erwandert. Einen Ausflug wert sind darüber hinaus vor allem die historischen Altstädte von Regensburg (Weltkulturerbe) und Amberg. In Amberg sollten Sie die barocke Asamkirche auf dem Mariahilfberg besuchen, von der man einen wunderbaren Blick über die Stadt genießt.

Ein Nachmittag im Oberpfälzer Freilandmuseum Neusath-Perschen bei Nabburg (im Internet unter www.freilandmuseum.org) ist ebenso zu empfehlen wie eine Führung durch das Felsenkellerlabyrinth von Schwandorf oder der Besuch des Klosters Waldsassen mit seiner prachtvollen Bibliothek.

Wichtige Ausflugsziele in Tschechien sind die sanierte Altstadt von Cheb (Eger) und die Kurbäder Františkovy Lázně (Franzensbad) und Mariánské Lázně (Marienbad). Auch Tachov (Tachau) und Domažlice (Taus) sind inzwischen hübsch saniert und die Anreise mehr als wert. Im Naturschutzgebiet Soos bei Franzensbad blubbern die schwefelhaltigen Mineralquellen und zaubern eine nahezu isländische Atmosphäre.

Wer im Sommer kommt, kann sich eines der vielen Theaterstücke auf den Freilichtbühnen der Region ansehen. Burg Leuchtenberg (Tour 18) bietet ein abwechslungsreiches Programm; Oberviechtach ist berühmt für das Eisenbarth-Festspiel, »Märchenzeit für Jung und Alt« heißt es auf der Schwarzenburg in Rötz (Tour 8) und »Trenck, der Pandur« macht noch immer Waldmünchen (Tour 6) unsicher. Sommerkonzerte mit klassischer Musik finden im historischen Pfarrhof zu Wurz (Tour 27) und im Freilichttheater unter dem Basaltkegel von Parkstein (Tour 39) statt.

Von der Eisen- zur Glas- und Porzellanindustrie

Die üppigen Erzvorkommen in der Oberpfalz waren der Grund für die Entstehung unzähliger Hammerwerke zur Eisenverarbeitung im 14. Jahrhundert. Die Oberpfalz wurde dadurch zu einer sehr reichen Region; man bezeichnet sie daher gerne auch als Ruhrgebiet des Mittelalters. Später, im 18. Jahrhundert, begann die Blütezeit der Glasindustrie in Ostbayern. Bis ins 19. Jahrhundert hinein wurden unzählige der Hammerwerke an den Bachläufen zu Glasschleifen und Polierwerken umfunktioniert. Heute führt uns der Glasschleifererweg auf idyllischen Wegen im Zottbach-, Pfreimd- und Tröbesbachtal an

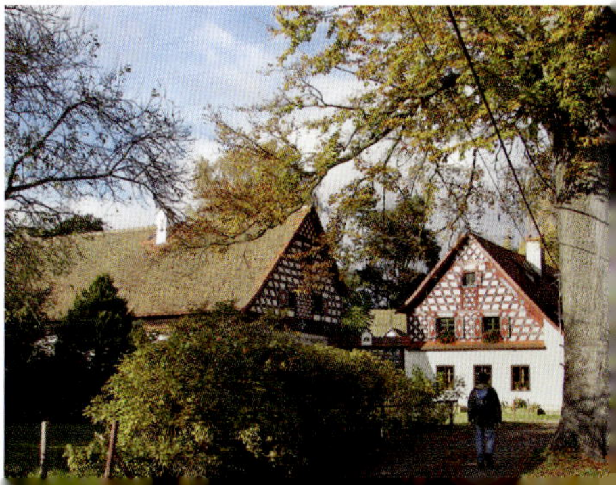

Tour 34 führt uns ins tschechische Doubrava, das mit seinen Höfen im Egerländer Fachwerkstil begeistert.

den ehemaligen Glasbetrieben vorbei. In der Hagenmühle bei Pleystein kann man das letzte noch erhaltene Glaspolierwerk bestaunen.
Neustadt a. d. Waldnaab trägt nicht zu Unrecht den Beinamen »Europäisches Bleikristallzentrum«. Die hier angesiedelten Nachtmann-Bleikristallwerke waren weltweiter Marktführer. Das Stadt- und Glasmuseum zeigt Handwerk und Glaskunstwerke.
Kaolin ist der Grundstoff des Porzellans und im Oberpfälzer Wald reichlich vorhanden. Das größte Kaolinabbaugebiet befindet sich bei Hirschau; aus der gewaltigen »Abraumhalde« ist der weithin sichtbare Sommerskiberg Monte Kaolino entstanden. Seit der Ansiedelung im 19. Jahrhundert ist die Herstellung von Porzellan ein florierender Wirtschaftszweig in der Region. Bekannte Porzellanproduzenten sind Bauscher und Seltmann in Weiden. Der Porzellanwanderweg, der die traditionellen Stätten dieses Handwerks erschließt, verläuft parallel zur Porzellanstraße von Kemnath nach Mitterteich.

Geologie und Vulkane

Bei der variskischen Gebirgsbildung vor ca. 400 bis 250 Millionen Jahren entstanden auch im Oberpfälzer Wald gewaltige Gipfel. Im Laufe von Jahrmillionen wurden sie durch Wind und Wasser abgetragen und glatt geschliffen. Erhalten blieb der harte Granit, das typische Gestein der Region – schön zu sehen in Falkenberg, Flossenbürg, Leuchtenberg oder am Schellenberg. Bemerkenswert ist der Kreuzberg, ein Rosenquarzfels aus Quarz-Feldspat-Phosphat-Pegmatit, im Zentrum von Pleystein.
Eine Wanderung quer durch die Erdgeschichte unternimmt man am besten auf dem anschaulichen Geologischen Lehrpfad bei Tännesberg (1,3 km, Info und Audioguide zum Download unter: www.taennesberg.de; Tour 14). Bis zu 20 Tonnen schwere Gesteinsblöcke wurden hier vom Erdaltertum bis zur Erdneuzeit in der Reihenfolge ihrer Entstehung angeordnet. Mit imposanten Basaltsäulen, wie sie noch eindrucksvoller an der Steilwand des Basaltkegels in Parkstein (Wanderung 39) zu sehen sind, endet der Lehrpfad.
Vulkane in der Oberpfalz? Das erwartet sicher nicht jeder Besucher. Doch vor etwa 25 Millionen Jahren bebten die nördliche Oberpfalz und das Egerland in Tschechien. Es entstanden unzählige Vulkankegel, von denen noch heute viele zu sehen sind. Damals schoss das Magma durch Risse im Grundgebirge nach oben, wobei der Kon-

Zeugnis der industriellen Vergangenheit: die alte Poliermaschine bei Neufürstenhütte (Lehrpfad nahe Georgenberg, Tschechien).

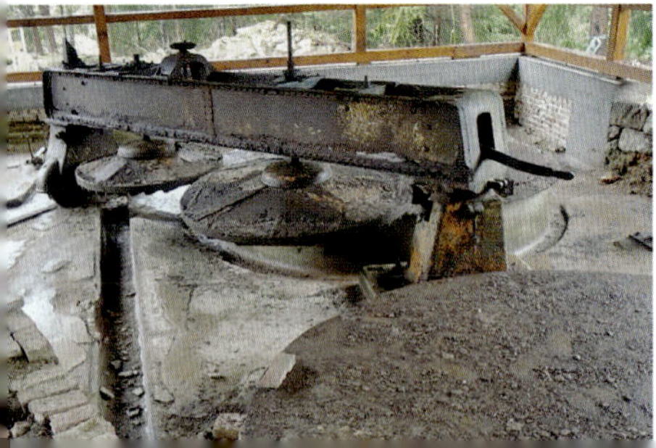

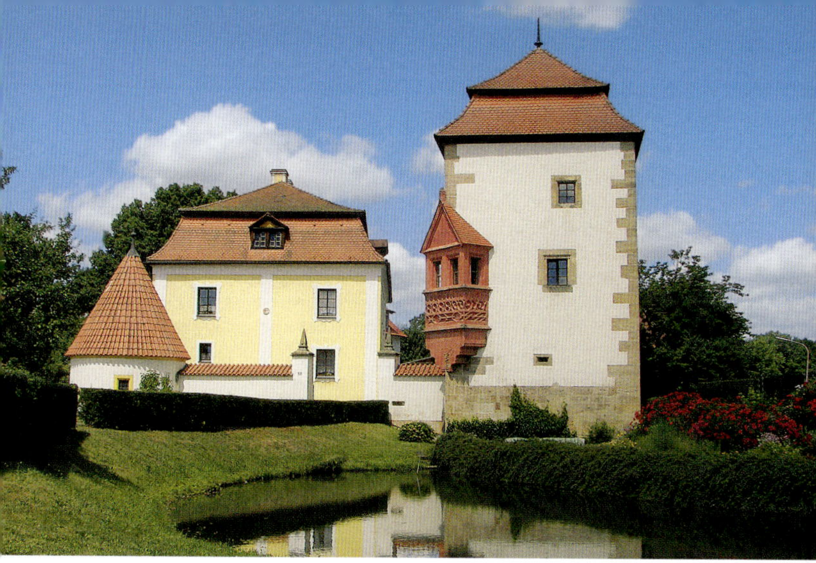

Das hübsche Hammerschlösschen in Dießfurth bei Pressath.

takt mit Grundwasser heftige Eruptionen auslöste. Das Magma erstarrte zu Basalt. Doch während des Abkühlprozesses schrumpfte und riss der Basalt und Basaltsäulen entstanden. Die umgebenden weicheren Gesteinsschichten erodierten, der harte Basalt blieb stehen und zerbrach in den Randzonen. Weithin sichtbare Beispiele sind der Vulkankegel von Parkstein, der Armesberg, der Waldecker Schlossberg und der Rauhe Kulm (Touren 36, 37 und 39).
Beim Städtchen Neualbenreuth unmittelbar an der bayerisch-tschechischen Grenze liegt ein kleiner Vulkan, der mit ca. 100.000 Jahren der jüngste der Region ist: der Eisenbühl (Železná hůrka; Tour 34). Dieser Schlackenkegel entstand durch Dampfexplosionen von Magma und Wasser. 2015 entdeckte man zudem einen 200.000 Jahre alten Maartrichter. Hier bebt wie im gesamten Gebiet des Egergrabens noch immer die Erde. Messungen haben ergeben, dass die Aktivität ansteigt und erneut Vulkanismus entstehen wird.
Unweit von Windischeschenbach befindet sich die Kontinental Tiefenbohrung (KTB). An der Kollisionszone der Kontinentalplatten Ur-Europa und Ur-Afrika wurden zwischen 1987 und 1994 Bohrungen durchgeführt, dabei wurde eine Bohrtiefe von 9101 m erreicht. Noch heute werden neue Forschungsergebnisse veröffentlicht, die im Zusammenhang mit der Tiefenbohrung stehen. Das GEO-Zentrum und der mit 83 m höchste Landbohrturm der Welt können besichtigt werden (Tour 29).

Touristische Hinweise

Infrastruktur

Per Bahn ist das Wandergebiet mit der Oberpfalzbahn auf den Strecken Regensburg – Schwandorf – Weiden – Marktredwitz – Hof, Schwandorf – Cham – Furth im Wald – Domažlice, Marktredwitz – Cheb sowie Cham – Waldmünchen erreichbar. Sämtliche anderen regionalen Bahnlinien sind inzwischen abgebaut und durch Radwege ersetzt worden. Auf tschechischer Seite hingegen kann der Wanderer auf zahlreiche Regionalzugverbindungen zurückgreifen.
Vom Regionalbus Ostbayern (RBO) und den Nahverkehrsbussen des RVV aus Regensburg, der NWN aus Weiden und Neustadt a. d. Waldnaab, der VAS aus Amberg und Sulzbach und der Nürnberger Verkehrgemeinschaft (VGN) wird das Gebiet erschlossen. Busse verkehren jedoch meist nur an Werktagen.
Viele kleine Ortschaften werden aber auch am Wochenende mit dem Baxi (Ruftaxi) angefahren. Die Anmeldung erfolgt über die Fahrtwunschzentrale: Ausführliche Informationen auf den Fahrplänen, die unter www.dbregiobus-bayern.de eingesehen werden können.

Ski- und Rodelspaß gibt es auf dem Sommerskiberg Monte Kaolino (Tour 40).

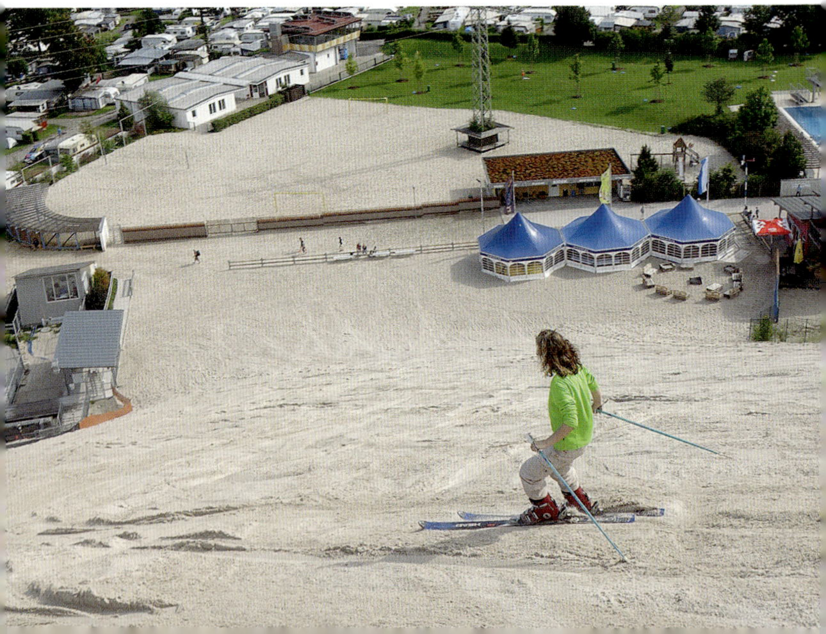

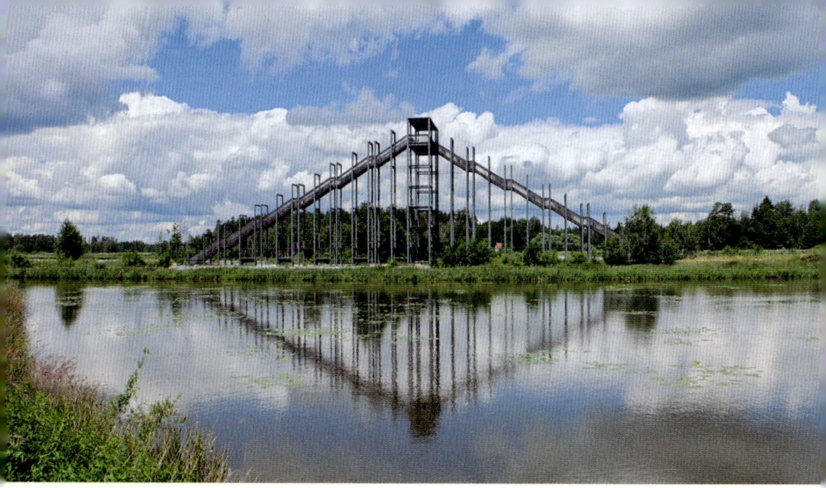

Himmelsleiter über dem Vizinalbahnradweg in der Tirschenreuther Teichpfanne.

Beste Reisezeit

Prinzipiell kann man fast das ganze Jahr über zum Wandern in den Oberpfälzer Wald reisen. Besonders angenehm sind natürlich das Frühjahr und der Herbst mit ihren vielen Farben. In den Sommermonaten herrschen aufgrund der höheren Lagen und dichten Wälder meist geringere Temperaturen als im süddeutschen Durchschnitt. Trotzdem sollte man Badebekleidung einpacken, da viele Badeseen locken. Der Winter kann schneereich sein; dann bieten sich gespurte Loipen für Langlauftouren oder Schneeschuhwanderungen als Alternative an.

GPS-Tracks und Koordinaten der Ausgangspunkte

Zu diesem Wanderführer stehen auf www.rother.de GPS-Tracks und Koordinaten der Ausgangspunkte zum kostenlosen Download bereit.
4. Auflage, Passwort: 438804opw
Sämtliche GPS-Daten wurden von der Autorin im Gelände erfasst. Verlag und Autorin haben die Tracks und Wegpunkte nach bestem Wissen und Gewissen überprüft. Dennoch können wir Fehler oder Abweichungen nicht ausschließen, außerdem können sich die Gegebenheiten vor Ort zwischenzeitlich verändert haben. GPS-Daten sind zwar eine hervorragende Planungs- und Navigationshilfe, erfordern aber nach wie vor sorgfältige Vorbereitung, eigene Orientierungsfähigkeit sowie Sachverstand in der Beurteilung der jeweiligen (Gelände-)Situation. Man sollte sich für die Orientierung auch niemals ausschließlich auf GPS-Gerät und -Daten verlassen.

Der Umwelt zuliebe …

Auch als Wanderer hinterlassen wir einen ökologischen Fußabdruck, aber im Einklang mit der Natur unterwegs zu sein, ist gar nicht so schwer!

VORBEREITUNG UND ANFAHRT

- Sich vorab informieren, worauf in Bezug auf Natur und Umwelt in der jeweiligen Wanderregion besonders zu achten ist.
- Soweit möglich mit Bus und Bahn anreisen, Wander- und Rufbusse nutzen.
- Ist eine Anfahrt mit dem Auto nötig, Fahrgemeinschaften bilden.
- Bei weiten Anfahrten Mehrtagestouren planen oder von einem Quartier vor Ort aus mehrere Touren absolvieren.
- Flugreisen möglichst reduzieren und durch Beiträge zu Klimaschutzprojekten kompensieren.

KLEIDUNG UND AUSRÜSTUNG

- Beim Kauf von Outdoor-Kleidung auf umweltfreundliche und faire Herstellung achten und Kleidungsstücke möglichst viele Jahre nutzen.
- Ausrüstung kann man eventuell auch gebraucht kaufen oder ausleihen.
- Reparieren statt neu kaufen.

VERPFLEGUNG

- Beim Einkauf Bio-Ware, regionale und saisonale Erzeugnisse bevorzugen.
- Hütten und Gasthäuser auswählen, die regionale Produkte verwenden.
- Auf Einwegflaschen und Plastikverpackungen verzichten, stattdessen wiederverwendbare Trinkflaschen und Brotzeitboxen verwenden.

ÜBERNACHTUNG

- Bei lokalen Anbietern buchen, damit Menschen vor Ort profitieren.
- Auf Hütten und in anderen Unterkünften Strom und Wasser sparen.

UNTERWEGS

- Wege benutzen und Abkürzer vermeiden.
- Sperrungen von Wegen und Schutzgebieten respektieren.
- Keine Blumen pflücken und keine Pflanzen entnehmen.
- Waldbrandgefahr beachten.
- Müll wieder mit nach Hause nehmen und dort entsorgen.
- Toilettengänge in freier Natur möglichst vermeiden.
- Lärm vermeiden.
- Hunde an die Leine nehmen.

ROTHER
BERGVERLAG

Karten

Zu jeder beschriebenen Wanderung gibt es eine Kartenskizze mit rot eingezeichnetem Routenverlauf. Diese kleine Karte reicht im Allgemeinen aus. Zur besseren Orientierung (auch im erweiterten Umfeld) sind spezielle Wanderkarten zu empfehlen. Vom Landesamt für Digitalisierung, Breitband und Vermessung werden die Karten UK50 sowie die ATK25 mit Wander- und Radwegen angeboten. Für Wanderungen in Tschechien eignen sich die Karten von SHOCart. Zudem bieten viele Tourismusämter kostenlose regionale Karten an. Eine digitale Ergänzung bietet der Bayernatlas unter www.geoportal.bayern.de auf bayerischer Seite sowie www.mapy.cz in Tschechien.

Für sportlich Aktive

Wassersport wird in der gesamten Region großgeschrieben. Die Schwandorfer Seenplatte lädt zum Baden, Tauchen, Segeln, Surfen und zum Wasserskifahren ein. Das Badeparadies Murner See oder der Steinberger See (für Wasserski- und Segelbegeisterte) sind besondere Highlights für »Wasserratten«. Publikumsmagnet am Steinberger See ist die 40 m hohe Erlebnisholzkugel mit Aussichtsplattform. Wer einfach nur baden will, muss nicht weit fahren. Fast überall gibt es schöne Badeseen, deren Nutzung fast immer kostenlos ist. Zum Kanufahren eignen sich Naab, Regen oder Vils; Boote können Sie in mehreren Orten ausleihen. Erholungssuchende finden in den böhmischen Heilbädern Karlsbad, Marienbad und Franzensbad oder im Sibyllenbad bei Neualbenreuth Ruhe und Entspannung.

Kleines Schmankerl: Oberpfälzer Ausdrücke

Ausgesuchte Oberpfälzer Schmankerl zum Schmunzeln aus dem »Kleinen Oberpfälzer Wörterbuch« von Franz Xaver Judenmann. Trotzdem sollten Sie dem Oberpfälzer lieber in gepflegtem Hochdeutsch begegnen, da er sonst versucht ist, im schnellen Oberpfälzer Dialekt zu antworten, was Sie garantiert in Verlegenheit bringen wird.

affe	hinauf	pfüat di nacha!	Behüt dich der Himmel!
Befreiungshall	Toilette	schmatzn	reden
buglkraxntrogn	auf dem Rücken tragen	Schmetterlingsbaua	Bio-Landwirt
Butzlkouh	Kiefernzapfen	Schneiddeifal	kleines, sehr scharfes Messer
Dotsch	Reibekuchen	Schussasuppm	Backerbsensuppe
Erdepflkanthölzl	Pommes frites	Tipfalscheißa	Kleinkrämer
firi	nach vorne	Wechzeucha	Wegweiser
Foozhobel	Mundharmonika	Zouazara	Feldstecher, Fernglas
Kulamettastoa	Kilometerstein	Zoigl	Bierspezialität
lusn	horchen, lauschen	Zwirl	Durcheinander
oaschlings	rückwärts		
nou	nachher		

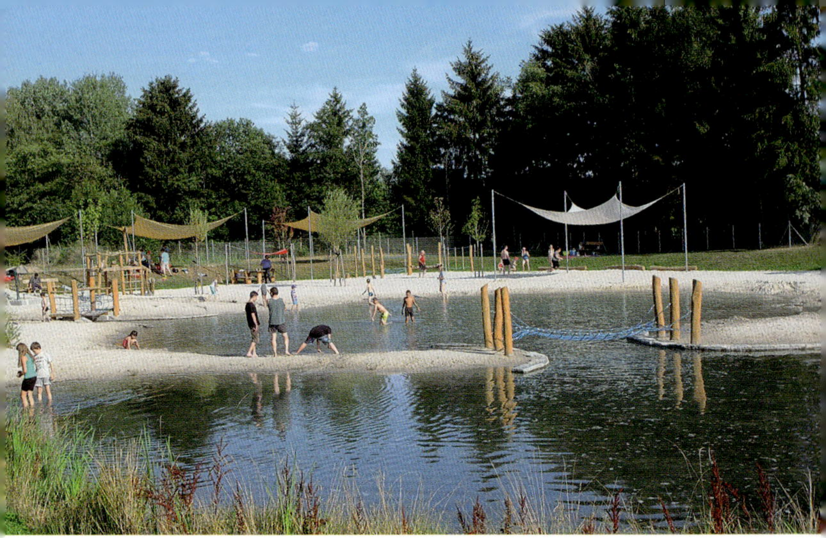

Lernen und Spielen heißt es im »Erlebnispark Wasser-Fisch-Natur« am Murner See.

Das Radwegenetz ist hervorragend ausgebaut. Die Radwege entlang der Flüsse Regen, Wald-, Fichtel- oder Heidenaab, Pfreimd, Wondreb, Schwarzach, Ascha, Vils oder Lauterach bieten sich besonders an. Ideal sind auch die alten Bahntrassen. 2005 wurde die 52 km lange Trasse der alten Bocklbahn von Neustadt a. d. Waldnaab über Floß, Vohenstrauß und Waidhaus nach Eslarn für Radfahrer freigegeben. Da die Strecke zwischen Neustadt und Vohenstrauß asphaltiert ist, eignet sich dieses 25 km lange Teilstück auch zum Inlineskaten. Ein Fahrradbus verkehrt von Anfang Mai bis Ende Oktober an den Wochenenden und während der bayerischen Sommerferien sogar täglich. Ebenfalls fast 50 km alter Bahntrasse rollt man auf dem Weg von Schönsee entlang der Ascha nach Oberviechtach und durch Murach- und Schwarzachtal nach Wölsendorf hinab. Seit 2008 ergänzt der Vizinalbahn-Radweg von Wiesau über Tirschenreuth und Liebenstein nach Bärnau mit einer Länge von 25 km das Angebot. Diese und weitere Tourenvorschläge mit GPS-Daten zum Download findet man im Tourenportal der »Oberpfälzer Radl-Welt« (www.oberpfaelzerwald.de/oberpfaelzer-radl-welt-infos). Empfehlenswert ist auch das Radeln bei unseren tschechischen Nachbarn. Gut markierte Radwege auf ruhigen Sträßchen oder Feldwegen führen durch einsame Wälder und Fluren.

Alpinen Skifahrern stehen im Winter das Ski- und Snowboardzentrum Fahrenberg bei Waldthurn und der Skilift Wurmstein in Flossenbürg zur Verfügung. Der eigentliche Skisport im Oberpfälzer Wald aber ist der Langlauf. Zu

Informationen und Adressen

Tourismusverband Ostbayern e. V.

Im Gewerbepark D02/D04
93059 Regensburg
Tel. +49 941 58539-0
www.ostbayern-tourismus.de
info@ostbayern-tourismus.de

Tourismuszentrum Landkreis Neustadt a. d. Waldnaab

Stadtplatz 34
92660 Neustadt a.d. Waldnaab
Tel. +49 9602 791060
www.oberpfaelzerwald.de
tourismus@neustadt.de

Tourismuszentrum Landkreis Tirschenreuth

Mähringer Str. 7
95643 Tirschenreuth
Tel. +49 9631 88223
www.oberpfaelzerwald.de
tourismus@tirschenreuth.de

Tourismuszentrum Landkreis Schwandorf

Obertor 14
92507 Nabburg
Tel. +49 9433 203810
www.oberpfaelzerwald.de
info@touristik-opf-wald.de

Amberg-Sulzbacher Land

Hallplatz 2, 92224 Amberg
Tel. +49 9621 101239
www.amberg-sulzbacher-land.de
tourist@amberg-sulzbach.de

Naturpark Steinwald e. V.

Marienstraße 41, 95689 Fuchsmühl
Tel. +49 9634 7079013
www.naturpark-steinwald.de
info@naturpark-steinwald.de

Naturpark Nördlicher Oberpfälzer Wald im Landratsamt Neustadt a. d. W.

Stadtplatz 38, 92660 Neustadt a. d. W.
Tel. +49 9602 79-1035
www.naturpark-now.de
info@naturpark-now.de

Naturpark Hirschwald e. V.

Hauptstr. 4, 92266 Ensdorf
Tel. +49 9624 9021191
www.naturparkhirschwald.de
info@naturparkhirschwald.de

Naturpark Oberer Bayerischer Wald

Rachelstr. 6, 93413 Cham
Tel. +49 9971 78-431
www.bayerischer-wald.org
tourist@bayerischer-wald.org

den bedeutendsten Langlaufgebieten gehören das grenzüberschreitende Zentrum Silberhütte (mit Beschneiungsanlage), Fahrenberg-Mitterberg, Schönsee, Naturpark Steinwald und Gibacht-Čerchov bei Waldmünchen.
Besondere Erlebnisse sind das sommerliche Skifahren, »Sandboarden« und Rodeln auf Europas höchstem Sandskiberg, dem Monte Kaolino bei Hirschau. Dünenbad, Sommerrodelbahn, Waldhochseilgarten und GEO-Park ergänzen das Freizeitangebot.
Zum Reiten eignet sich die dünn besiedelte Landschaft des Oberpfälzer Waldes besonders. Zahlreiche Reiterhöfe bieten geführte Ausritte an oder verleihen Pferde. Auch Mehrtagestouren ohne Gepäck wie das Wanderreiten von Bauernhof zu Bauernhof sind möglich.

Folgende Doppelseite: Eines der schönsten Geotope Bayerns – der Hohe Parkstein.

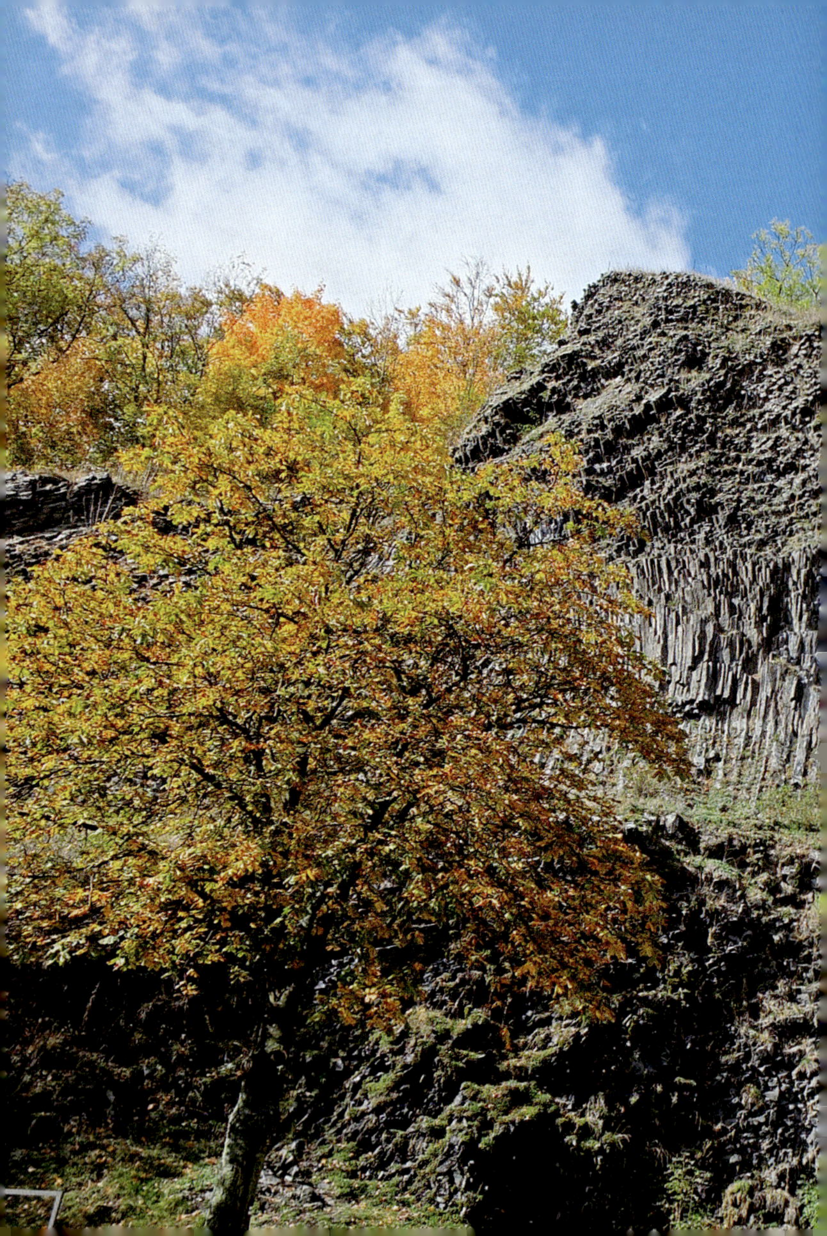

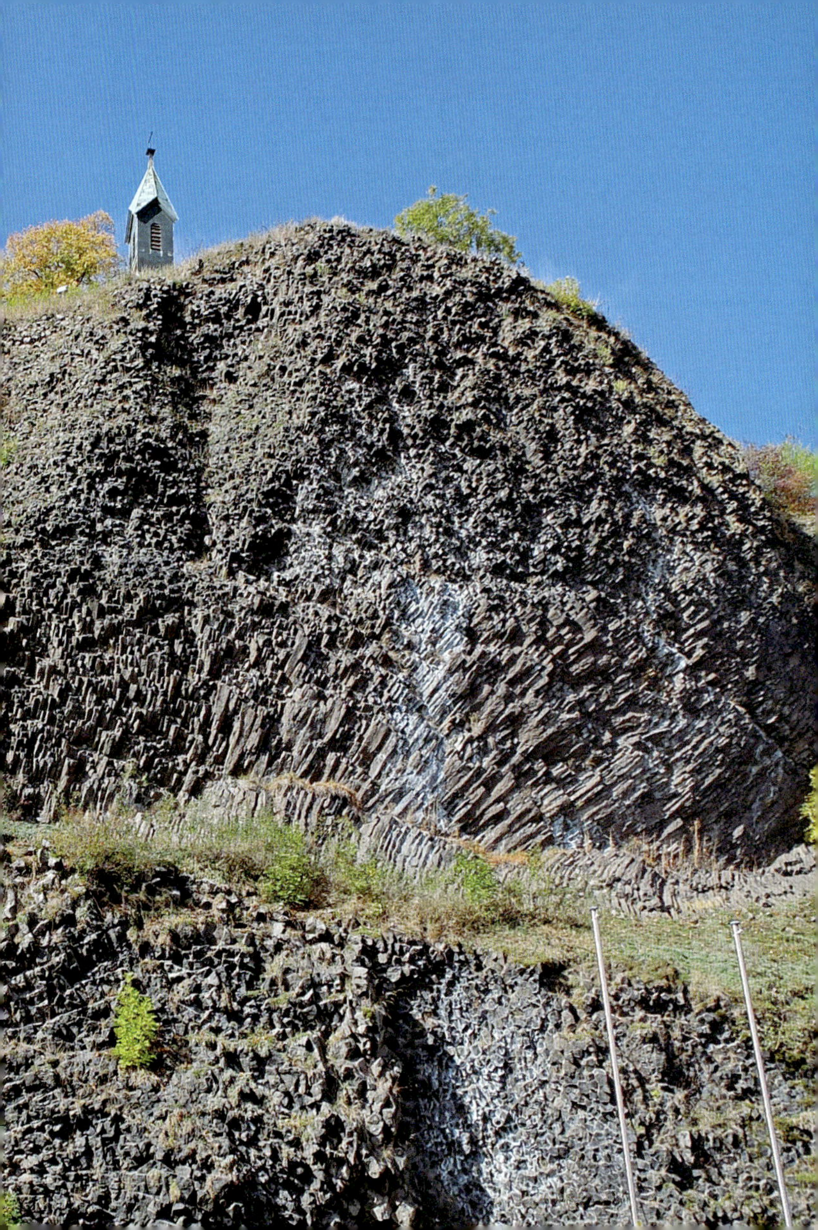

1 Vom Regental zur Ruine Lobenstein, 563 m

3.30 Std.

Typisch oberpfälzisch: Burg, Granit und Badesee

Vom herrlichen Regental mit seinen Burgen und Klöstern aus begeben wir uns auf eine steinreiche Tour. Unterwegs begegnen uns – im Wald versteckt – interessante moosgrüne Felsformationen. Die Ruine Lobenstein erhebt sich über mächtige Granitfelsen, die von Höhlen und Gängen durchzogen sind; vom Turm genießt man eine wunderbare Aussicht. Mystisch mutet dagegen der unweit im Wald gelegene Helfenstein an, ein kleines Felsenlabyrinth, das zum Erforschen einlädt.

Ausgangspunkt: Katzenrohrbach, 355 m, Parkplatz neben der Bushaltestelle in der Kapellenstraße. Zufahrt über Walderbach (Navi: 93194 Katzenrohrbach/Walderbach, Kapellenstraße).

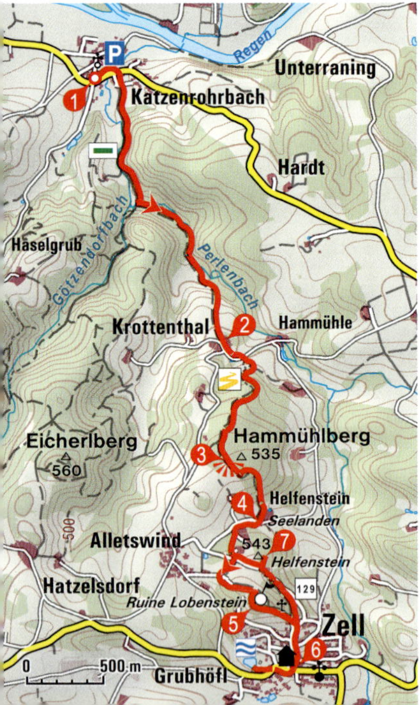

Höhenunterschied: 400 m.
Anforderungen: Mittlere Streckentour, ca. 11,5 km; leichtes Auf und Ab auf Wald- und Feldwegen.
Einkehr: Schlossbrauerei Schwarzfischer (Mo Ruhetag, Di–Sa nach Vereinbarung, Tel. +49 9468 325), Kaffee zum Mitnehmen in der Bäckerei Wachter in Zell.
Tipp: Ehemaliges Zisterzienserkloster mit Kreismuseum in Walderbach, Kloster Reichenbach, Badesee in Zell.

Vom Parkplatz in **Katzenrohrbach (1)** gehen wir die Straße Richtung Beucherling entlang, dann biegen wir rechts in den mit grünem Rechteck markierten Schotterweg ein. Stets leicht bergan folgt der Weg gut markiert dem Lauf des Perlenbächleins. Nach etwa 20 Min. verlässt er das Tal und steigt hinauf zum Weiler **Krottenthal (2)**. Dort stößt der Goldsteig (markiert mit gelbem S) zu unserem Weg und übernimmt die Wegführung. Es geht durch den Ort, dann rechts um einen wie ein Hut geformten Felsen herum und am Waldrand entlang bergan. Im Wald halten wir uns an die Markierung und kommen an unzähligen verwunschenen Felsriesen vorbei. Am Waldrand bietet sich eine **Aus-**

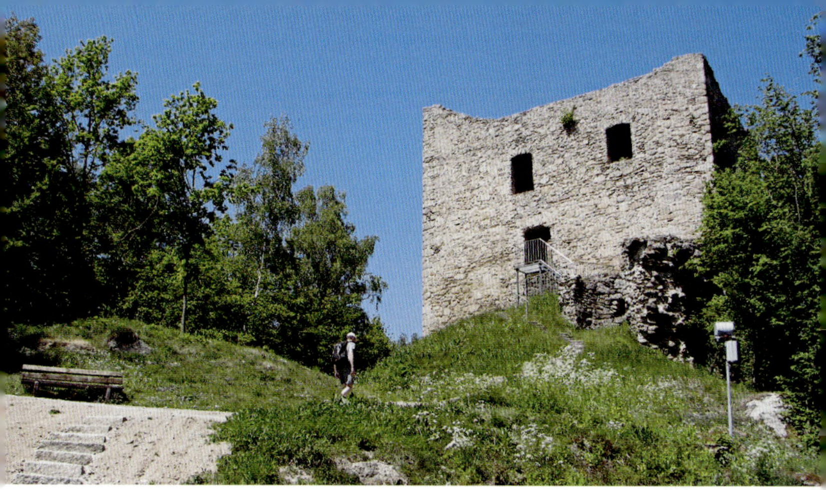

Aufstieg zur Ruine Lobenstein – vom Bergfried bietet sich eine fantastische Fernsicht.

sicht (3) auf die Ruine Lobenstein. Rechts hinter dem Buschwerk versteckt sich eine Bank. Wir steigen links an alten Steinbrüchen vorbei hinab zu den **Seelandenhöfen (4)** und biegen rechts in ein Sträßchen ein. Nach einem Hof geht es links und sogleich rechts durch ein Wäldchen zu einem weiteren Sträßchen. Hier links und gleich darauf rechts aufwärts. Wenig später biegen wir zweimal links in einen Schotterweg ein und gehen im Rechtsbogen um die **Ruine Lobenstein (5)**, bis wir rechts zum Eingang gelangen. Über eine Wendeltreppe im Inneren erreichen wir die Aussichtsplattform. Von hier genießen wir einen herrlichen Blick auf Zell, den Helfenstein, dessen Spitzen im Norden aus den Waldwipfeln ragen, und bei guter Sicht bis weit in den Bayerischen Wald. Die kleinen Höhlen zwischen den Wollsack-Felsformationen, auf denen die Burg erbaut wurde, lassen sich bei einem Erkundungsgang um die Burg erforschen. Zur Einkehr folgen wir dem Goldsteig hinab nach **Zell (6)**. Gehen wir unterhalb vom Gasthaus rechts die Hauptstraße entlang, gelangen wir über den Bauhof zum Badesee. Zurück geht es auf demselben Weg die Siedlung bergan und am Siedlungsende vor dem Wasserhaus geradeaus in einen Graspfad. Wanderweg 129 leitet uns durch den Wald, dann geht es links und nach der Kita rechts in den Wald zum **Helfenstein (7)**. Im Anschluss gehen wir das Sträßchen geradeaus weiter bis zum Goldsteig und auf bekanntem Weg zurück nach **Katzenrohrbach (1)**.

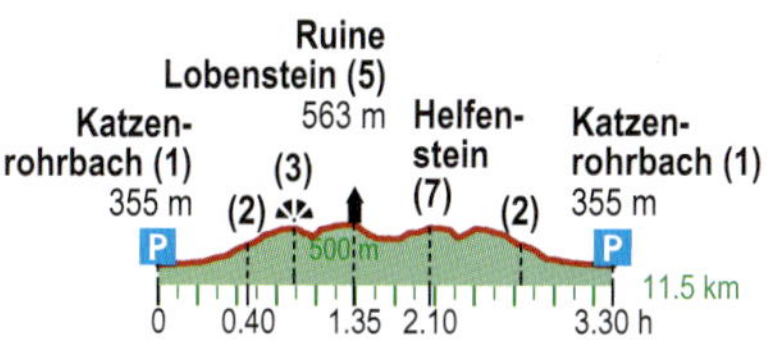

2 Zur imposanten Ruine Kürnberg, 571 m

3.30 Std.

Summende Steine und klingende Bäume – ein echter Walderlebnispfad

Viel geboten wird auf der Tour rund um die gut erhaltene Ruine Kürnberg. Der Walderlebnispfad vermittelt auf spielerische Weise einen Einblick in den Lebensraum Wald. Von einem keltischen Baumkreis erhält man ein persönliches Naturhoroskop; ein Barfußweg weckt die Sinne. Im Schlosspark bietet das Naturfreibad willkommene Erfrischung und der Kraftweg liefert die nötige Energie für den Rest des Weges. Die Früchte des Obstlehrpfades schließlich sind der wohlverdiente Lohn für alle Wandermühen.

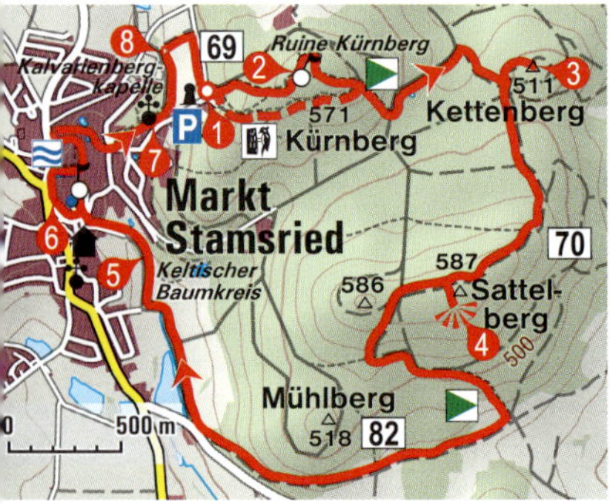

Ausgangspunkt: Stamsried, Parkplatz an der Volksmusikanten-Gedenkstätte, 500 m. Zufahrt: Von Stamsried Richtung Stratwies an Waldecke mit Wanderweg 69 rechts (Navi: 93491 Stamsried, Stratwieser Straße).
Höhenunterschied: 440 m.
Anforderungen: Runde, 10,5 km; teilweise sehr steile Pfade, die bei Nässe rutschig sind, kurzer Wegabschnitt auf verwachsenem Grasweg; Orientierung erforderlich.
Einkehr: Hotel Zedernhof (Tel. +49 9466 326) und Pizzeria Il Triangolo (Tel. +49 9466 1300) in Stamsried.
Tipp: Naturbad in Stamsried; Rundweg Erlebnispfad ca. 30 Min. Ruine Schwärzenberg bei Strahlfeld.

Vom Parkplatz an der **Volksmusikanten-Gedenkstätte (1)** gehen wir mit Wanderweg 69 in den Wald, dann rechts auf den mit einem Specht markierten Wald- und Erlebnispfad zur **Ruine Kürnberg (2)**. Nach einer ausgiebigen Besichtigung der Burganlage und einem Aufstieg zur Aussichtsplattform im Palas kehren wir zum Erlebnispfad zurück. Rechts wandern wir am Summstein vorbei und hinauf zum Baumtelefon. Unser Pfad führt nun mit grünem Dreieck markiert steil hinab und am Abzweig des Erlebnispfades vorbei zu einem Forstweg. Links und an der Gabelung mit Nr. 70 rechts weiter. Gleich darauf führt ein Abstecher zu einem kleinen Weiher mit Bank. Zurück am

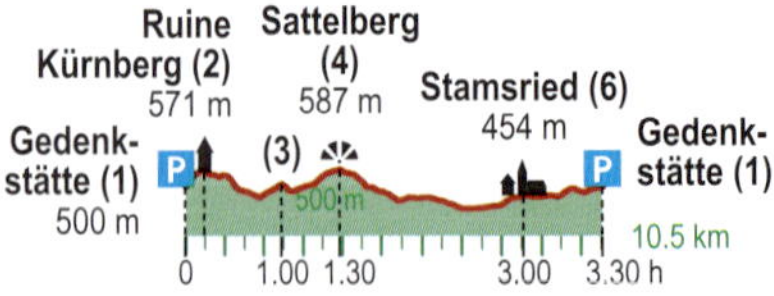

Weg biegen wir ca. 5 Min. später in einer Linkskurve, etwa 50 m vor einer weiteren Gabelung, in einen unmarkierten grasigen, anfangs verwachsenen und nassen Waldweg ein, der in eine Kreuzung mit Wandertafel mündet. Für den Abstecher

zur **Felsenkanzel (3)**, 511 m, auf dem Kettenberg (keine Aussicht) wenden wir uns nach links und folgen nach ca. 50 m den Schildern Rundweg Felsenkanzel, zunächst nach links, dann rechts bergan. Abermals rechts erklimmen wir den Gipfel. Wir kehren zurück zur beschilderten Kreuzung und gehen dann halb links weiter auf Weg Nr. 70, der zum Sattelberg hin immer steiler wird. Ist die Höhe erreicht, biegen wir am Schild »Aussicht, Gipfelbuch« links ab. Wir können den Gipfel des **Sattelbergs (4)** besteigen oder von einer Bank vor dem Felsen die herrliche Aussicht in den Bayerischen Wald genießen. Zurück auf dem Wanderweg treffen wir kurz darauf wieder auf das grüne Dreieck, dem wir links steil bergab folgen. Auf Pfaden und Waldwegen führt der Weg mehrmals die Richtung wechselnd, aber gut markiert durch den Wald, dann auf freies Feld zu einer Kreuzung. Wir biegen rechts in den mit Nr. 82 markierten Feldweg ein, passieren ein Wäldchen und gehen auf dem Asphaltweg unmarkiert geradeaus in den Wald. In der folgenden Linkskurve halten wir uns geradeaus und folgen dem Waldweg parallel zur Straße, bis er in eine Wiese mündet. Wir steigen zum unterhalb gelegenen Flurweg ab und gehen rechts am Weiher entlang Richtung Stamsried. Wir überqueren den Stamsrieder Bach, dann geht es rechts zu Spielplatz, Kneippanlage, Barfußweg und **Keltischem Baumkreis (5)**. Das Sträßchen zieht hinauf nach **Stamsried (6)** und am Feuerwehrhaus rechts vorbei zur Schlossbrauerei. Im Schlosshof kann man vom natürlichen Quellwasser der Antoniusquelle kosten. Verlassen wir den Schlosshof geradeaus, gelangen wir zum Marktplatz und zum Hotel Zedernhof. Der Weiterweg führt rechts über die Schlossstraße und Rötzer Straße in den Schlosspark mit Naturbad und Kraftweg. Wir verlassen den Park am linken hinteren Ende (Kraftweg Station 11) und folgen dem botanischen Lehrpfad rechts hinab zur gegenüberliegenden Siedlung. An der Straße ohne Markierung kurz rechts, dann links die Hildebrandtstraße hinauf zur **Kalvarienbergkapelle (7)**. Wir gehen um die Kirche und geradeaus zum Querweg. Dort wandern wir links an den Sportanlagen vorbei und 50 m vor der Straße rechts den **Obstlehrpfad (8)** hinauf. Am Waldrand geht es rechts zum Parkplatz an der **Volksmusikanten-Gedenkstätte (1)** zurück.

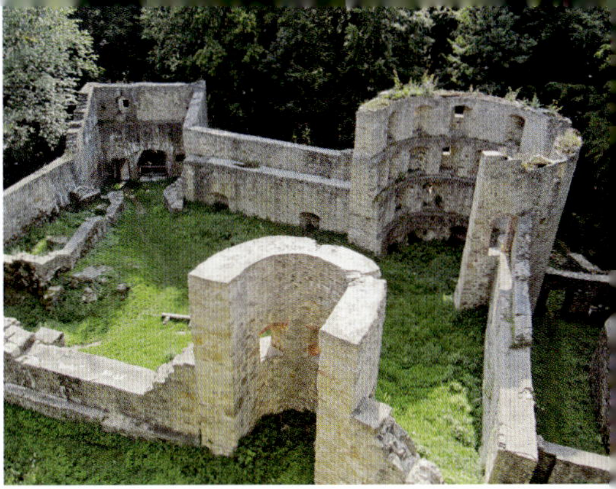

Eine der größten Burganlagen, die Ruine Kürnberg.

3 Auf den Hirschberg-Aussichtsturm, 556 m

2.00 Std.

Unterwegs im Naturschutzgebiet Pfahl, einem Quarzriff

Vor rund 250 Millionen Jahren tat sich bei einem gewaltigen Erdbeben eine Spalte von 150 km Länge auf und flüssiges Siliziumdioxid quoll hervor. Es bildete den Pfahl, eine Formation aus überaus hartem, hellem Quarzgestein, die sich vom Mühlviertel in Oberösterreich bis nach Schwarzenfeld in der Oberpfalz erstreckt und bei Taxöldern mit dem Hirsch- und dem Eicherlberg markante Erhebungen aufweist. Bis 1939 wurde das harte Pfahlgestein für Straßenschotter abgebaut. Heute steht der Pfahl unter Naturschutz und lockt unter anderem mit dem 26,5 m hohen, hölzernen Aussichtsturm auf dem Hirschberg.

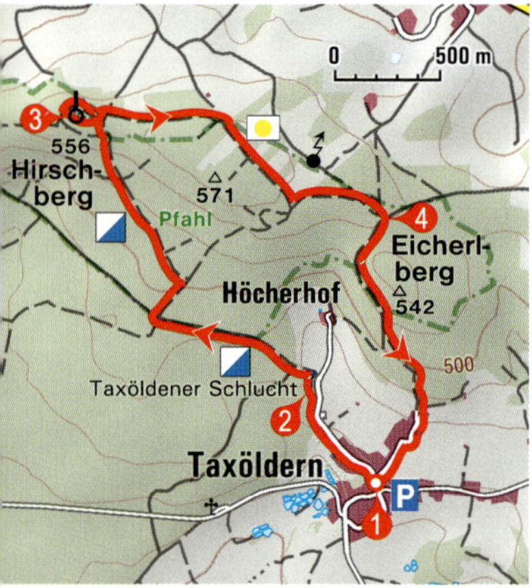

Ausgangspunkt: Taxöldern, 435 m, Parkplatz gegenüber des Infohäuschens im Hirschbergweg (Navi: 92439 Taxöldern/Bodenwöhr, Hirschbergweg).
Höhenunterschied: 140 m.
Anforderungen: Kurze Runde, knapp 6,5 km; meist auf Wald- und Forstwegen.
Einkehr: Taxler Stub'n (Fr und Sa ab 17 Uhr, So ab 10 Uhr geöffnet, Tel. +49 9434 3208) in Taxöldern.
Tipp: Criollo Chocolaterie in Taxöldern. Naturdenkmal Pingartener Porphyr, ein ehemaliger Flussspat-Steinbruch; Badesee Murner See.
Hinweis: Turm derzeit gesperrt. Neubau bis Herbst 2021 geplant.

Wir starten an der Wandertafel in **Taxöldern (1)**; das blau-weiß diagonal geteilte Rechteck weist den Weg zum Aussichtsturm auf dem Hirschberg. Wir gehen den Hirschbergweg entlang, an der Kirche und der Taxler Stub'n vorbei. Kurz nach der Geotop-Infotafel am Friedhofsparkplatz führt ein Pfad links zur **Taxöldener Schlucht (2)**. Wir blicken hinab in die kleine Sandsteinschlucht und gehen dann am Querweg mit der Markierung links auf einem

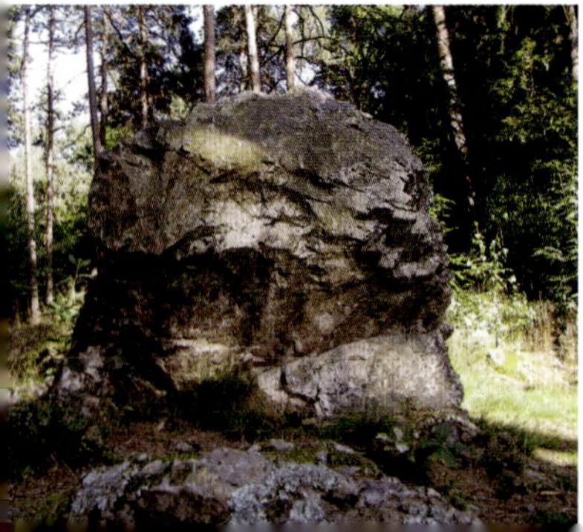

Pfahlgestein am Hirschberg.

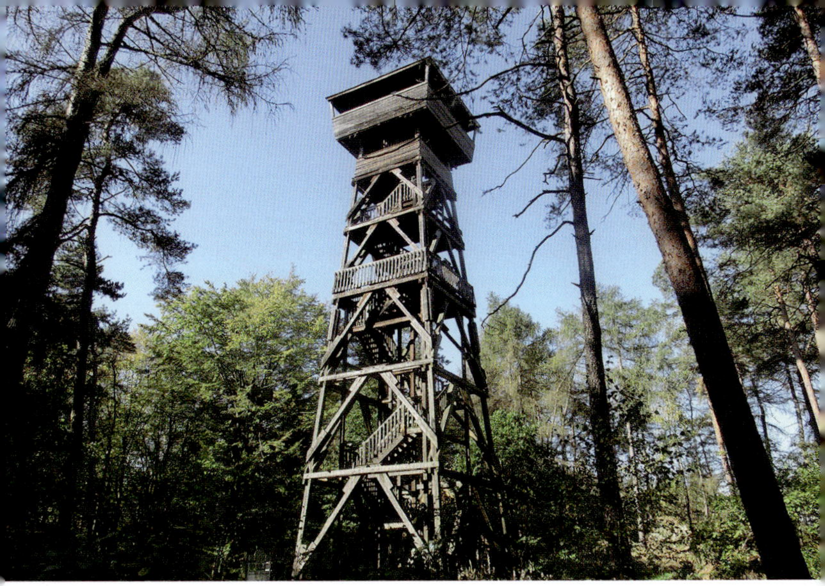

Am einstigen Feuerwachpunkt auf dem Hirschberg steht seit 1973 ein Aussichtsturm.

Forstweg in den Wald. An einer Kreuzung folgen wir den Schildern rechts bergan. Am nächsten Abzweig gehen wir nach links einen Waldweg nur leicht aufwärts. Nach etwa 15 Min. zweigen wir rechts ab und steigen hinauf auf den Hirschberg. An der Kreuzung auf der Anhöhe gehen wir zunächst links zum **Hirschberg-Aussichtsturm (3)**, nach rechts setzt sich anschließend unser Weg fort. Wir genießen die herrliche Rundumsicht vom Turm und nehmen das pfahltypische Quarzgestein vor dem und wenige Meter weiter am ehemaligen Steinbruch genauer in Augenschein.
Für den Rückweg gehen wir an der Kreuzung geradeaus und folgen den gelben Punkten des Hirschbergwegs, der auf dem Rücken des Hirschbergs entlangführt. Nach gut 15 Min., am Ende einer Wiese mit Sendemast, biegen wir links in einen Waldweg, der ca. 10 Min. später in einen breiteren Querweg mündet. Dieser führt uns rechts zu einer **Kreuzung (4)**. Den gelben Punkt verlassend, biegen wir nach rechts und steigen knapp 10 Min. auf dem Hauptweg bleibend um den Eicherlberg hinab. An einer Gabelung nehmen wir den linken flacheren Weg und wandern hinab nach **Taxöldern (1)**.

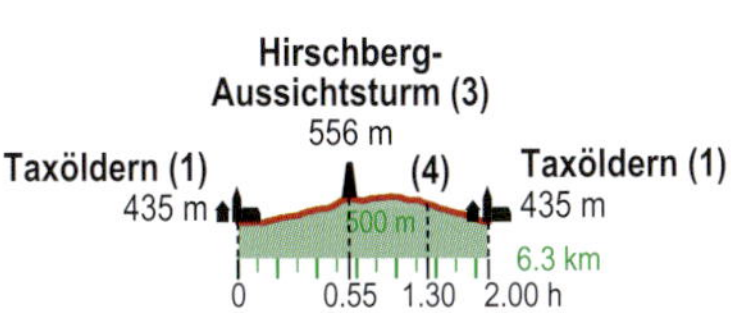

TOP 4

Klammerfels, Dreiwappen und Kreuzfelsen, 938 m

8.00 Std.

Bergige Tour mit felsigen Höhepunkten

Eine lange Wanderung, die sich gut in zwei Hälften teilen lässt und trotzdem ihren Reiz nicht verliert. Felsige Pfade, mehrere Gipfelanstiege mit herrlichen Aussichtspunkten und hübsche Einkehrmöglichkeiten machen diese Rundtour zu einem erfüllten Tagesausflug.

Ausgangspunkt: Herzogau, Parkplatz an der Waldvereinshütte im Ortsteil Oberherzogau, 740 m (Navi: 93449 Herzogau/ Waldmünchen, Von-Voithenberg-Straße).
Höhenunterschied: 920 m.
Anforderungen: Große Runde, gut 23 km; Waldwege und Pfade, einige anstrengende Anstiege erfordern Ausdauer.
Einkehr: Bergstüberl Althütte (Sa, So und Fei geöffnet, Tel. +49 9972 8220), Berghof Gibacht mit Glasschmiede und Galerie (Di Ruhetag, Tel. +49 9972 9049149), Schlosswirtschaft Voithenberg (derzeit geschlossen, Stand Frühjahr 2021) und Restaurant Vip Zur Einkehr (täglich geöffnet, Tel. +49 9973 8053934) in Voithenberg.
Varianten: 1. Von Herzogau (1) über den Klammerfels (2) nach Althütte (3, Einkehr). Zurück erst auf dem Goldsteig, dann mit der W14 nach Herzogau (8 km, 3.00 Std.).
2. Vom Parkplatz am Ortseingang von Althütte (3) nach Voithenberg (8) und über den Dachsriegel (9) zurück nach Althütte (15 km, 5.00 Std.).
3. Rundweg Gibacht beginnt am Berghof Gibacht (4) und führt auf dem Hauptweg zum Reiseck (7), wo wir rechts über den Leuchtturm der Menschlichkeit zurückkehren (6 km, 2.00 Std, 160 Hm).

Der Grenzübergang am Dreiwappenfels.

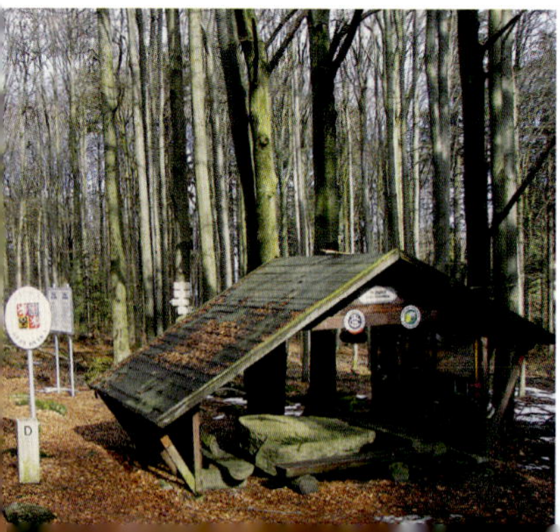

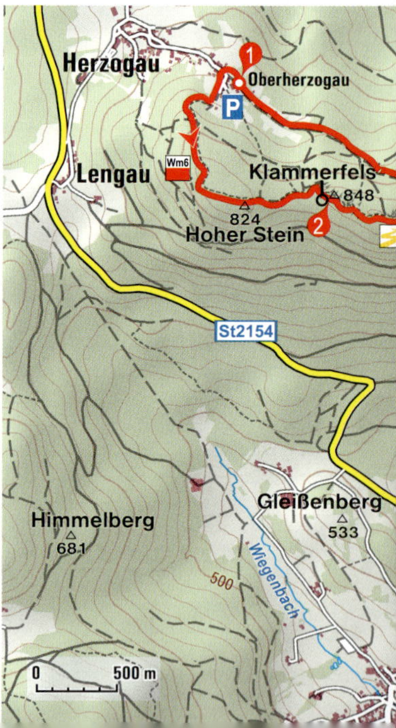

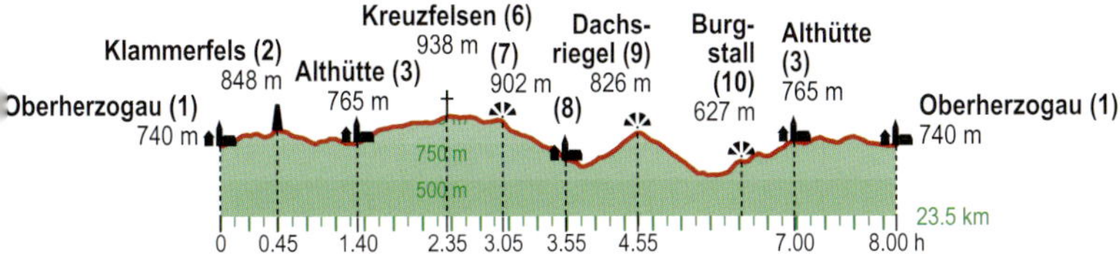

Vom Parkplatz an der Waldvereinshütte in **Oberherzogau (1)** gehen wir ein kurzes Stück zurück und am nächsten Abzweig nach links. An der Wandertafel folgen wir geradeaus dem Klammerfelssteig Wm6 aufwärts. Am ehemaligen Standort des **Sonnhofs** informiert eine Tafel über die Verwüstung von Höhensiedlungen zum Zweck der Aufforstung. Nach einer weiteren Infotafel über Glashütten und Quarzabbau vereinigt sich unser Weg mit dem Goldsteig (gelbes S) und führt uns hinauf zu Gipfelkreuz und Aussichtsturm auf dem **Klammerfels (2)**. Vom Turm genießt man eine wunderbare Fernsicht auf den Bayerischen und den Böhmischen Wald.

Weiter geht es auf dem Goldsteig über Felsen auf und ab. Der Abzweig Grüntannlweg (Wm11) zurück nach Oberherzogau ist erst für den Rückweg interessant. Jetzt halten wir geradeaus auf **Althütte (3)** zu, wo uns mit dem Bergstüberl neben Tubingbahn und Skilift die erste Einkehrmöglichkeit erwartet. Auf dem Goldsteig führt unser Weg durch das Dorf bergan zum Berghof **Gib-**

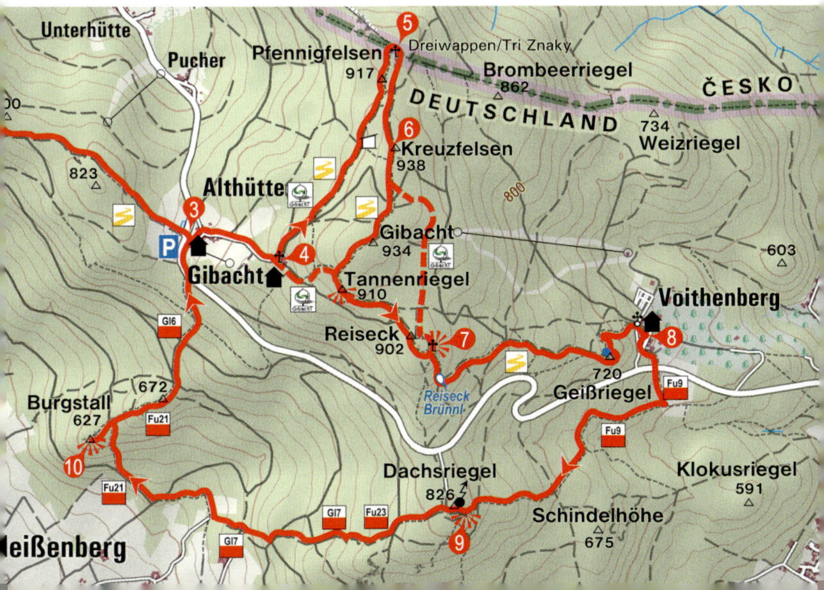

acht (4) mit Glas- und Kunstgalerie. Vor dem Gasthaus geht es links in den Wald und an der Gabelung rechts zum Startplatz des Waldmünchner Loipenzentrums. Wir gehen links und an der Hütte vorbei auf gut markiertem Waldweg Richtung Dreiwappen und zum **Pfennigfelsen**. An diesem Felsen ist eine Felsenklappe angebracht. Sie lässt sich zur Seite schwenken, sodass eine mit Pfennigen und Cent-Münzen gefüllte Felsnische sichtbar wird. Um einen Blick aufs Waldmünchner Land zu werfen, besteigt man den Pfennigfelsen von seiner Rückseite. Kurz darauf erreichen wir den **Grenzübergang Dreiwappen (5)** mit Picknickplatz. 1766 wurden die Wappen des Kurfürstentums Bayern, des Königreichs Böhmen und des Herzogtums Pfalz in den Fels gemeißelt, um den neuen Grenzverlauf zwischen Bayern und Böhmen festzulegen. Von hier kann man zum 1042 m hohen Schwarzkopf (Čerchov, vgl. Wanderung 6; ca. 6 km, weiß-grün-weiß markiert) weiterwandern. Wir aber wenden uns nach rechts und steigen einige Eisenstufen empor. Von Weitem sieht man nun das mächtige Kreuz des **Kreuzfelsens (6)**, den wir mit Geländersicherung erklimmen können. Dann wandern wir stets dem Goldsteig folgend zum Leuchtturm der Menschlichkeit am **Tannenriegel** und weiter zum Aussichtspunkt **Reiseck (7)**. Am dortigen Glaskreuz erwartet uns eine fantastische Aussicht auf

Blick vom Gläsernen Kreuz am Reiseck in die Cham-Further-Senke.

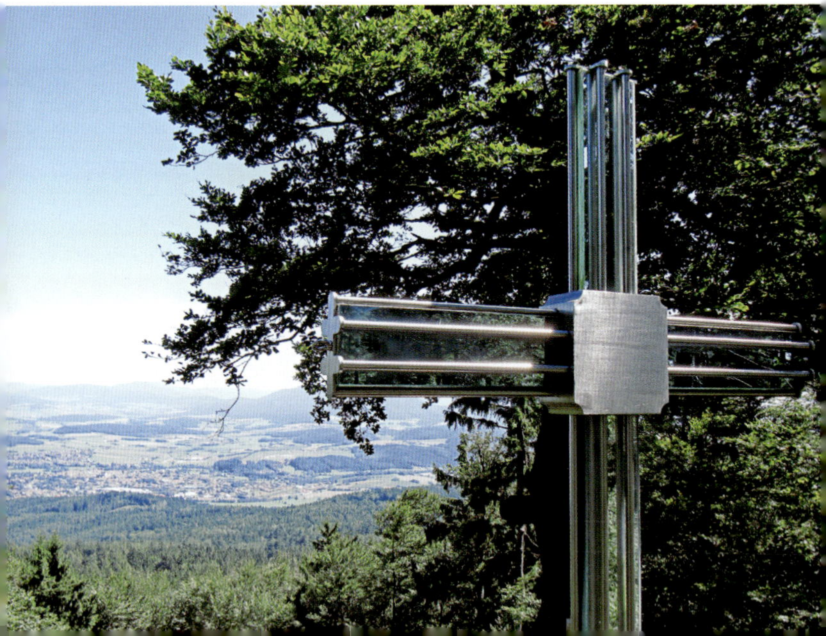

Furth im Wald, die Berge im Hohenbogenwinkel und den Großen Arber. Auf einem Felsensteig führt der Goldsteig Richtung Voithenberg steil hinab. Am **Reiseck-Brünnl** links, dann einen Forstweg queren und auf dem Strudlweg hinunter zur Roberthütte auf dem **Geißriegel**. Hier findet alljährlich im Juni das traditionelle Geißriegel-Bergfest der Bergwacht statt. Auf der Vorderseite der Hütte laden Bänke zur aussichtsreichen Rast. Am Trinkwasserbrunnen vorbei wandern wir hinab nach **Voithenberg (8)** mit seinem hübschen, aber baufälligen Schloss. Hier verlassen wir den Goldsteig und folgen der Markierung Fu9 nach rechts durch die Torpfosten zum Schloss. Vor der Schlosswirtschaft geht es links und über die Straße. Nach einer Wiese leitet uns die Fu9 nach rechts. Der Weg führt gut markiert durch Wald bergan. In einer Rechtskurve nehmen wir den Pfad geradeaus. Wir überqueren zwei Forstwege, wobei unser Weg immer steiler wird. Dann steigen wir in Serpentinen hoch zum **Dachsriegel (9)**. Die Dachsriegel-Berghütte mit Terrasse ist leider unbewirtschaftet. Aussicht bietet der Gipfelfelsen hinter der Hütte. Mit den Markierungen Gl7 und Fu23 Richtung Gleißenberg geht es am Gipfel und an einer Schranke vorbei, dann links hinab. Nach etwa 25 Min. stoßen wir auf einen Forstweg und gehen nach links. Kurz darauf biegen wir mit der Gl7 rechts ab und steigen steil abwärts und über einen weiteren Forstweg hinweg. Am Querweg nun auch mit der Fu21 rechts an einer Wiese entlang und über den Bogenbach zu einem Forstweg. Links zur Wandertafel und mit der Fu21 und Gl4 rechts Richtung Burgstall. 5 Min. später geht es rechts steil bergauf und an der Kreuzung links zum **Vorderen Burgstallgipfel (10)** mit Aussicht. Wir wenden und folgen der Fu21 an der Kreuzung geradeaus aufwärts. Kurz vor der felsenreichen Anhöhe des Hinteren Burgstalls liegt links die kleine Schrazelhöhle. An folgender Kreuzung mit der Gl6 geradeaus bergauf. Auf der Straße links bis zum Parkplatz bei **Althütte**, dann noch einmal links und auf bekanntem Weg (Goldsteig) zurück zum Abzweig Grüntannlweg (Wm 11). Hier gehen wir rechts zurück zum Parkplatz an der Waldvereinshütte in **Oberherzogau (1)**.

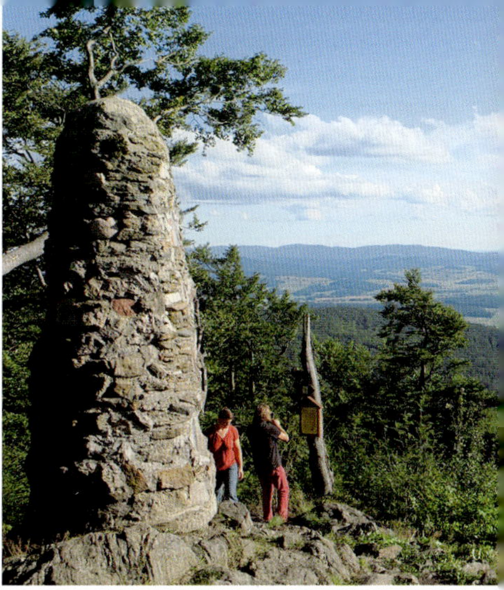

Fantastische Fernsicht vom Tannenriegel mit dem Leuchtturm der Menschlichkeit.

5 Waldmünchener Aussichtsberge

6.30 Std.

Große Runde im Waldmünchener Urlaubsland

Nicht ohne Grund erfreut sich das Gebiet um Waldmünchen großer Beliebtheit: Es ist eine ideale Wandergegend mit viel Wald und wunderbarer Fernsicht von den Gipfeln. Das Tal der Schwarzach bietet sich zum Radeln an und Perl- und Silbersee laden zum Baden ein. Außerdem ist Waldmünchen auch mit der Bahn erreichbar. Im Zentrum unserer tagesfüllenden Wandertour stehen der 2019 neu errichtete Aussichtsturm auf dem Bleschenberg, die Felskanzeln auf dem Zwirenzel und die alten Mühlräder an der Schwarzach.

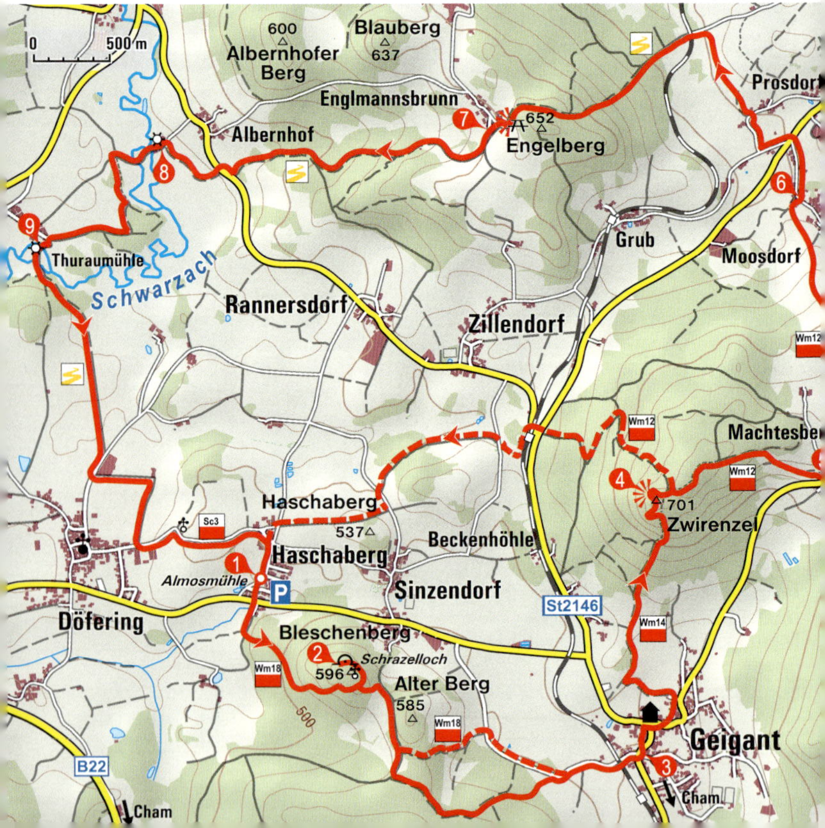

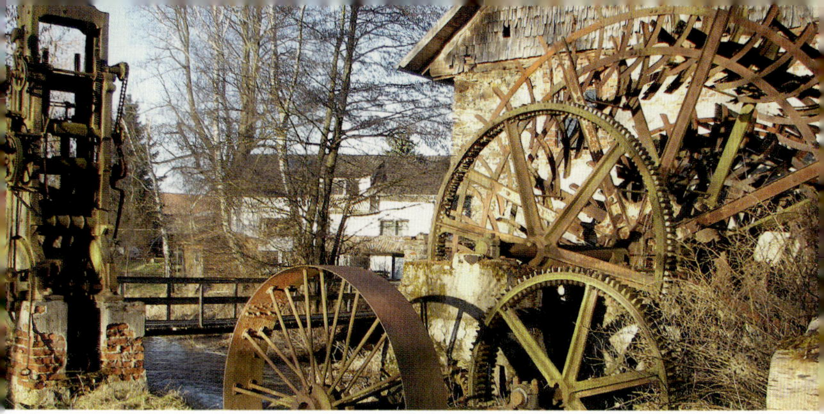

Die museumsreifen Wasserräder der Thuraumühle.

Ausgangspunkt: Haschaberg, 490 m, zwischen Döfering und Geigant, Wanderparkplatz oberhalb von Hausnummer 33 (Navi: 93449 Haschaberg/Waldmünchen).
Höhenunterschied: 650 m.
Anforderungen: Anstrengende Runde, knapp 22 km; meist Wald- und Wiesenwege, mehrere Anstiege, Ausdauer erforderlich.
Einkehr: Gasthaus/Pension Altes Haus/ Uhrmann (Di Ruhetag, Tel. +49 9975 277) in Geigant.
Varianten: 1. Rundweg Walderlebnispfad Bleschenberg (Start am Parkplatz an der Ostseite des Berges; 1,5 km). 2. Abkürzungsmöglichkeit vom Gipfel des Zwirenzel (4): Auf Weg Wm12 links abwärts und an der nächsten Wandertafel einen Waldpfad Richtung Geigant ohne Markierung links bis zu einem Forstweg. Diesen rechts hinab zum Bahnhaltepunkt Zillendorf und nach dem Bahnübergang links den Feldweg entlang. Das Sträßchen rechts versetzt queren und am nächsten Sträßchen kurz links, dann rechts den Hasenbierl hinauf und links zurück nach Haschaberg (ca.11 km, 3.15 Std.).
Tipp: Führung zum Schrazelloch am Bleschenberg (Info: Tel. +49 9972 30725, www.waldmuenchen.de).

Vom Parkplatz in **Haschaberg (1)** gehen wir den Fußweg unterhalb des Parkplatzes links und über den Spielplatz den Pfad hinab zur Straße. Geradeaus über diese hinweg, dann mit dem Bleschenbergweg Wm18 links in den Wald und gut markiert den **Bleschenberg (2)** hinauf, dabei begleitet uns zuletzt ein Walderlebnispfad. Vom Sendemast geht es links zur Salve-Regina-Kapelle und zum **Aussichtsturm**. Hinter dem Turm weist ein Schild zum sogenannten Schrazelloch, einem Goldbergbaustollen (kürzer ist der Pfad vor dem Aufstieg zur Kapelle rechts am Hang entlang). Wir kehren zum Sendemast zurück und steigen geradeaus auf dem markierten Weg ab zu einem Asphaltweg und gehen rechts. Ca. 5 Min. später können wir der Wm18 links nach Geigant folgen (ab Waldhof asphaltiert). Schöner ist es, wenig später mit der Wm19 links abzubiegen, dann weitere 5 Min. ohne Markierung dem Forstweg bergan zu folgen und in der Rechtskurve beim Hoch-

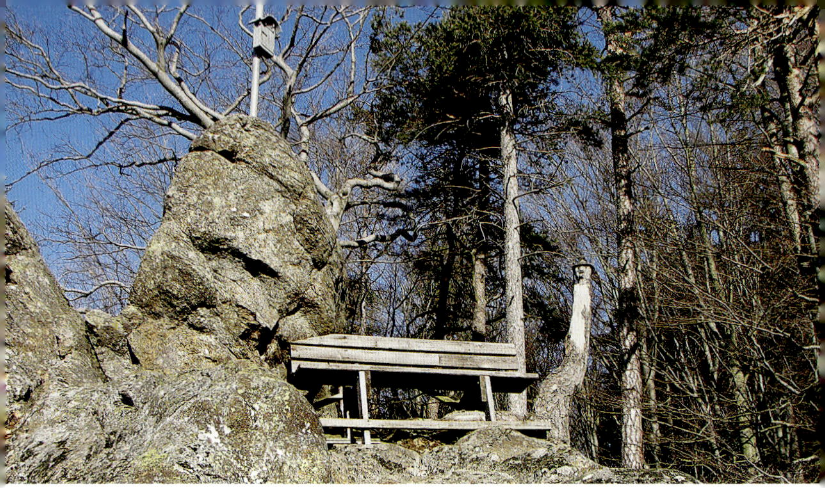

Ein eigenwilliger, aber attraktiver Sitzplatz am Aussichtsfelsen auf dem Zwirenzel.

sitz links in einen Waldweg einzubiegen. Nun stets geradeaus, über einen Forstweg hinweg zum Waldrand und weiter zur Straße. Rechts gelangen wir nach **Geigant (3)**. Im Ort geht es links den Mühlweg entlang zum Gasthaus Uhrmann mit Biergarten. Nach einer Einkehr gehen wir links (ohne Einkehr rechts), am Wirtshaus Zum Krug gerade vorbei und nach Haus Nr. 3 links den Fußweg an einem Bächlein entlang. Kurz durch die Siedlung, dann am Christuskreuz links den Wiesenweg entlang, bis wir auf einen Feldweg stoßen und rechts abbiegen. Der Geiganter Zwirenzelweg Wm14 führt uns bergan in den Wald und steigt bald sehr steil an vielen Felsen vorbei hinauf zum Aussichtsfelsen mit Gipfelkreuz und Adlerskulptur auf dem **Zwirenzel (4)**. Der Gipfelrundweg, vom Felsen aus links an den Picknickbänken vorbei, bringt uns zu einem weiteren Aussichtspunkt, bevor er wieder mit dem Hauptweg zusammentrifft. An der Wandertafel können wir uns zwischen der großen Rundtour geradeaus über Machtesberg und der kurzen Variante 2 links zurück nach Haschaberg entscheiden. Nach Machtesberg folgen wir dem Zwirenzelsteig (Wm12). Nach rund 10 Min. führt uns die Markierung rechts auf einen Grasweg hinab nach **Machtesberg (5)**. Im Ort biegen wir mit der Wm12 nach links ab. Am Trafohäuschen gerade auf den Wiesenweg und mit herrlichem Blick auf Waldmünchen abwärts. Kurz vor **Moosdorf (6)** gehen wir an einer Gabelung links unmarkiert oberhalb des Dorfes entlang, dann rechts hinab zum Ort. Auf der Moosdorfer Zufahrtsstraße geht es wieder mit der Wm12 links zur Staatstraße 2146, über diese hinweg und rechts an einer Mühle vorbei. Mit der Wm12 biegen wir vor der Scheune links ab und gehen an der folgenden Gabelung ohne Markierung links und an der unteren Feld-

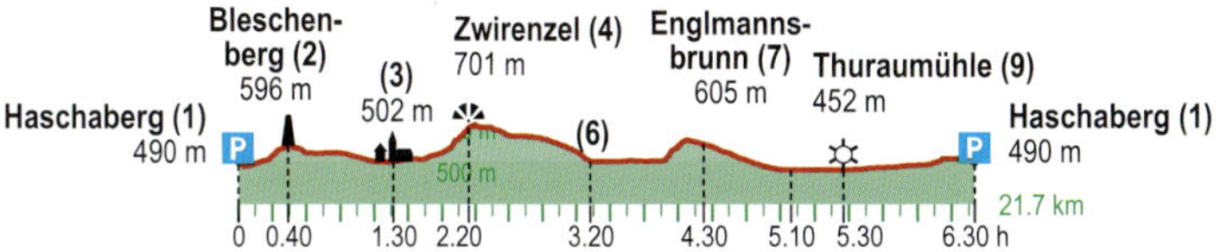

kante entlang. 5. Min. später folgen wir dem Pfad zwischen Tor und Hütte. An der Querstraße links und nun mit dem gelben S des Goldsteigs weiter. Über die Waldmünchner Bahnlinie, dann folgt ein steiler Anstieg im Wald, für den der Wanderer oben mit einem weiten Blick auf das Schwarzachtal entschädigt wird. Kurz hinter der aussichtsreichen Kuppe erreichen wir **Englmannsbrunn (7)** und biegen im Ort links ab. Am nächsten Abzweig rechts, im Rechtsbogen hinab ins Tal und durch den Wald bis zu einer Straße. Auf dieser 100 m nach rechts, dann links zur **Albernhofer Mühle (8)**. Wir überqueren die Schwarzach und folgen dem Goldsteig zur **Thuraumühle (9)**. An deren Rückseite können wir die historischen Mühlräder eines Sägewerks bestaunen, das 1962 stillgelegt wurde. Abermals über die Schwarzach, dann links Richtung Döfering. Der Goldsteig führt uns über freies Feld auf Döfering zu, zieht dann jedoch links vorbei und wendet sich schließlich rechts dem Ortsende zu. Hier verlassen wir den Goldsteig und gehen die Straße links bergan. Über den Kreuzweg gelangen wir zur **Hussenbierlkapelle**. Von der Kapelle gehen wir auf der Straße mit der Sc3 weiter bis nach **Haschaberg (1)** und dort rechts hinab zum Ausgangspunkt.

Bildstock bei Moosdorf.

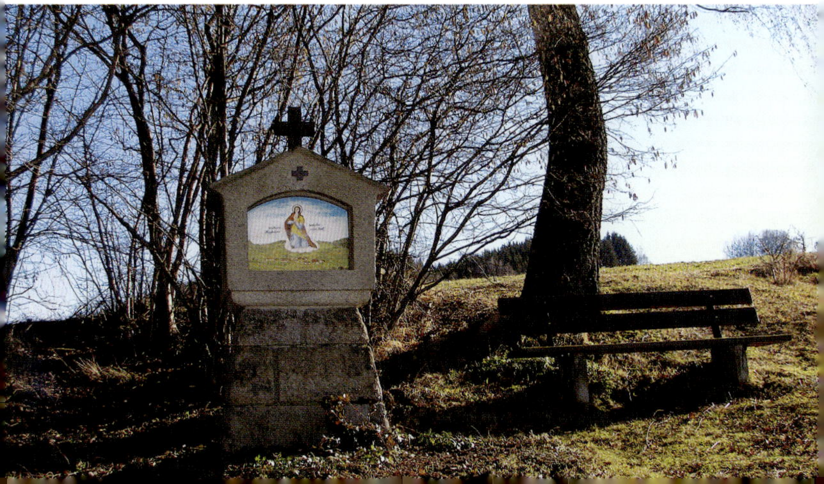

TOP **6**

Auf den Čerchov (Schwarzkopf), 1042 m

3.45 Std.

Grenzüberschreitende Wanderung zu Relikten des Kalten Krieges

Der Aussichtsturm auf dem Čerchov konnte lange Zeit nicht als touristisches Wanderziel genutzt werden. Im Krieg diente er Deutschland als Beobachtungsturm für den Luftschutz. Später, zu Zeiten des Kalten Krieges, errichtete die Tschechoslowakei ein Kasernengelände um den Turm und zerstörte die beiden bewirtschafteten Hütten in seiner Nachbarschaft. Seit 2000 ist der Aussichtsturm wieder für den Publikumsverkehr freigegeben, und sowohl im authentischen Bistro als auch in der KČT-Hütte wird man gut bewirtet.

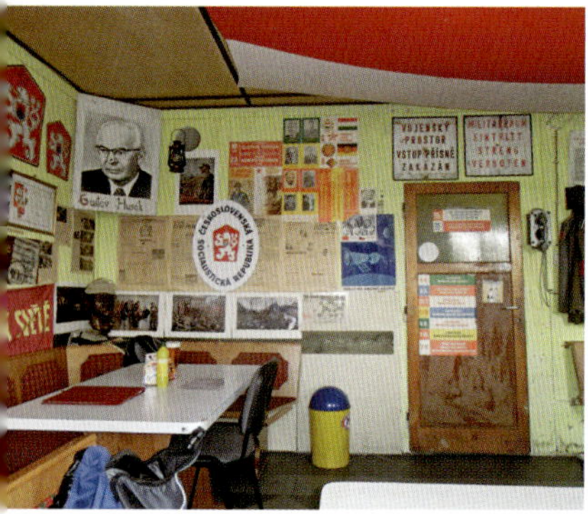

Reich dekoriert – das Bistro auf dem Čerchov im realsozialistischen Stil.

Ausgangspunkt: Waldmünchen, OT Waffenschleife, 592 m, Parkmöglichkeit am Ortsende. Zufahrt: In Waldmünchen erst den Schildern zum Festspielplatz, dann zum Lehrbienenstand folgen (Navi: 93449 Waldmünchen, Waffenschleife).
Höhenunterschied: 500 m.
Anforderungen: Streckenwanderung, ca. 11,5 km; steinige Pfade und Waldwege mit anhaltendem Anstieg (Rückfahrt mit Čerchovbus möglich, Tel. +49 9971 801333).
Einkehr: Bistro (Mai bis Okt. tgl. außer Mo 9–17 Uhr, Nov. bis April Sa/So, Tel. +420 6061 56800) und KČT-Hütte (Mai bis Okt. Sa/So/Feiertag, Juli und Aug. tgl. 10–17 Uhr) auf dem Čerchov.

Wir starten an der Wandertafel am Ortsende von **Waffenschleife (1)** und wandern Richtung Čerchov bergan. Am zweiten Querweg kommt der Čerchovsteig Wm9 hinzu und wir steigen auf steinigem Pfad steil aufwärts. Etwa 200 m nach der Übersichtstafel zum »Siedlungsgeschichtlichen Lehrpfad« weist ein Lehrpfadschild

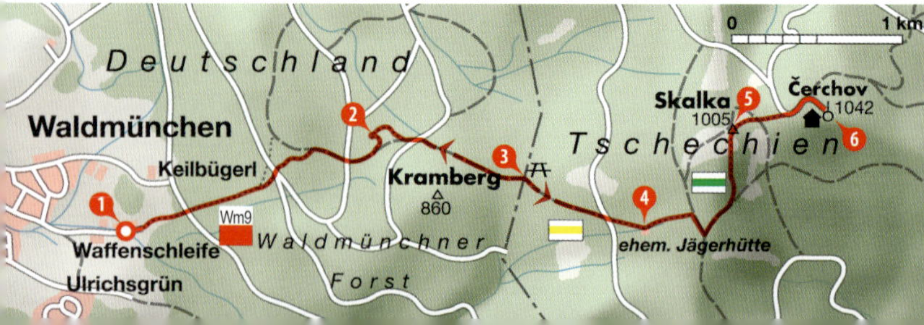

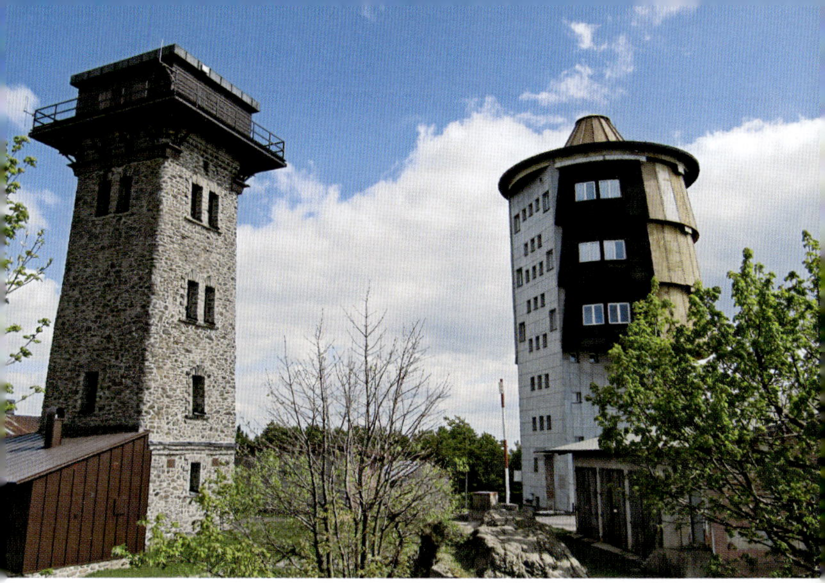

Der Aussichtsturm auf dem Čerchov – umgeben von einer verlassenen Militäranlage.

links in den Wald: Nicht weit und wir finden die Mauerreste und ein Kellergewölbe der **Kramberger Höfe (2)** mit einer Infotafel. Steigen wir hinter den Höfen rechts bergan, gelangen wir zurück zu unserem Aufstiegsweg. Wir queren einen weiteren Forstweg und erreichen den **Grenzübergang Lehmgrubenweg (3)** mit überdachtem Rastplatz. Weiß-gelb-weiß markiert und weniger steil gehen wir auf tschechischer Seite weiter, bis wir das **Brunnhäusl (4)**, eine verfallene Jägerhütte, erreichen. Hier folgen wir dem weiß-grün-weiß markierten Weg nach links. An der nächsten T-Kreuzung den rechten Weg wählen und dann der Linkskurve nachgehen. Bald biegt der Weg wieder links in den Wald, gut 5 Min. später führt ein sehr schmaler Pfad rechts über die **Felsgruppe Skalka (5)**, 1005 m, hinweg, und wir erreichen eine betonierte Fahrstraße. Noch 400 m unmarkiert rechts bergan, dann ist der Gipfel des **Čerchov (6)** erreicht. Gegen eine kleine Gebühr (20 CZK) kann man die Aussichtsplattform des Turms besteigen. Die Gelegenheit zur Einkehr im Bistro oder in der KČT-Hütte lassen wir uns nicht entgehen, bevor wir auf gleichem Weg zurück nach **Waffenschleife (1)** wandern.

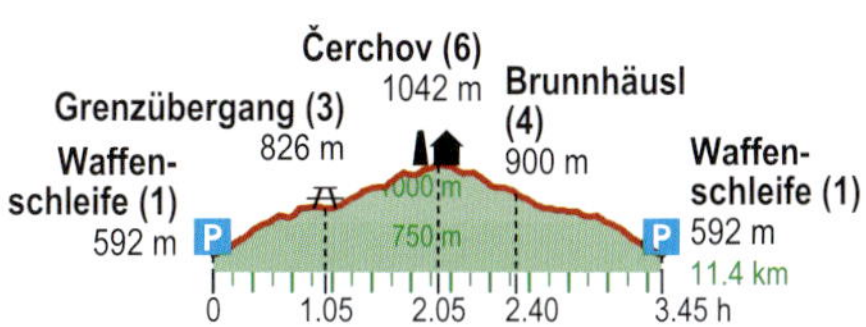

7 Die Druidensteine, eine keltische Opferstätte?

4.30 Std.

Über die Wallfahrtskapelle Schönbuchen ins beliebte Schwarzachtal

Unsere Wanderung durchs idyllische Schwarzachtal führt uns zu den Druidensteinen, einer im Wald verborgenen Felsengruppe nahe Kröblitz. Vermutlich handelt es sich um eine keltische Kultstätte, denn an mehreren der rundlichen Granitblöcke sind kreisrunde und längliche Opferschalen, gemeißelte Trittstufen und mystische Zeichen zu finden. Welche grausamen Zeremonien mögen sich hier vor langer Zeit abgespielt haben? Auf dem Rückweg geht es steil über einen Berg, der den ungewöhnlichen Namen Bockskirn trägt.

Ausgangspunkt: Dautersdorf, 550 m, Parkmöglichkeit an der Kirche (Navi: 92554 Dautersdorf/Thanstein).
Höhenunterschied: 430 m.
Anforderungen: Große Rundwanderung, ca. 15 km; Feld-, Wiesen- und Waldwege, gelegentlich auch schmale Pfade, steil zum Gipfel des Bockskirn.
Einkehr: Schlossgaststätte (Mo–Mi Ruhetag, Tel. +49 9672 859) in Kröblitz, Gasthaus Ring (Brotzeiten, Tel. +49 9672 1377) oberhalb der Kirche in Dautersdorf.

Unterhalb der Kirche in **Dautersdorf (1)** biegen wir rechts mit weiß-grün-weißer Markierung und am nächsten Wegweiser nun auch mit dem gelben S des Goldsteigs links ab. Über einen Kreuzweg erreichen wir die **Wallfahrtskapelle Schönbuchen (2)**. Von dort erst auf bequemem Weg am Waldrand entlang, dann steil hinab ins idyllische Schwarzachtal. Ein Pfad oberhalb der Schwarzach bringt uns nach **Hammerkröblitz**. An der Kreuzung links über die Schwarzach nach **Kröblitz (3)**, dann rechts auf dem Radweg entlang

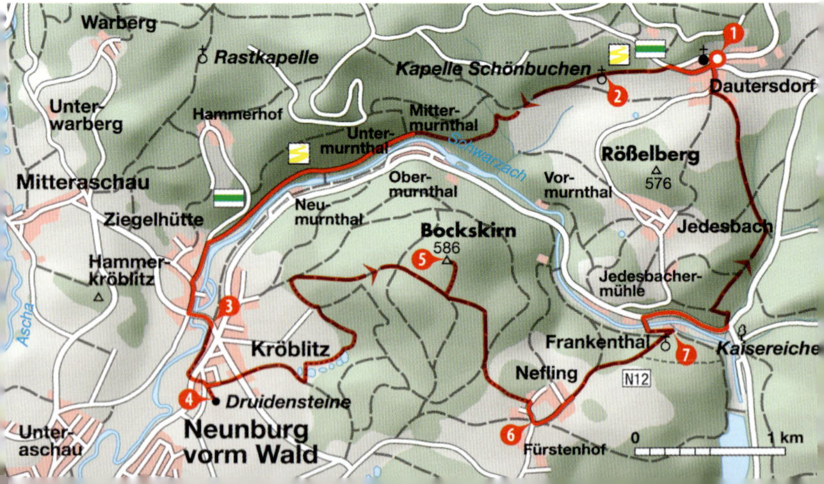

einer alten Bahntrasse zur Schlossgaststätte. Noch ein Stück auf dem Radweg, dann queren wir die Straße und folgen dem Wegweiser »Zum Druidenstein«. Am Parkplatz geht es rechts in ein kleines Wäldchen, in dem Steinkolosse, die **Druidensteine (4)**, liegen. Steigt man hinauf, kann man die vermeintlichen Opferschalen der Druiden entdecken.

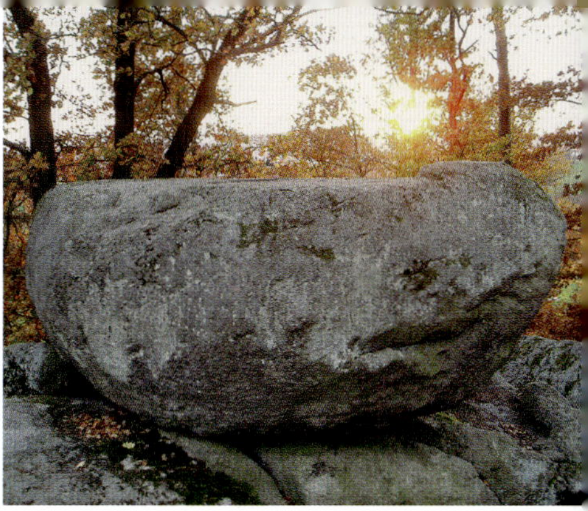

In der Herbstsonne kann sogar ein keltischer Opferstein romantisch sein.

Zurück am Parkplatz gehen wir mit dem orangen Bockskirnweg am Ortsrand entlang, queren eine Teerstraße und wandern unmarkiert auf mehrere Fischweiher zu. Nach dem ersten Weiher links, dann rechts auf einem Wiesenweg an den Weihern vorbei zum Wald. Im Wald steil bergan und nach einer Linkskurve auf einem teils hübschen Pfad am Waldrand entlang. Nach einer Aussichtsbank gehen wir geradeaus weiter zu einer Waldwegkreuzung. Hier mit dem »Bockskirnweg« rechts und gleich darauf, nun jedoch unmarkiert, rechts auf einen wurzeligen Waldweg steil durch Kiefernwald bergauf. Auf der Anhöhe weist ein Schild links rückwärts auf einen einfachen, von Heidelbeersträuchern überwachsenen Weg zum Gipfelkreuz. Ein Granitblock mit Kreuz krönt den aussichtslosen Gipfel des **Bockskirn (5)**.

Zurück auf dem Hauptweg zweigen wir an einer Waldhütte rechts ab. Geradeaus geht es am Waldrand entlang, dann mit Fernsicht hinab nach **Nefling (6)**. Wir gehen vor bis zur Hauptstraße, dann links durch den Ort. Am Sperrschild vor der Biogasanlage links (alte N12-Markierung) und hinunter in den Wald. Etwa 5 Min. später zweigen zwei Wege nach links ab. Wir wählen den zweiten grasigen Weg, halten uns kurz darauf rechts und steigen steil hinab an einer Kapelle vorbei ins Schwarzachtal. An der verfallenen **Frankenschleife (7)** links, dann rechts über die Brücke und wieder rechts auf der Straße bis kurz vor den Abzweig »Eixendorf 2 km«. Vor der Leitplanke scharf links in den Wald und einen Hohlweg steil hinauf. Nach einer Linkskurve mündet er in einen ebenen Waldweg, auf dem wir nach rechts gehen. Am Weiher links bergan und zurück nach **Dautersdorf (1)**.

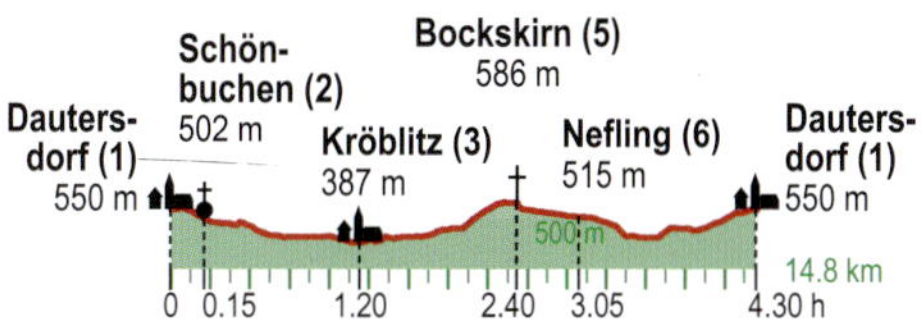

TOP 8 Ruine Schwarzenburg, 706 m, und Bergfried Thanstein, 569 m

4.15 Std.

Burgen, Türme und eine »Steinerne Wand« für Trittsichere

Die hier vorgestellte Route ist ein Teilstück des Burgenwegs, der hier seinem Namen alle Ehre macht. Sie führt von der Schwarzenburg bei Rötz, einem beliebten Festspielort mit Berghütte und Aussichtsturm, zum markanten Bergfried in Thanstein. Für Nervenkitzel sorgt unterwegs die »Steinerne Wand«.

Ausgangspunkt: Rötz, 454 m, Ortsteil Bauhof, Wanderparkplatz in einer Rechtskurve, 533 m. Zufahrt: In Rötz von der Straße Richtung Neunburg vorm Wald nach Bauhof abzweigen; dann ca. 1 km (Navi: 92444 Bauhof/Rötz).
Höhenunterschied: 490 m.

Anforderungen: Bergige Runde, ca. 13 km; steile, steinige Pfade um den Schwarzwihrberg, der Felsensteig »Steinerne Wand« erfordert etwas Trittsicherheit (bequeme Umgehung möglich), sonst Wald-, Feld- und Forstwege.
Einkehr: Hotel Restaurant Bergfried und Bauhofer Wirt (Do Ruhetag) in Bauhof, Schwarzwihrberghütte (April bis Okt. Mi ab 18 Uhr, So, Feiertag ab 11 Uhr, Tel. +49 172 4563049, www.schwarzenburg-festspiele.de), Gasthaus Träxler (Brotzeiten, Di Ruhetag, Tel. +49 9676 430) in Thanstein.
Tipps: Schwarzenburg-Festspiele und Burgführung Schwarzenburg-Zeitreise (www.schwarzenburg-festspiele.de).
Hinweise: Aussichtsturm auf der Schwarzenburg (nur während der Öffnungszeiten der Berghütte geöffnet). Burg Thanstein: Eintritt mit Ausweis (Kartenlesegerät), ab 18 Jahre. Kinder nur in Begleitung Erwachsener.

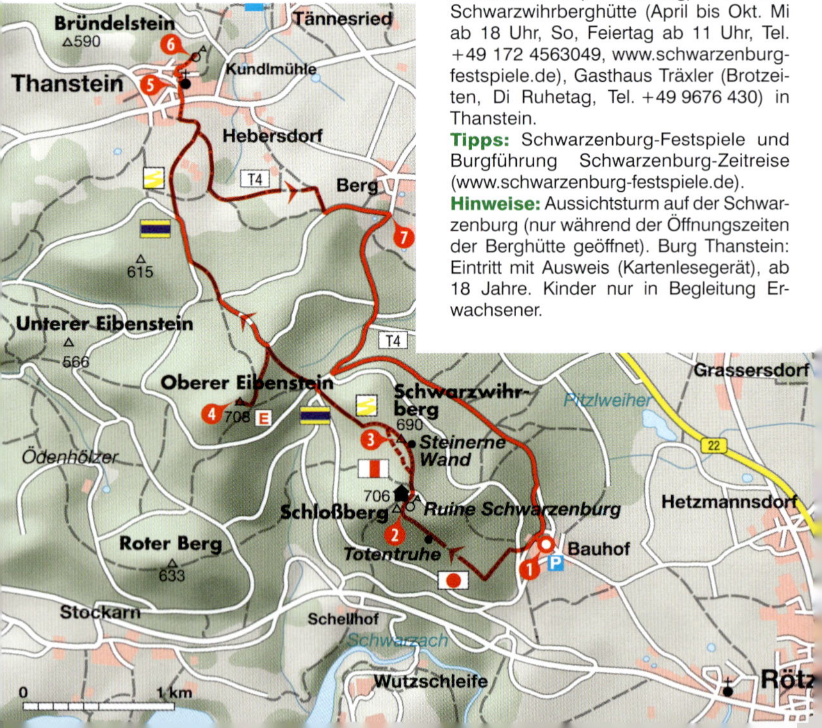

Auf der linken Seite des Wanderparkplatzes in **Bauhof (1)** folgen wir zunächst der Markierung Rz 1 aufwärts und gehen links am Hotel Restaurant Bergfried vorbei. Kurz darauf steigen wir rechts mit allen Markierungen Richtung Schwarzenburg bergan. An der nächsten Gabelung geht es rechts den mit rotem Punkt markierten Schwarzwihrbergweg steil bergauf. Bald ist die »Totentruhe« erreicht, eine vor allem nachts einem Sarkophag täuschend ähnliche Granitsteinformation. Auf gleicher Höhe befindet sich links ein Aussichtspunkt. Über Steinstufen gelangen wir in den Burghof der **Ruine Schwarzenburg (2)**. Hier können wir die Aussicht vom Turm und eine Brotzeit in der Schwarzwihrberghütte genießen.

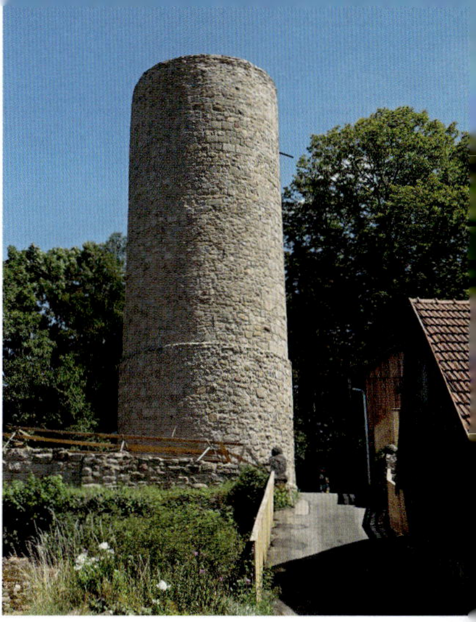

Bergfried der Ruine Thanstein.

Durch das innere Tor verlassen wir die Anlage und folgen dem gelb-blau-gelb markierten Burgenweg und dem Goldsteig (gelbes S) hinab zur **Steinernen Wand (3)**. Da dieser felsige Steig etwas Trittsicherheit verlangt, gibt es für weniger geübte Wanderer eine bequeme, weiß-rot-weiß markierte Umgehung. Nach der abenteuerlichen Querung geht es steil abwärts zur Waldkreuzung **Sattelhütte**, an der wir weiter dem Burgenweg und Goldsteig folgen. Der Pfad steigt nun wieder an, bis links der felsige Pfad zum **Oberen Eibenstein (4)** abzweigt; der interessante Abstecher zum felsigen Gipfel (keine Aussicht) dorthin dauert im Aufstieg etwa 10 Min. und ist mit einem roten E markiert.

Zurück vom Eibenstein geht es auf dem Goldsteig stetig bergab. Nach etwa 15 Min. verlassen wir den Wald und **Thanstein (5)** mit seiner Burganlage kommt in Sicht. Am Ortseingang gehen wir rechts am Sportplatz entlang zur Straße. Dann steigen wir geradeaus hinauf zum Gasthaus Träxler. Vor dem

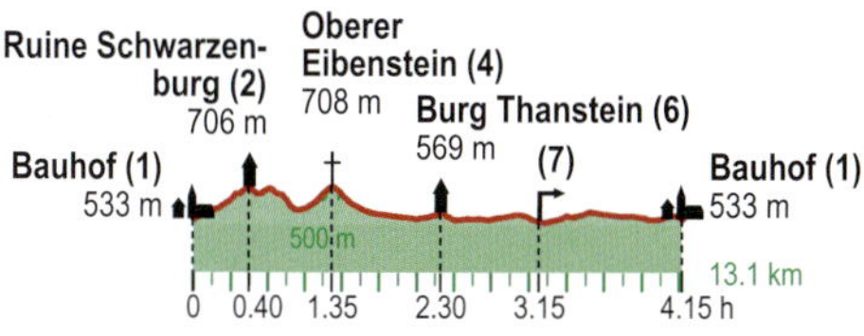

Gasthaus rechts zur Kirche und links die Treppen hinauf. Durch das Burgtor bergauf erreichen wir die **Burg Thanstein (6)**. Der Turmaufstieg ist steil, dafür wird man mit einer hervorragenden Fernsicht belohnt.
Zurück geht es wieder am Sportplatz vorbei und links an der Siedlung entlang. An der Gabelung nach der Rechtskurve halten wir uns links und machen uns auf einen Rückweg. Wir folgen dem braun markierten Nordic-Walking-Weg »Thanstein-Bauhof-Route (Guttensteiner Permanenter Wanderweg)« und in Gegenrichtung der Markierung T4.
Der Weg beschreibt eine Linkskurve, streift ein Waldstück und führt mit schöner Aussicht bald rechts zum Waldrand. Wir gehen links, geradeaus an der Ortschaft **Berg (7)** vorbei bergab, dann kurz vor dem Ortseingang scharf rechts und ansteigend auf den Wald zu. Im Wald ignorieren wir auf einer Kuppe den Abzweig nach rechts und danach die beiden Abzweige an einem Bächlein nach links. Unser Weg steigt an und wir biegen an der nächsten Kreuzung scharf links ab. Nun auf ebenem Weg halten wir uns nach knapp 30 Min. rechts und kehren nach **Bauhof (1)** zurück.

Geländergesichert über die »Steinerne Wand«.

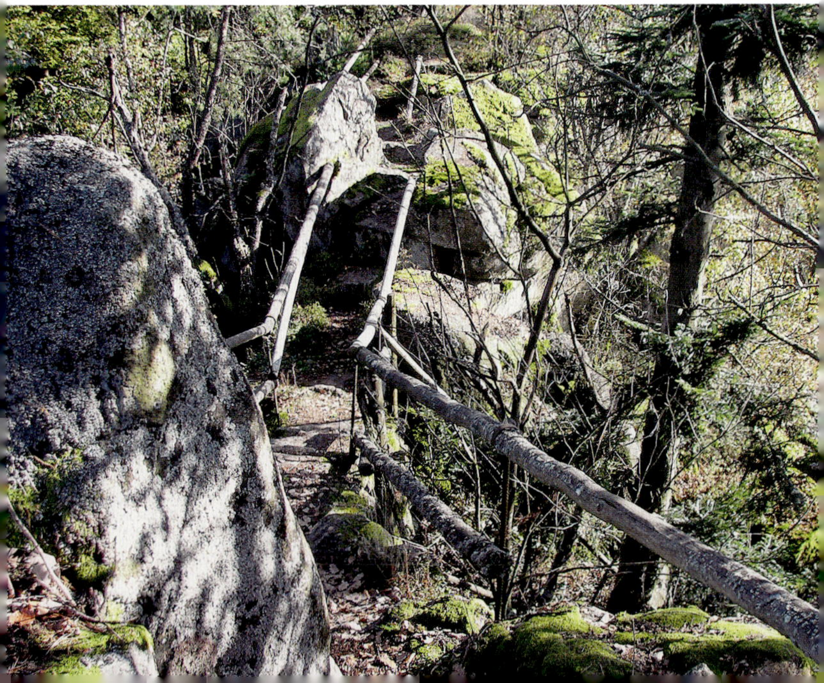

5.00 Std.

Vom Kulzer Moos ins Aschatal

9

Auf Knüppelpfaden durch geschützte Moorlandschaft

Kulzer und Prackendorfer Moos bilden neben dem Moorgebiet Pfrenschweiher nördlich von Eslarn eine der größten und interessantesten Sumpflandschaften im Oberpfälzer Wald. Nach jahrzehntelangem Torfabbau stehen sie seit 1987 unter Naturschutz. Seltene Tier- und Pflanzenarten leben hier in einem empfindlichen Ökosystem. Unsere Wanderung führt uns durch das Moos und über einige Anhöhen hinweg ins Aschatal.

Ausgangspunkt: Kulz, 515 m, Wanderparkplatz an der Neunburger Straße gegenüber vom Gasthof Krämerhof (Navi: 92554 Thanstein, Neunburger Straße 1).
Höhenunterschied: 460 m.
Anforderungen: Großer Rundweg, ca. 18 km; Knüppelpfad durch das Kulzer Moos (bei Nässe rutschig!), zeitweise felsige Waldpfade, kräftiger Schlussanstieg.
Einkehr: Gasthof Krämerhof (Tel. +49 9676 325) in Kulz u. Gasthaus Kraus in Prackendorf.
Tipp: Stonehenge, ein dem Original nachempfundenes Steintor an der Straße von Kulz nach Muschenried.
Variante: Kurze, aber lohnende Runde auf dem Moorlehrpfad (ca. 3 km, 1 Std.); Parkplatz an der Straße von Kulz nach Dautersdorf auf der rechten Seite.

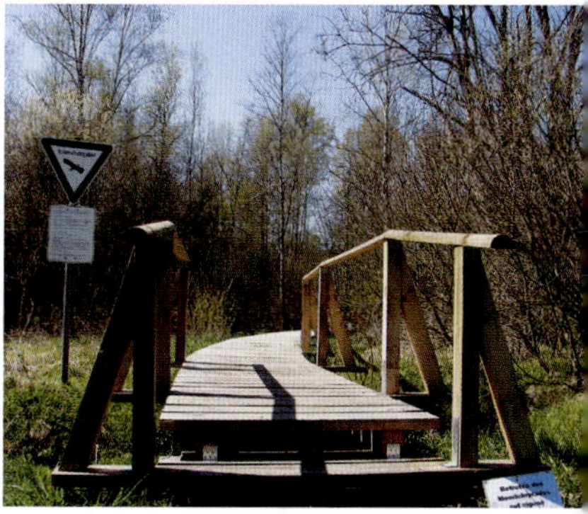

Hier beginnt der Moorlehrpfad – bitte verhalten Sie sich ruhig!

Vom Wanderparkplatz in **Kulz (1)** folgen wir der Neunburger Straße Richtung Moorlehrpfad. Am Abzweig nach Dautersdorf halten wir uns links, am Ortsende biegen wir rechts in einen Feldweg ein. 5 Min. später geht es links auf einem zweispurig gepflasterten Weg abwärts. Die kleinen »Kulzer Moos«-Schilder leiten uns schnell zum Beginn des **Moorlehrpfads (2)**. Infotafeln machen den interessierten Wanderer mit dem empfindlichen Lebensraum Moor und seinen Bewohnern bekannt. Wir stoßen auf das gelbe S des Goldsteigs und unternehmen einen Abstecher nach rechts zum **Prackendorfer Moos** mit großem

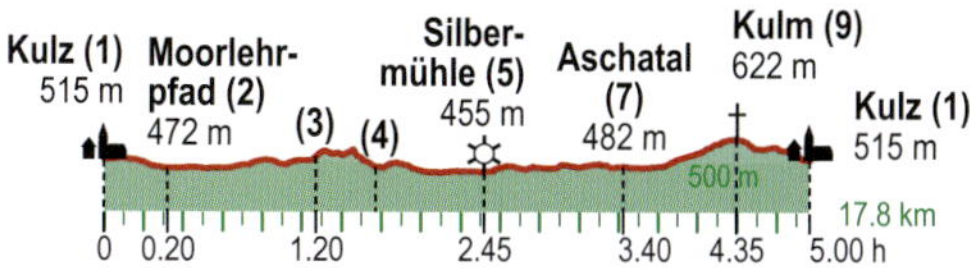

Moorsee. Wir wenden und folgen nun dem Goldsteig in den Wald, zweigen mit der Südroute rechts ab und nehmen am Forstweg das blaue S nach rechts. Am Ende des Forstweges geht es rechts auf einem Pfad durch den mit Felsen übersäten Wald. Es folgt ein kurzes Stück auf Forstweg, dann links über Waldwege leicht bergan. Nach ca. 15 Min. folgt ein kurzer, steiler Aufstieg nach links, dann führt der Waldweg durch einen **Felsendurchlass (3)**. Wir können nun mit dem blauen S nach rechts zum Forstweg absteigen und ihm folgen, bis der Forstweg T 10 kreuzt, oder schöner direkt hinter den Felsen links auf undeutlichem Pfad steil aufsteigen. Bald wird der Weg eindeutig und führt nahezu eben rechts am Hang entlang, bis er auf den Weg T 10, D 4 trifft. Wer will, kann hier links zu weiteren Felsenburgen mit Bunker aufsteigen.

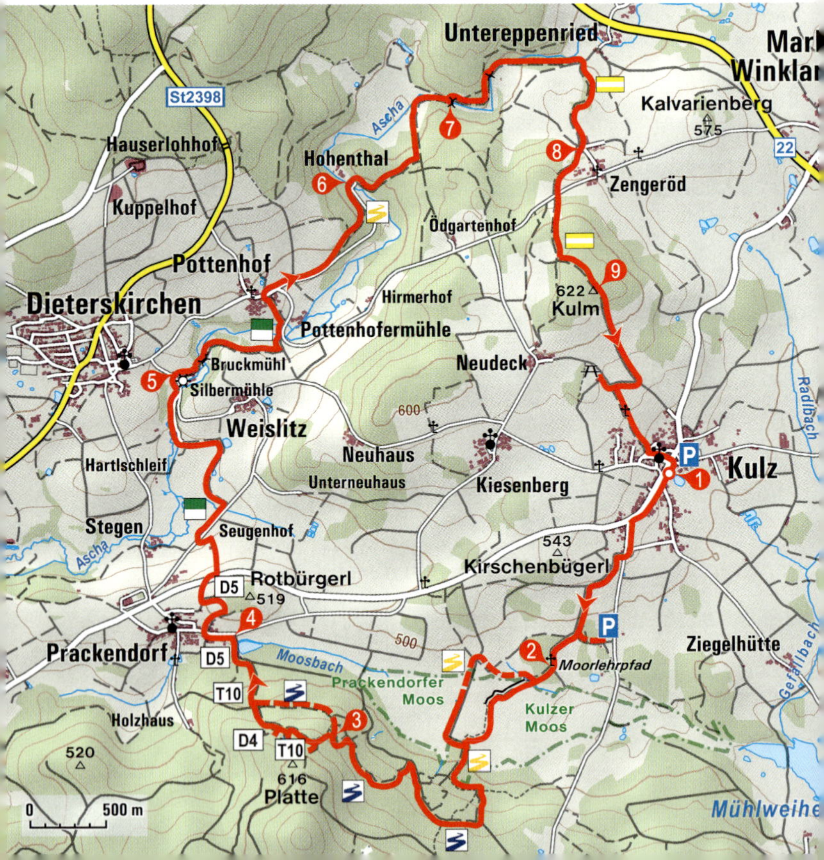

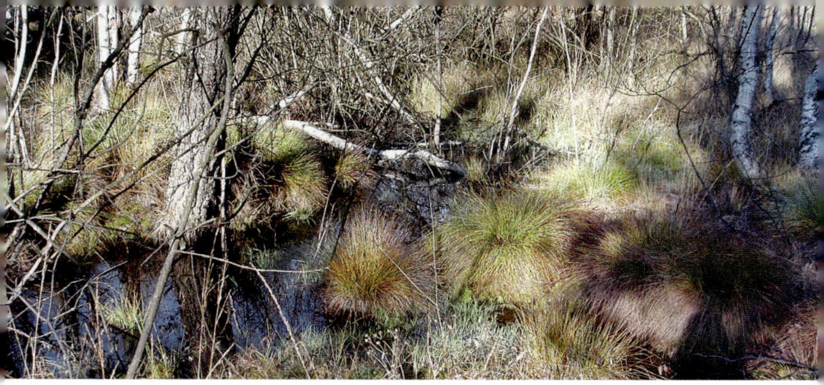

Wollgras im Kulzer Moos.

Rechts geht es bergab und nach einem ehemaligen Trafohaus links zum ersten idyllischen **Steinbruchsee**, der nächste Abzweig leitet uns zu einem verlandeten See. Anschließend wandern wir auf dem Weg T 10 (später auch D 5) weiter bergab nach **Prackendorf (4)**. Nach einem Weiher geht es links die Dorfstraße entlang. Gegenüber von Hausnummer 27 wenden wir uns rechts bergan. Der mit D 5 markierte Weg führt uns über den aussichtsreichen **Rotbügerl** hinunter nach **Seugenhof** im Aschatal. Nun mit grün-weißer Markierung ein kurzes Stück rechts auf dem Sträßchen, dann links bis zum letzten Weiher vor Weislitz. Dort halten wir uns unmarkiert links, dann rechts durch das Anwesen **Hartlschleif** und am Mühlenkanal entlang. Auf der Straße queren wir die Ascha und erreichen die **Silbermühle (5)**. Nun rechts durch das Sägewerk, abermals über die Ascha und neben dem Anwesen Bruckmühl den Wiesenweg bergan. Der Weg führt am Hang entlang und mündet wieder in unseren grün-weiß markierten Weg. Links die Straße hinab, über die Ascha und links hinauf nach Pottenhof. Dort wenden wir uns an der Wandertafel nach rechts und gehen Richtung Hohenthal bald ohne Markierung geradeaus abwärts. Gut 5 Min. später am Waldrand biegen wir links ab und gehen kurz darauf mit dem Goldsteig-S rechts hinab ins Aschatal.
Im Tal links und über die Brücke bei **Hohenthal (6)**, dann rechts bergan. Kurz vor der Anhöhe biegt der Goldsteig rechts ab, wir aber folgen den alten blauen Markierungen geradeaus weiter, dann links hinab zum Flusslauf. Zwei Brücken leiten uns über den hier sehr idyllischen Abschnitt des **Aschatals (7)**, bevor der Weg sich leicht aus dem Tal erhebt. Die Häuser von Untereppenried kommen in Sicht, wir zweigen zuvor auf den gelb-weiß-gelb markierten Oberpfalzweg rechts ab. Er führt rechts an **Zengeröd (8)** vorbei und bergan bis zur Anhöhe **Kulm (9)**. Am Waldrand gehen wir mit herrlicher Aussicht bergab, am nächsten Abzweig rechts, dann (rechts ein aussichtsreicher Rastplatz) links den alten Kreuzweg hinab und an der Kirche vorbei zum Wanderparkplatz in **Kulz (1)**.

10 Zur Ruine Frauenstein, 875 m

4.45 Std.

Legenden um zwei Ritterburgen und eine 1000-jährige Linde

Die Ruine Frauenstein liegt heute einsam und verträumt auf einem Bergkamm zwischen Schönsee und Tiefenbach. Doch einst, erzählt die Legende, lebte hier das Ritterfräulein Eleonora mit ihrem Vater. Der Ritter Zenger aus dem Nachbarort, auch »Wilder Hans« genannt, warb erfolglos um die Schöne. Also verschleppte er sie in seine Burg auf dem exponierten Altenschneeberg. Diese Burg steht nicht mehr, doch eine schöne Aussicht hat man vom Gipfelkreuz, das nun den Altenschneeberger Schlosshügel schmückt, auch heute noch.

Ausgangspunkt: Tiefenbach, Parkplatz ca. 100 m hinter dem Waldbad, 575 m (Navi: 93464 Tiefenbach, Waldbadstraße).
Höhenunterschied: 560 m.
Anforderungen: Rundwanderung, ca. 14,5 km; meist Waldwege und Pfade, erfordert etwas Orientierungssinn.
Einkehr: Bergpension Tannenhof (Mi Ruhetag, 12–18 Uhr geöffnet, Tel. +49 9673 388) in Altenschneeberg.
Tipp: Museum ehemalige Klöppelschule (Hauptstraße 33, Mo–Do 8–12 u. 13–17 Uhr, Fr 8–12 Uhr, Klöppelvorführungen: April bis Okt. jeden 1. Sonntag im Monat: 14–16 Uhr), Ludwig Gebhart Museum und Skulpturenweg (Hauptstr. 23, Ausstellung seiner Kunstwerke, Besonderheit sind seine farbigen Linolschnitte mit Wechselausstellung, April bis Okt. jeden 1. Sonntag im Monat: 14–16 Uhr, Tel. +49 9673 92210) und Waldbad in Tiefenbach.
Weitere Tour: In Schönau (3 km von Tiefenbach Richtung Schönsee) startet eine sehr schöne, ca. 5 km lange Runde (1.30 Std.) ohne große Steigungen auf herrlichen naturbelassenen Wegen an rauschenden Bächlein entlang zu einem Biberbau und einer einstigen Glasschleife (Markierung Tb 8, Glasschleifenweg; Parkmöglichkeit an der Wandertafel rechts in Straße nach Breitenried bei der Gabelung, wo der Wanderweg rechts abbiegt). Der Wanderweg folgt erst dem Hüttenbach, quert diesen und führt durch den Wald hinab zu den Auen der Bayerischen Schwarzach. Hier weist rechts ein Schild zum mächtigen Biberbau. Dann geht es über die Straße nach Bernried hinweg wieder in den Wald und kurz darauf folgen wir abermals einem Hinweisschild rechts und dann weglos gerade hinab zu einer ehemaligen Glasschleife. Weiter durch Wald, dann links zum Waldrand und an diesem rechts entlang zu einem Sträßchen. Ein Grasweg nach links führt uns zurück nach Schönau und zum Gasthof Reichenberger (Mo Ruhetag).

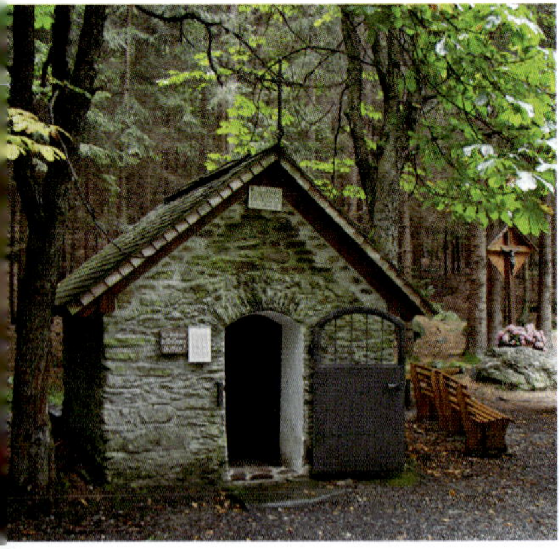

Ein Kreuzweg führt uns zur Schönbrunner Kapelle.

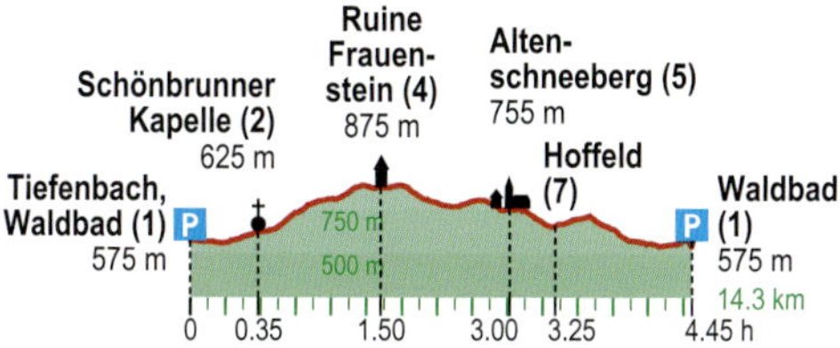

Die Wandertafel am Parkplatz beim **Waldbad (1)** weist uns rechts den Wanderweg Tb1 (Frauensteinweg) über die Schönbrunner Kapelle zur Ruine Frauenstein. Wir folgen dem Feldweg in den Wald. An einer Gabelung im Wald wenden wir uns rechts zum rauschenden Bächlein. An diesem entlang, dann den Kreuzweg links zur **Schönbrunner Kapelle (2)** mit Quelle. Ein Stück weiter endet der Forstweg und ein Waldweg schließt sich an. Wir folgen unserer Markierung steil bergan. Etwas unterhalb des Wasserschachtes Markbrunnen, beim Schild »Wasserschutzgebiet«, verlassen wir Tb1 und biegen in den unmarkierten Querweg rechts und in den folgenden breiten Forstweg links ab. Der Weg wird schmaler und rechts haltend treffen wir auf die Markierung Tb1, der wir nach rechts folgen. Vom bewaldeten Gipfel des **Signalberg (3)**, 888 m, geht es leicht abwärts, dann entdecken wir vor uns das erhaltene Steintor der **Ruine Frauenstein (4)** auf dem 875 m hohen Frauenstein. Wir erkunden die Ruine mit Brunnen und Fensterbogen auf der

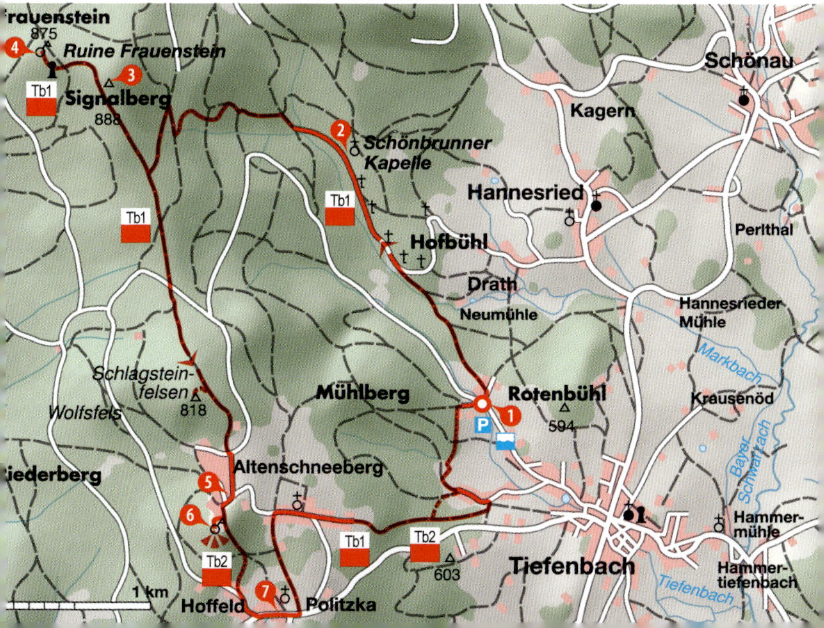

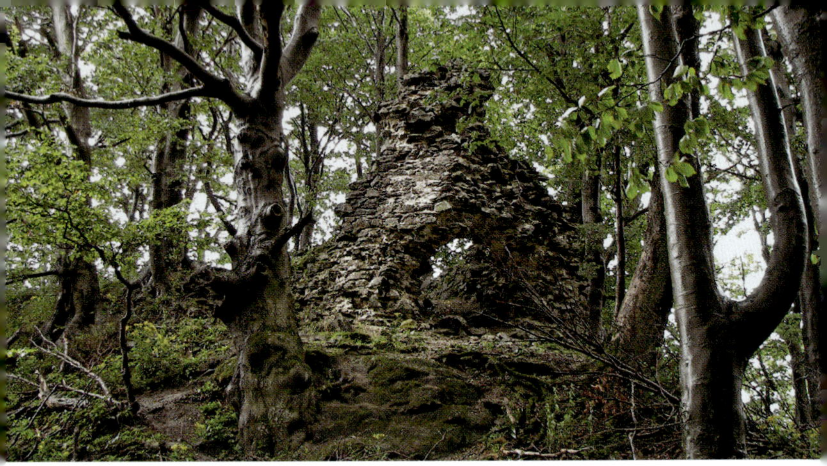

Gut im Wald versteckt: das Felsentor der Burgruine Frauenstein.

Rückseite und kehren über den **Signalberg (3)** zurück, bleiben dann aber auf dem Weg Tb1. An einer Wandertafel treffen wir auf einen Forstweg und gehen rechts. Ca. 5 Min. später folgen wir an einer Kreuzung bei einem Holzschuppen dem Pfad geradeaus und orientieren uns an den blauen Dreiecken an den Bäumen sowie alten T-1-Schildern. Die neue Tb1-Beschilderung führt links auf dem Forstweg auch zum Ziel. Unser Weg gabelt sich, wir halten uns rechts, bald können wir auf einem Waldweg rechts zum Gipfel mit dem ND Schlagsteinfelsen aufsteigen. Mit Aussicht über den Silbersee bis zum Großen Arber geht es hinab nach **Altenschneeberg (5)** und zur Bergpension Tannenhof. An der nächsten Kreuzung leiten uns Schilder nach rechts zum **Gipfelkreuz** und zum aussichtsreichen Rastplatz auf dem **Schlosshügel (6)**. Vor dem Schlosshügel biegt Wandweg Tb2 rechts auf einem Waldpfad hinab nach **Hoffeld (7)** und zur 1000-jährigen Linde gegenüber dem ehemaligen Gasthaus. Wir gehen geradeaus zum Ortsende und nach dem Ortsschild links blau markiert Richtung Altenschneeberg. Erst an einer Böschung und am Waldrand entlang, dann rechts durch den Wald. In Richtung einer Stromleitung geht es unmarkiert geradeaus über eine Wiese auf die Häuser zu. Auf der Straße rechts und mit Tb1 und Tb2 zum Ortsende, gerade über die Wiese, kurz am Waldrand entlang, dann rechts in den Wald. Nach einer Rechtskurve bietet sich die Möglichkeit, an einer Kreuzung nach links und am Forstweg nach rechts den Weg abzukürzen. Ansonsten wandern wir weiter bis zum Siedlungsrand von Tiefenbach und gehen das Siedlungssträßchen »An der Walk« unmarkiert links bergan. Rechts um das Wasserwerk herum und am inneren Waldrand entlang, dabei einen breiteren Weg queren. An der Russenmühle rechts zum Parkplatz am **Waldbad (1)**.

5.00 Std.

Auf dem Goldsteig zum Wildenstein, 740 m

11

Idyllische Flusstälchen und eine Höhenwanderung mit Fernblick

Bei dieser Wanderung kann man besonders gut die Sonne genießen. Auf einem Teilstück des Prädikatwanderwegs Goldsteig, der den Oberpfälzer Wald und den Bayerischen Wald auf 660 km Länge durchzieht, wandern wir über aussichtsreiche Höhenzüge zum Wildenstein. Von der dortigen Burganlage sind zwar nur noch wenige Reste zu sehen, doch vom Gipfelfelsen bietet sich eine schöne Fernsicht. Sehenswert ist die kleine Kirche St. Jakob, die am gleichnamigen Pilgerweg liegt. Votivbilder aus der Zeit um 1796 zeugen von den Hoffnungen, die man zu jener Zeit auf den Schutzpatron setzte.

Ausgangspunkt: Teunz, 442 m, Parkplatz vor dem Lottogeschäft (Navi: 92552 Teunz, Hauptstraße).
Höhenunterschied: 470 m.
Anforderungen: Hügelige Rundwanderung, ca. 16 km; auf Wald- und Wiesenwegen, ca. 3 km auf Asphalt.
Einkehr: Gasthaus Schiessl (Mo Ruhetag) in Teunz, Gasthof Zum Wildenstein (Tel. +49 9677 279) in Wildstein.

Varianten: 1. Auf 7 km (2 Std.) verkürzt sich die Runde, wenn man kurz vor der Platte (4) den Grasweg geradeaus geht. Am nächsten Abzweig mit dem Goldsteig rechts zur Jakobskirche (9). Dann durch das Murachtal zurück nach Teunz (1).
2. Rundwanderung von Burkhardsberg (5) über den Wildenstein (7) (mit Einkehr in Wildstein; 8,5 km, 2.45 Std.).
Tipp: Badeseen in Fuchsberg und Wildstein.

Vom Parkplatz in **Teunz (1)** gehen wir über die Murach und links den Fußweg am Bach entlang. Die nächste Straße links und an der Querstraße rechts. Kurz darauf steigen wir rechts den Schmidbügerlweg hinauf. Über einen Fußweg

Noch bedeckt eine dünne Eisschicht den Badesee von Fuchsberg.

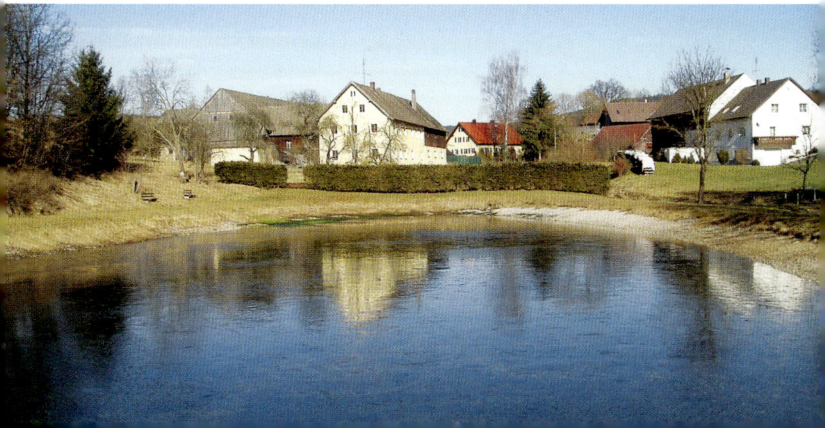

gelangen wir wieder zur Straße, gehen rechts, biegen vor der Scheune beim Trafohäuschen links und sofort wieder rechts auf den gelegentlich mit Nr. 5 markierten Weg. Auf und ab verläuft der Weg oberhalb des Faustnitzbächleins. Ca. 20 Min. später an einer Gabelung kurz vor einer Fischweiheranlage halten wir uns links bergab, queren nach dieser das Bächlein und gehen über die Wiese zum **Fuchsberger Badesee (2)**. Mit der Muschel des Jakobwegs wandern wir an der Schlossbrauerei vorbei hinauf in den Ort **Fuchsberg (3)**. Nun unmarkiert am Fuchsberger Wirtshaus (nur Getränke) vorbei durch die Wirtsgasse, dann links und auf dem Sträßchen »Zur Siedlung« wieder rechts bergan. Geradeaus durch das Wäldchen bergauf, zuletzt rechts am Waldrand entlang zu einem Asphaltweg. Variante 1 führt hier geradeaus weiter, die Hauptroute zweigt links zur Bank auf der 596 m hohen **Platte (4)** ab. Mit Blick auf den vor uns liegenden Wildenstein gehen wir auf dem Feldweg zum Ortsrand von **Burkhardsberg**. Hier geht es rechts, bis wir nach etwa 300 m an einem **Rastplatz (5)** auf den mit gelbem S markierten Goldsteig treffen. Ihm folgen wir links hinab ins Tal, queren den Höcherlbach und steigen dann hinauf nach **Kühried (6)**. Gerade durch den Ort bis zum Waldrand und einem steinernen Rastplatz. Rechts leitet uns der Goldsteig erst im Zickzack, dann senkrecht hinauf zu einem Querweg. Wir gehen rechts und biegen 5 Min. später nach links, hinauf zum **Wildenstein (7)**, 740 m. Der Gipfel und die Reste der Burg Wildenstein sind auf einem Abstecher, 100 m nach links, zu erreichen. Dann steigen wir mit dem Goldsteig geradeaus hinab zum Parkplatz am Waldrand. Hier verlassen wir den Goldsteig und gehen gerade auf den Ort **Wildstein** zu. Wer einkehren oder baden möchte, erreicht geradeaus in wenigen Minuten den Ort. Unser Weiterweg aber zweigt auf halbem Weg rechts ab, sporadisch mit roter 9 markiert (auch Jakobsweg). Das Sträßchen führt uns

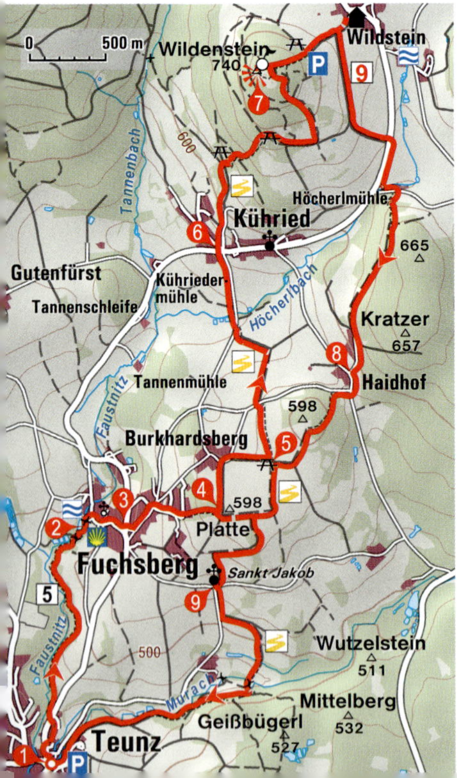

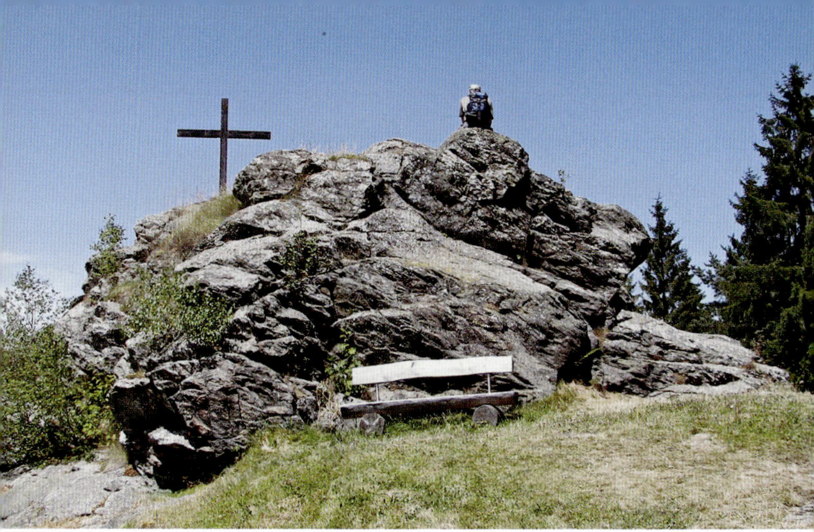

Felsiger Sonnengipfel auf dem Wildenstein.

am Hang entlang. An einer Gabelung biegen wir nach links (Jakobsweg verlassen) hinab zur Straße. Diese rechts entlang, dann links und zur **Höcherlmühle**. An der Mühle steigen wir unmarkiert rechts den Waldweg hinauf, halten uns an der Lichtung rechts und folgen dem Weg rechts in den Wald. Geradeaus geht es mit gelegentlichen roten Punkten markiert auf einem Waldweg am Kratzerberg entlang nach **Haidhof (8)**. An der Straße links und am Schild nach Burkhardsberg rechts. Nach etwa 150 m auf der Straße biegen wir links in einen Waldweg ein und bleiben auf dem Hauptweg. Der Weg beschreibt eine Rechtskurve und führt dann am Waldrand links zu einem Sträßchen. Hier gehen wir rechts und treffen nach 100 m an bekanntem **Rastplatz (5)** erneut auf den Goldsteig, der uns nun links zur **Kirche St. Jakob (9)** leitet. Von dort geht es mit dem Goldsteig hinab ins Murachtal. Nach dem Holzsteg folgen wir noch dem Goldsteig nach links und um die Rechtskurve, dann gehen wir rechts, nun sporadisch mit Nr. 1 markiert, am inneren Waldrand oberhalb des Murachtals weiter. Der Waldweg fällt ab, quert gut 5 Min. später einen Weg und führt nun auf hübschem Pfad an der mäandernden Murach entlang und zurück nach **Teunz (1)**.

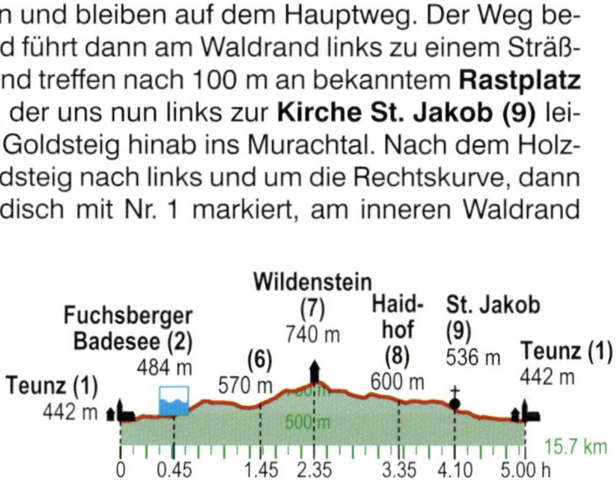

TOP 12

Über Bügellohe zum Böhmerwald-Aussichtsturm, 896 m

4.15 Std.

Herrliche Waldwanderung auf grenznahen Pfaden

Eine wunderschöne waldreiche und bergige Landschaft erwartet den Wanderer im Schönseer Land. Zu Füßen des Naturdenkmals Hochfels und direkt an der Grenze zu Tschechien liegt der Erholungsort Stadlern, den wir auf unserer Tour passieren. Sein Beiname »Bayerisches Bethlehem« weist auf die alljährlich am 15. August stattfindende Marienwallfahrt mit Jahrmarkt hin. Unweit am Berg schlummert die baufällige Ruine Reichenstein, deren markanter Bergfried noch erhalten ist. Auf dem Weg nach Stadlern besuchen wir das Geisterdorf Bügellohe und besteigen den 30 m hohen Böhmerwald-Aussichtsturm, der über dem ehemaligen Skizentrum Reichenstein aufragt.

Ausgangspunkt: An der Straße von Dietersdorf/Schönsee nach Stadlern, ca. 1 km außerhalb des Ortes am Abzweig Johannismühle, Bushaltestelle, Parkmöglichkeit kurz danach in dem Seitenweg rechts bei der Wandertafel, 690 m (Navi: 92539 Dietersdorf/Schönsee, Johannismühle).

Höhenunterschied: 440 m.
Anforderungen: Größere Rundwanderung, ca. 14 km; bergiges Gelände, meist Waldwege und Pfade.
Einkehr: Keine.
Tipp: Wallfahrtskirche Unserer Lieben Frau und Badeweiher in Stadlern.

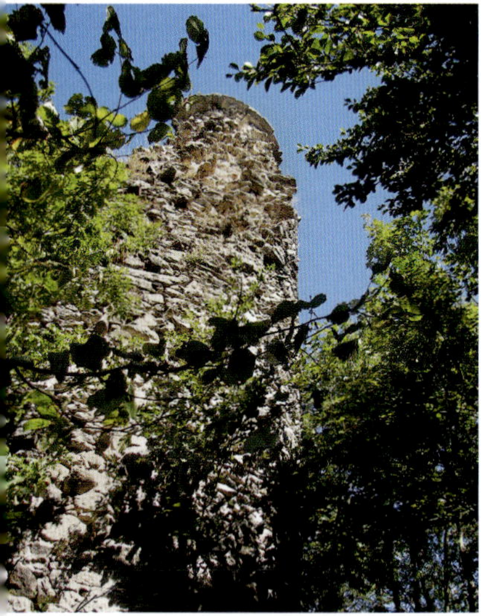

Vom Parkplatz folgen wir dem grün markierten Sautreiberweg zurück zur **Bushaltestelle Johannismühle (1)**, überqueren die Straße und folgen dem Schild Richtung Böhmerwaldturm. Vor der ersten Linkskurve wandern wir geradeaus auf einem Wiesenweg in den Wald hinein. Auf dem grün markierten Waldweg, später auch mit dem gelb-rot-gelben Nurtschweg bergan, bis wir auf einen Forstweg stoßen. Auf diesem links aufwärts und etwa 5 Min. später noch einmal links. Der Nurtschweg führt uns wenig später rechts die Sautreibergasse an der deutsch-tschechischen Grenze hinauf. An der Kreuzung

Mit dem Wald verwachsen thront die Ruine Reichenstein auf einem Kletterfelsen.

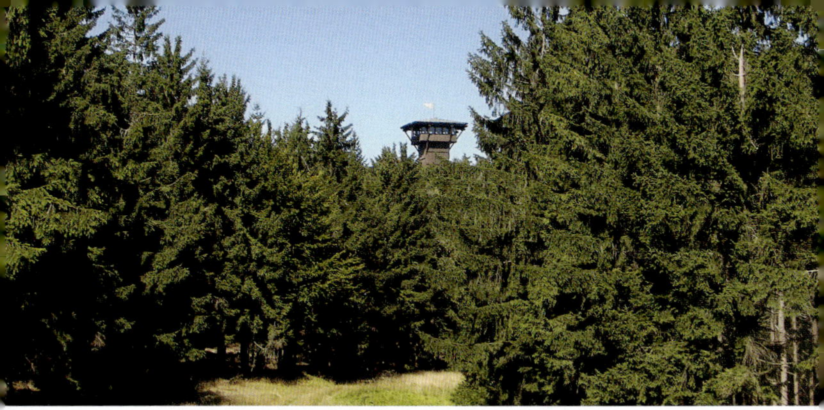

Der Böhmerwald-Aussichtsturm ragt über alle Baumwipfel hinaus.

nach dem Anstieg verlassen wir den Nurtschweg und biegen mit der BB2 links zu den Häuserruinen und Rodungsflächen der kleinen Ansiedlung **Bügellohe (2)** ab, die nach dem Zweiten Weltkrieg von Bewohnern der zerstörten Dörfer Wenzelsdorf und Rappauf errichtet wurde. Der letzte Einwohner hat 1969 den Ort verlassen. Wir gehen auf dem unmarkierten Waldweg weiter, der wenige Minuten später vor einer dritten Ruine nach rechts schwenkt und rechts haltend auf den Sautreiberweg trifft. Auf dem Forstweg rechts, dann folgen wir links der BB1 und den Schildern zum **Böhmerwald-Aussichtsturm (3)**. Nachdem wir die 140 Stufen erklommen und die Aussicht genossen haben, folgen wir weiter dem Nurtschweg an den beiden Skihän-

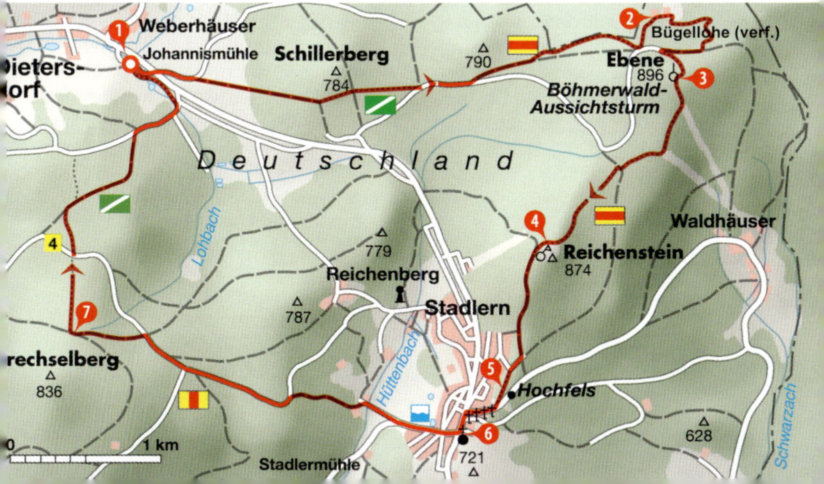

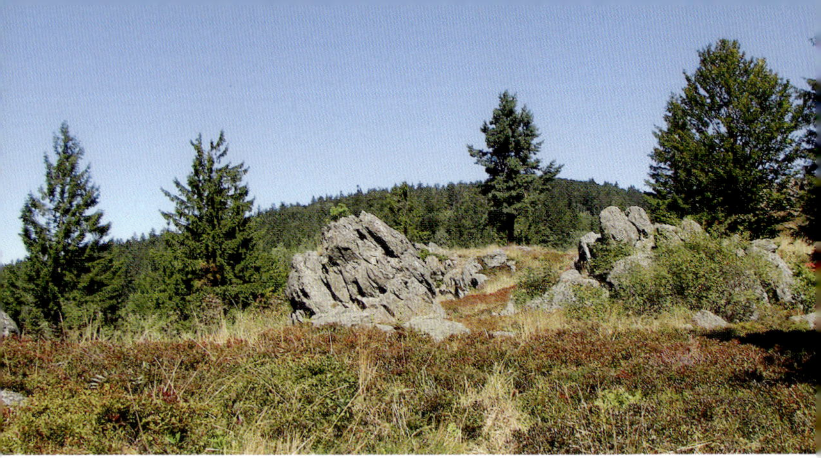

Naturdenkmal Hochfels, eine Heidelandschaft mit markanten Felsformationen.

gen vorbei und am ehemaligen Verbindungslift entlang. Dann biegt ein gut markierter Pfad durch den Wald nach links ab und führt uns zur **Ruine Reichenstein (4)**. Über einen gesicherten Pfad gelangt man zum Fuß der Ruine (Achtung: 2021 Sanierungsarbeiten) und einer Rastbank mit Aussicht. Von der Ruine führt uns der Nurtschweg durch den Wald bergab. Am Waldrand oberhalb von Stadlern erreichen wir die Heidelandschaft am Naturdenkmal **Hochfels (5)**. In der Rechtskurve unseres Kieswegs biegen wir links auf einen Wiesenpfad unterhalb des Hochfels ein und gehen an Picknick- und Spielplatz vorbei zum Kalvarienberg mit Kreuz und Felsenkanzel. Nun geht es auf dem Kreuzweg hinunter nach **Stadlern (6)**. Unser Weg führt links und nach der **Wallfahrtskirche** rechts auf den nun gelb-rot-gelb markierten Karl-Krampol-Weg weiter. Am Ortsrand auf der rechten Seite befindet sich ein **Badeweiher**. Wir gehen das Sträßchen weiter hinunter und vor der Linkskurve geradeaus ins Tal. Am Waldrand einen Waldweg links bergauf. Es folgt ein längeres Stück auf Forstweg, dann links hinauf zum **Drechselberg (7)**. An der Wandertafel biegen wir mit Nr. 4 rechts ab, über einen Forstweg hinweg, bis sich kurz darauf der Sautreiberweg hinzugesellt und der Weg sich gabelt. Der grün markierte Sautreiberweg leitet uns rechts und im Linksbogen bald steiler abwärts hinab zu einem Forstweg und rechts zum Parkplatz an der **Johannismühle (1)**.

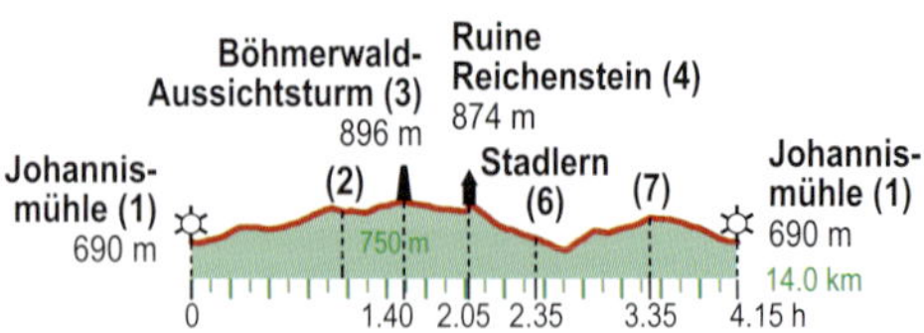

8.30 Std.

Pfreimdtal und Burg Trausnitz

13 TOP

Felsige Steige an der Pfreimd und weite Blicke auf dem Höhenweg

Ob große Tages- oder kleinere Rundwanderung – es bieten sich viele Möglichkeiten, die Schönheit des Pfreimdtals zu entdecken. Variante 1 führt auf dem reizvollen Uferpfad durch die naturbelassenen Auen des Pfreimdtals und an den waldreichen Hängen entlang bis nach Trausnitz mit der weithin sichtbaren Burg aus dem 12. Jahrhundert, in der heute eine Jugendherberge untergebracht ist. An einem Campingplatz mit Badestrand vorbei geht es auf der anderen Talseite zurück. Variante 2 startet in Trausnitz und führt auf Panoramahöhenwegen zu den Resten der Burg Stein. Beide Varianten lassen sich zu unserer großen Hauptroute durch das Pfreimdtal verbinden.

Ausgangspunkt: Tanzmühle, 440 m, Parkplatz beim E-Werk (Navi: 92723 Tännesberg, Tanzmühle).
Höhenunterschied: 890 m.
Anforderungen: Ausgedehnte Runde, ca. 29 km; bis Trausnitz häufig felsige und wurzelige Pfade, dann meist Wald- und Feldwege, das stete Auf und Ab und die Tourenlänge erfordern Ausdauer.
Einkehr: Gasthof Das Landhaus (So, feiertags 11–14 Uhr geöffnet, Tel. +49 9655 231) Dorfladen mit Café, Lohanger 5 (Mo–Sa 6–12, Di–Fr 14.30–18 Uhr, Tel. +49 9655 7563019), Gaststätte Seeterrasse am Campingplatz (Mo Ruhetag, Tel. +49 9655 1304) in Trausnitz, Seehotel Anzer (Mo, Do Ruhetag) in Ödmühle, Gasthof Lippert (warme Küche auf Vorbestellung, Tel. +49 9606 258) in Hohentreswitz.
Varianten: 1. Vom Parkplatz Tanzmühle (1) auf der Hauptroute an der Pfreimd entlang nach Trausnitz (3) und zur Burg (4). Vor der Burg mit der roten Querstrichmarkierung links zum Campingplatz (8) am Stausee und dann am gegenüberliegenden Ufer zurück zur Tanzmühle (ca. 16,5 km, 350 Hm, 5.00 Std.).
2. Vom Parkplatz (5) an der Brücke in Trausnitz (Navi: 92555 Trausnitz, Seestraße) mit dem roten Querstrich ins Gleiritschtal und wie unten beschrieben über Hohentreswitz (6) und Stein (7) zurück nach Trausnitz (3). Kurz vor der Straße dem rot-weiß markierten Rittersteig rechts direkt zum Parkplatz oder links mit einem Abstecher über den Rittersteig zur Burg (4) (ca. 12 km, 340 Hm, 3.30 Std.).
Tipp: Burg Trausnitz (Führungen März – November, jeden zweiten So um 14 Uhr, www.jugendherberge.de/jugendherbergen/burg-trausnitz-273/portraet, Tel. +49 9655 92150).

Vom Parkplatz **Tanzmühle (1)** folgen wir dem mit blauem Kreis markierten Uferpfad über die Pfreimdtalbrücke und auf dem Sträßchen Richtung Döllnitz ca. 400 m flussabwärts. Wir biegen links ab und gehen kurz darauf rechts in den Wald und am Hang entlang. Vor der ersten Bachquerung stößt das gelbe S des Goldsteigs zu unserem Weg. Nach der zweiten Bachquerung geht es im Wiesengrund entlang. Felsig und wurzelreich windet sich der Pfad auf und ab, bis er schließlich in einen breiten Forstweg mündet, der uns erst bergan und dann hinab ins breite Tal führt. Bevor der Weg in den Wald eintaucht, zweigen wir – dem Goldsteig und dem Wegweiser »Trausnitz

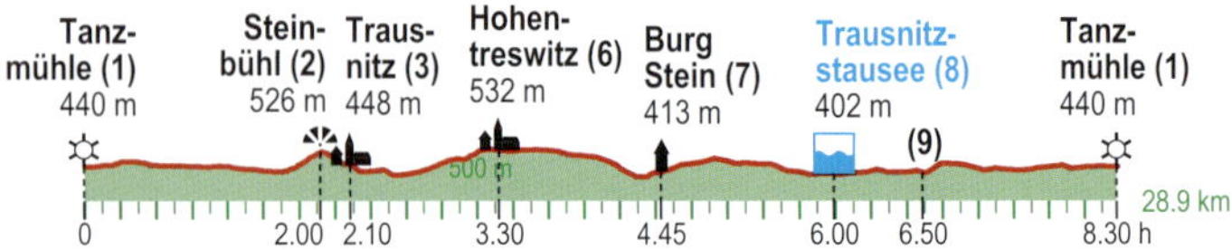

2,1 km« folgend – rechts ab. Steil bergan geht es auf die Anhöhe **Steinbühl (2)**, die mit wunderbarer Aussicht aufwartet. Den Querweg, auch mit rotem Dreieck bezeichnet, links und auf dem Kreuzweg hinunter nach **Trausnitz (3)**. Beim Abstieg verlassen wir den Goldsteig und gehen gerade die Hauptstraße hinab zur Kirche und zum 794 erbauten Sachsenturm (mit der sehenswerten Versöhnungskapelle von 1325), der einst als Fliehturm Schutz vor den Angriffen räuberischer Reitervölker bot. Am Gasthaus Das Landhaus vorbei wandern wir weiter bis zur **Burg (4)**. Wer sich für Variante 1 entschieden hat, zweigt vor dem Burghof links ab und folgt der roten Querstrichmarkierung. Der Weiterweg folgt dem Rittersteig. Dazu geht es vom Burghof durch das kleine Eisentor talwärts zu einem Lagerfeuerplatz. Rechts führen Stufen hinab zum Rittersteig, der rechts auf halber Höhe am Hang entlangführt. Wir passieren einen Aussichtspunkt, dann mündet der Weg in die Hauptstraße. Wir folgen der rot-weißen Rittersteigmarkierung kurz darauf nach rechts und wandern links an der Häuserzeile entlang. Dann geht es links in den Grasweg und einen Pfad links hinab und weiter zur Hauptstraße. Über die Bogenbrücke erreichen wir einen **Parkplatz (5)**, den Ausgangspunkt von Variante 2. Nun mit rotem Querstrich markiert rechts unterhalb der Atzenhofer Straße entlang. Wir queren die Gleiritsch und folgen dem Weg in den Wald. Durch ein moosgrünes Tal bergan, bis die Ortschaft Fuchsendorf in Sicht kommt. Wenige Meter, bevor der Weg in Asphalt übergeht, zweigen wir unmarkiert rechts auf einen ansteigenden Wiesenweg ab. Auf dem querenden Feldweg geht es abermals rechts, dann beschreibt der Weg eine große Rechtskurve und quert dabei

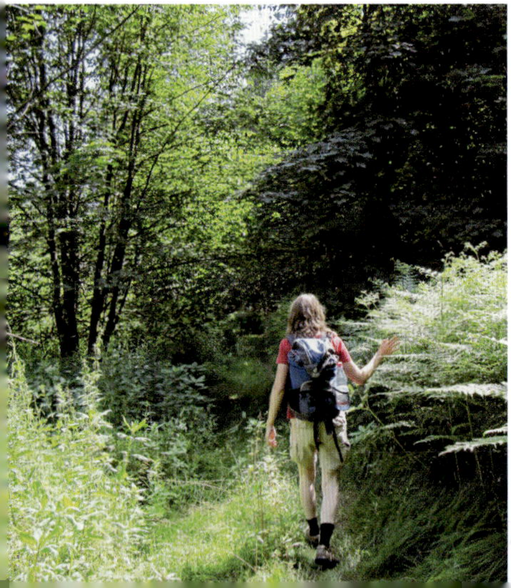

Farne und üppiges Grün begleiten uns im Pfreimdtal.

ein Wiesental. An dessen Westseite zweigen an der ersten Waldecke mehrere Wege links in den Wald. Wir wählen den zweiten von rechts, den breitesten Waldweg, der nach oben zieht. An der nächsten Gabelung geradeaus halten. Am Waldrand auf Wiesenweg weiter, dann rechts um den Acker bis zu einem Teersträßchen, das mit roter Raute markiert ist. Bis kurz vor Trausnitz bleiben wir dieser Markierung treu und gehen links (Wer nicht einkehren möchte, kann auch dem Sträßchen bis zum Marterl nach rechts folgen und dann in den aussichtsreichen Grasweg nach links einbiegen. Kurz vor dem Sendemast stoßen wir wieder auf die rote Raute). In **Hohentreswitz (6)** lohnt ein Blick in die katholische Pfarrkirche, bevor wir beim Gasthof Luitpold Lippert rechts abbiegen; am Ortsende erneut rechts, bis ein Feldweg kreuzt. Hier gehen wir links, an einem Sendemast vorbei und anfangs am Waldrand entlang, dann in den Wald. Nach etwa 15 Min. zweigt unsere Route nach rechts auf einen breiten, abwärts führenden Forstweg ab. Am Waldrand halten wir uns halb rechts und wandern auf Waldwegen hinab ins Pfreimdtal. Auf der gegenüberliegenden Talseite entdecken wir die Ortschaft **Stein (7)** mit den Resten einer Burganlage. Mit 15% Gefälle geht es nun hinab, auf dem Quersträßchen links und über die Brücke zur Ortsdurchfahrung. Schräg rechts gegenüber steigen wir die Stufen hinauf. Am Querweg lohnt ein Abstecher nach links zu einem aussichtsreichen Rastplatz. Rechts setzt sich unser Weg zusammen mit dem blauen S fort zur Schlosskirche. Gegenüber der Kirche befindet sich das Burgtor (Anlage in Privatbesitz). Wir gehen an der Kirche vorbei, lassen den ersten Abzweig nach rechts außer Acht und steigen vor Haus Nr. 112 rechts einige Stufen hinauf. Nun geht es gut markiert aus dem Ort und auf einem Höhenweg erst über freie Wiesen, dann durch Wald, bis **Trausnitz** wieder vor uns liegt. Nun auf asphaltiertem Weg weiter bis zu einer Kreuzung. Hier unmarkiert rechts Richtung Pfreimdtal und zur Hauptstraße hinunter. Wer Variante 2 gewählt hat, gelangt mit der rot-weißen Markierung kurz vor der Hauptstraße rechts, dann links hinab zum Parkplatz jenseits der Pfreimdbrücke. Für einen Abstecher zur Burg ebenso wie für den Weiterweg

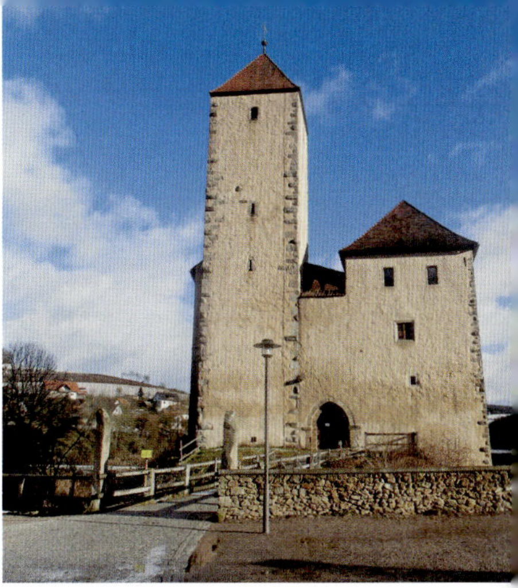

Die Burg Trausnitz thront über dem Pfreimdtal und beherbergt eine Jugendherberge.

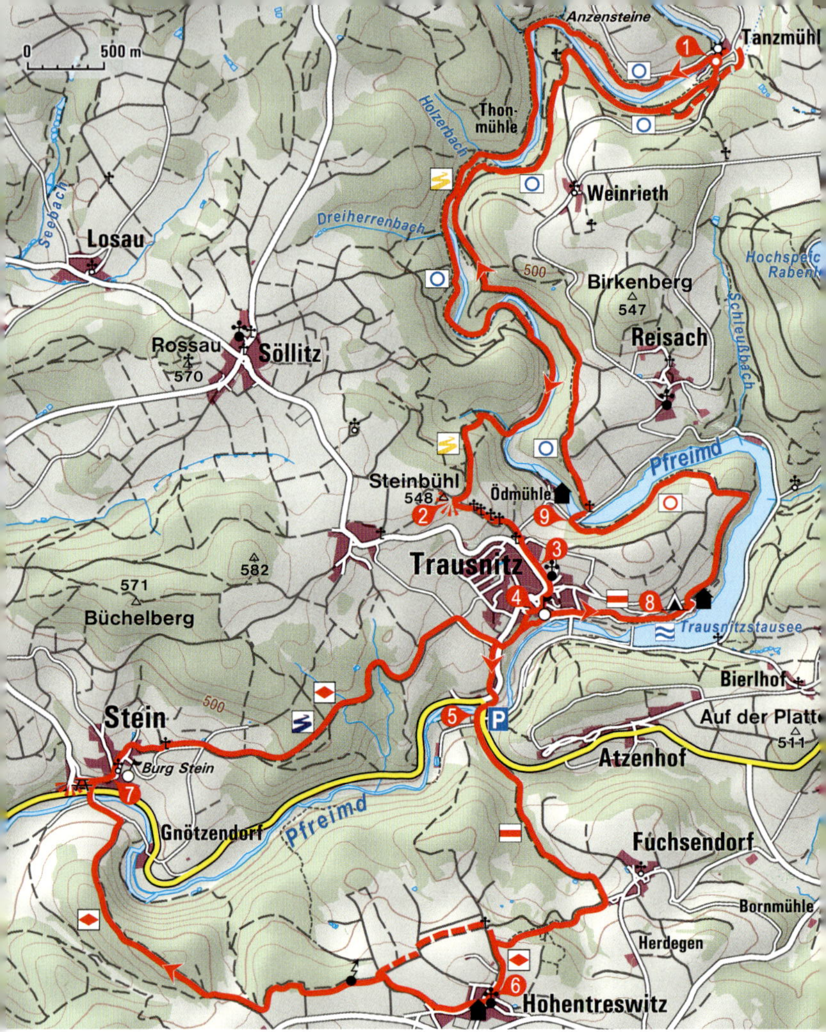

geht es auf der Hauptstraße nach links, bis nach wenigen Metern rechts der Rittersteig abzweigt. Der Rückweg nach Tanzmühle führt unterhalb des Burghofs ins Tal, dann geradeaus Richtung Campingplatz. Nach dem Ortsende folgen wir dem roten Querstrich nach rechts, nicht aber die Stufen hinab zur Staumauerbrücke, sondern unmarkiert geradeaus weiter zum Badeplatz am **Stausee (8)** Am Wasserwachthaus links, am Café Seeterrasse vorbei und hoch zum Sträßchen. Dort wandern wir rechts bald auf einem Feldweg am **Campingplatz** entlang und weiter auf einem Höhenweg über dem Stausee, der nach einer Linkskurve asphaltiert ansteigt. An einer Waldecke folgen wir dem Schild Richtung Ödmühle rechts hinunter. Rote Kreise leiten uns bald auf einem Waldpfad oberhalb des Stausees zum **Stauwehr** bei **Ödmühle (9)**. Etwa 150 m geradeaus bergan finden wir das Seehotel Anzer. Wir überqueren die Pfreimd auf der Stauwehrbrücke und wenden uns am Christuskreuz mit dem blauen Kreis links aufwärts. Die Markierung bringt uns zurück zur **Tanzmühle (1)**. Auf Forst- und Waldwegen läuft der Weg im steten Wechsel von Auf und Ab an der Pfreimd entlang. Kurz vor dem Ziel führt die Markierung rechts einen groben Schotterweg bergan und leitet hoch zur Straße. Schöner ist es, hier geradeaus weiterzugehen und vor dem E-Werk rechts über einen steilen Pfad zum Parkplatz zu gelangen.

Die Pfreimd bahnt sich ihren Weg durch ein idyllisch eingewachsenes Tal.

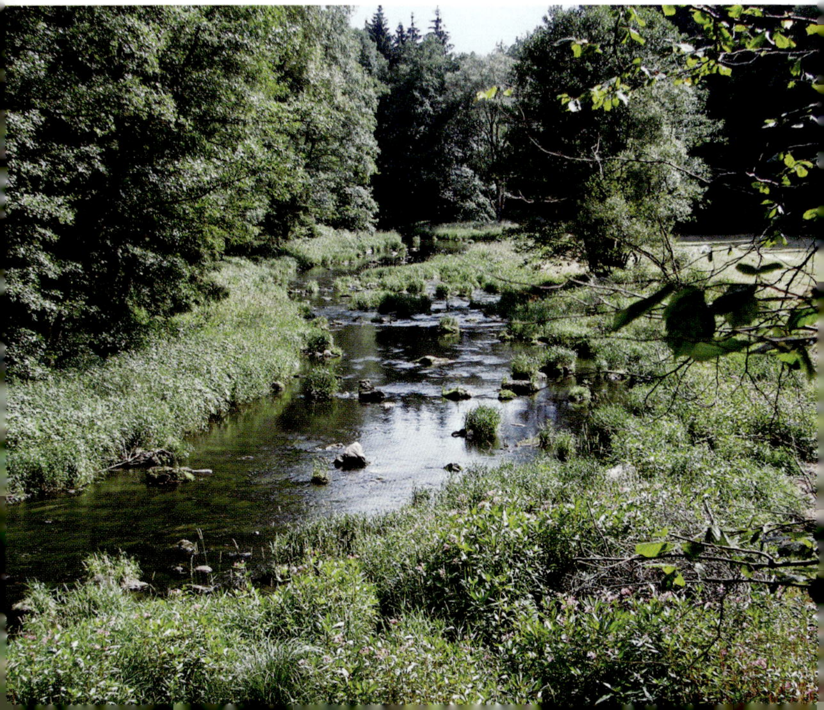

14 Schloßberg Tännesberg und der Geologische Lehrpfad

2.30 Std.

Ein weiter Blick über das Land und ein tiefer Blick in die Vorzeit

Mit einer herrlichen Aussicht vom Tännesberger Schloßberg beginnen wir unsere Wanderung, bevor wir auf dem Lehrpfad eine geologische Zeitreise antreten. In der Erdfrühzeit, vor 4,6 Milliarden Jahren, entstanden Festland und Meer; wir erleben die Entwicklung von Meerestieren und Algen, wuchernden Sporenpflanzen und riesigen Dinosauriern bis hin zur Entstehung und Verbreitung der Säugetiere vor 60 Millionen Jahren. Die Vorgeschichte unserer Welt ist anhand von Gesteinen aus dem ostbayerischen Raum veranschaulicht, die nach ihrer Entstehungszeit angeordnet wurden. Am Ende des Lehrpfads setzen wir unseren Weg am munteren Mühlbach entlang fort.

Ausgangspunkt: Tännesberg, 585 m, Parkplatz am Marktplatz bei der Kirche (Navi: 92723 Tännesberg, Marktplatz).
Höhenunterschied: 290 m.
Anforderungen: Rundwanderung, ca. 9 km; meist Wald- und Feldwege. Ab Wegpunkt 4 größtenteils unmarkiert, Orientierungssinn nötig.
Einkehr: Gasthöfe in Tännesberg.
Variante: Kurztour zu Schloßberg und Geologischem Lehrpfad. Am Sträucher-Lehrpfad (4) links hinauf und zurück zu dessen Beginn. Rechts zum Spielplatz, dort links zwischen Waldrand und Zaun zum Kreuzweg und links zum Marktplatz (6 km, 2.00 Std.).
Hinweis: Den Audioguide »hörblick« zum Geologischen Lehrpfad gibt es als Download im MP3-Format unter www.taennesberg.de.
Tipp: Der längste Obstlehrpfad Bayerns verläuft von Tännesberg (Start beim geologischen Lehrpfad) über den Bursweiher, nach Kößing (7 km).

Vom Parkplatz an der Kirche in **Tännesberg (1)** steigen wir auf der linken Seite den Marktplatz empor. Am Café Seegerer kurz links, dann den Burgweg rechts und schließlich den Kreuzweg hinauf zum **Schloßberg (2)**. Von hier bietet sich ein herrlicher Blick. Die Reste der einstigen Burganlage, Gruft und Grotte können mithilfe des Lageplans auf einer Schautafel besichtigt werden, einen weiteren Aussichtspunkt von einem Felsen finden wir nördlich der Burg. Anschließend geht es auf dem Goldsteig (gelbes S) hinab zum **Geologischen Lehrpfad (3)**. Gesteine und Infotafeln führen uns durch die ostbayerische Erdgeschichte zum »Stein der Weisen«. Am **Sträucher-**

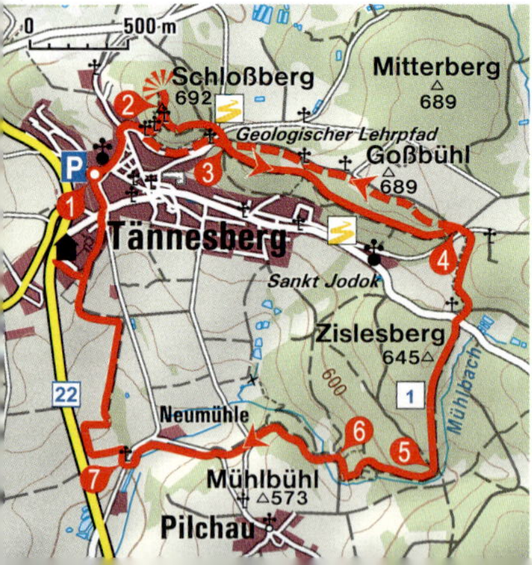

Lehrpfad (4) ist der Wendepunkt erreicht (Variante). Wir aber folgen dem Goldsteig nach rechts, wandern am inneren Waldrand entlang bergab und dann ohne Markierung rechts zur Straße. Diese schräg nach links queren und der Markierung 1 rechts in den Wald folgen. Parallel zu einem Bächlein fällt der Weg leicht ab. Nach 15 Min. wendet sich Weg Nr. 1 scharf nach rechts, wir aber gehen auf dem ehemals mit 1 markierten Waldweg am **Mühlbach (5)** entlang. 5 Min. später biegt der Mühlbach links ab. An dieser Stelle folgen wir dem Bachlauf steil abwärts (oder 50 m weiter einem Rückeweg links zum Uferweg). Kaum schwenkt der Bach nach rechts, nimmt uns wieder ein ebener Uferweg auf und leitet uns zum Waldrand, dem wir nach rechts zu einer **Bank (6)** mit Blick über das Tal folgen. Wir wenden, gehen rechts hinab und vor der Scheune links über den Mühlbach und geradeaus in den Wald. Der Waldweg führt am Mühlbach entlang. An der nächsten Kreuzung halten wir uns rechts bergab. Wenig später wandern wir über ein Sträßchen hinweg und an einem Heckenstreifen entlang. Das nächste Sträßchen leitet uns rechts hinunter zur Neumühle und links zu einem **Christuskeuz (7)**. Wir steigen rechts den Grasweg am Kreuz vorbei hinauf und folgen am Waldrand dem Weg nach links. Vor der Bundesstraße schwenkt der Weg nach rechts, und 200 m weiter biegen wir abermals rechts ab und wandern auf einen Hochsitz zu. Dort treffen wir auf einen Feldweg, der uns links Richtung Tännesberg leitet. Kurz vor der Einmündung in eine Straße geht es links bergauf. Am Querweg rechts und unterhalb der Sportanlagen entlang. Der nächste Asphaltweg führt links um den Sportplatz zum Restaurant Café Sonnenhof (gelbes Haus, So u. Feiertag geöffnet). Geradeaus erreichen wir den Marktplatz **Tännesberg (1)**.

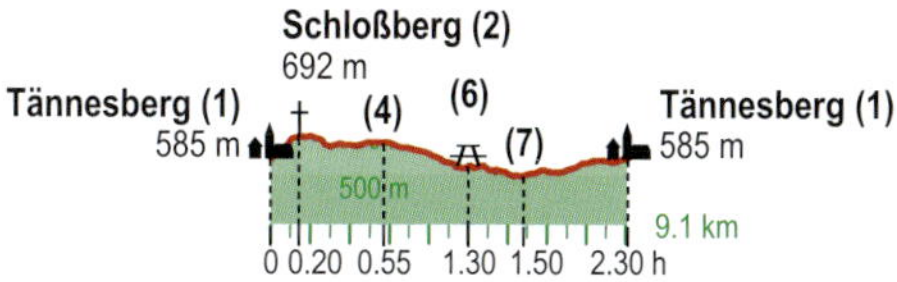

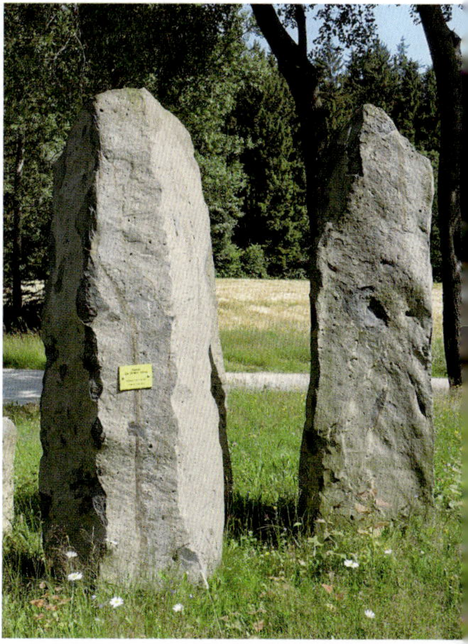

Der Geologische Lehrpfad ist eine der Attraktionen von Tännesberg.

15 Zum Aussichtsturm auf dem Stückstein, 809 m

4.15 Std.

Eine typische Oberpfalzrunde auf einsamen Wegen

Vor allem bei Kindern ist der Eslarner Wildpark mit Kinderspielplatz beliebt, in dem es neben Hirschen auch Mufflons und Wildschweine zu sehen gibt. Auf keinen Fall entgehen lassen sollte man sich den Aufstieg zum nahen Stückstein mit seinem 34 m hohen Aussichtsturm und dem etwas unterhalb des Gipfels gelegenen und überaus markanten Hutstein.

Ausgangspunkt: Parkplatz am Wildpark Eslarn, 635 m, auf der Straße von Eslarn nach Schönsee nach 4 km auf der linken Seite (nahe Navi: 92693 Lindauer Waldhaus/Eslarn).
Höhenunterschied: 340 m.
Anforderungen: Rundwanderung, ca. 14 km; vorwiegend Pfade, Wald- und Feldwege, steiler Anstieg zum Stückstein.
Einkehr: Café-Restaurant der Nature Community (nach Voranmeldung Mittagstisch 13.15–14 Uhr, So Cafe 14–17 Uhr, Tel. +49 9674 92290) in Schönsee. Lindauer Wirt (tägl. Brotzeit, Kaffee und Kuchen, So Mittagstisch 11.30–13.30 Uhr, Tel. +49 09674 524) in Lindau.

Am Parkplatz am **Wildpark (1)** queren wir die Straße und folgen dem Holzschild »Zum Aussichtsturm« in den Wald. Am Querweg links und knapp 150 m weiter steigen wir einen mit Nr. 4 markierten steilen Waldweg rechts hinauf. Der Markierung folgend geht es nach links über die ehemalige Skiabfahrt, dann rechts weniger steil bergan. Über zwei Querwege hinweg tauchen wir in das Naturwaldreservat ein und wandern das letzte Stück durch felsiges Gelände hinauf zum Aussichtsturm auf dem **Stückstein (2)**. Wir genießen die herrliche Rundumsicht, dann steigen wir auf selbem Weg am Rastplatz vorbei zum zweiten Querweg ab. Hier lohnt ein unmarkierter Abstecher knapp 100 m nach links, um dann weglos links hinauf zum bereits sichtbaren **Hutstein (3)**, einer gewaltigen Felsformation, aufzusteigen. Zurück am schmalen, etwas verwachsenen Ringweg führt uns dieser knapp 100 m links zu einem Marienbrunnen; auf dem Ringweg gehen wir zurück zum Aufstiegsweg. Dort geht es geradeaus (direkt vom Aussichtsturm kommend nach rechts!) und mit Nr. 4 markiert weiter bis nach Laub. Dazu folgen wir erst dem Ringweg bis zu einer Kreuzung, gehen ein kurzes Stück auf Forstweg gerade weiter und biegen dann links in einen Waldweg. Auf nahezu ebenen Wegen erreichen wir die Ortsstraße von **Laub (4)** und gehen rechts. Am

Herbststimmung bei Schönsee.

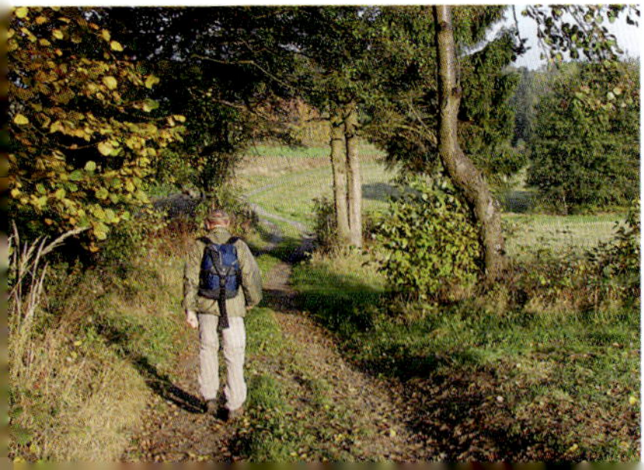

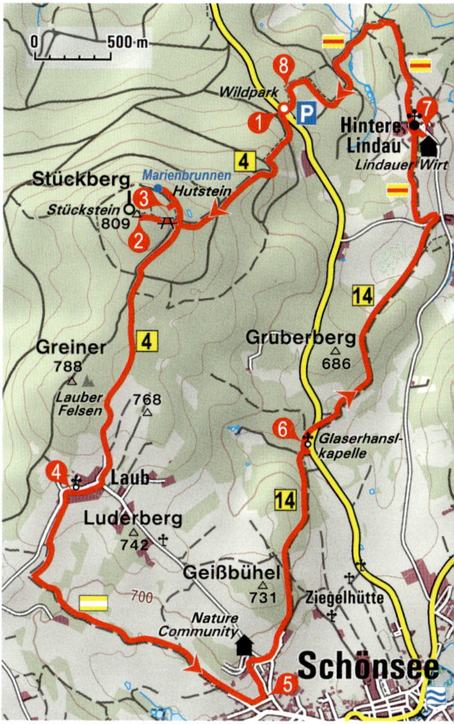

Ortsende passieren wir eine Pferdekoppel, biegen kurz darauf mit dem gelb-weiß-gelb markierten Oberpfalzweg links ab und wandern auf stillen Wald- und Feldwegen nach **Schönsee (5)**. Am Ortseingang biegen wir unmarkiert links in die erste Querstraße ein, dann nehmen wir den »Fußgängerweg« links hinauf zum Café-Restaurant der Nature Community. Weiter geht es am Hotelparkplatz vorbei zur Straße und in den Buchenbergweg. An der ersten Gabelung halten wir uns links und an der zweiten, nun mit Nr. 14, dem Lindauer Steig, rechts auf breiten Waldwegen bergab. Schließlich gerade auf einem Wurzelpfad weiter, dann rechts, und noch bevor man die Straße quert, links zur **Glaserhanslkapelle (6)**. Von dort links ein kurzes Stück auf der Straße, dann rechts durch den Wald. Nach etwa 25 Min. erreichen wir Lindau und treffen auf den gelb-rot-gelb markierten Nurtschweg und biegen links ab. Gleich darauf geht es erneut links die Straße kurz bergan, dann rechts erst an Feldern entlang, danach durch Wald zur Kapelle von Lindau. Rechts liegt der **Lindauer Wirt (7)**. Wir wenden und folgen dem Nurtschweg an der Kapelle rechts über einen Graspfad zu einer Waldspitze und in den Wald hinein. Etwas tiefer zweigt unser Weg hinter einem Bächlein abrupt nach links ab. Dann mündet er in einen Forstweg, dem wir nach links folgen. An der nächsten Gabelung geht es links, dann rechts hinauf zum **Wildpark (8)**. Ein Pfad führt rechts an einem Gehegezaun entlang zum Kinderspielplatz und weiter zum Parkplatz am **Wildpark (1)**.

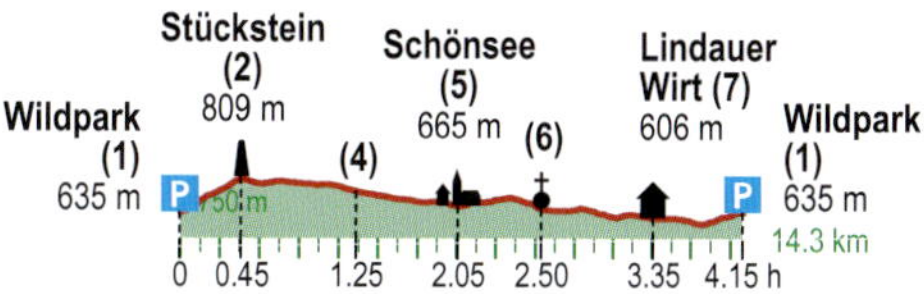

16 Zu Räuberhöhle und Riesensessel

4.30 Std.

Pfreimdtalwanderung in ursprünglicher Flusslandschaft

Diese abwechslungsreiche Wanderung führt uns auf idyllischen Waldpfaden durch das reizvolle Pfreimdtal zum Aussichtsfelsen Riesensessel und zur kleinen Räuberhöhle. Abseits jeglichen Verkehrslärms geht es mal in Ufernähe, mal hoch über dem Tal entlang. Mehrere Varianten sind möglich: Von der kurzen Seeumrundung bis zur langen Pfreimdtalrunde ist für jeden etwas dabei.

Ausgangspunkt: Böhmischbruck, in der Pfreimdtalstraße Parkmöglichkeit am Pumpwerk, 470 m, nach der Schreinerei rechts (Navi: 92648 Böhmischbruck/Vohenstrauß, Pfreimdtalstraße).
Höhenunterschied: 510 m.
Anforderungen: Anspruchsvolle Runde, ca. 14 km; auf teils unmarkierten Uferpfaden und Waldwegen, auf welchen Bäume quer über dem Weg liegen können, mehrere steile An- und Abstiege auf steinigen und verwurzelten Pfaden (Rutschgefahr!), kurzer Asphaltabschnitt bei Voitsberg.
Einkehr: Keine.
Varianten: 1. Seeumrundung: Wie beschrieben bis zum E-Werk, über den Steg und gerade in den Wald. Dann auf dem Querweg rechts mit rotem Schrägkreuz markiert am Ufer des Stausees entlang bis zur Straße nach Vohenstrauß. Rechts über die Brücke und rechts auf der Pfreimdtalstraße zurück zum Ausgangspunkt (3 km, 45 Min.).
2. Zu Räuberhöhle und Riesensessel und zurück: Auf der Hauptroute bis zum Riesensessel (5) und auf gleichem Weg zurück bis zur Linglmühle (3). Kurz dahinter rechts über die Pfreimdbrücke und zum mit rotem Kreuz markierten Wanderweg. Links, an der Goldbachschleife (2) vorbei und wie unten beschrieben zurück nach Böhmischbruck (9 km, 2.45 Std.).

Vom Parkplatz in **Böhmischbruck (1)** gehen wir nach ca. 80 m den Grasweg rechts zum Ufer des Stausees. Der Uferweg führt uns direkt zum E-Werk. Hinter dem E-Werk wandern wir an der Kläranlage rechts über den Steg, gerade in den Wald und auf dem Querweg ohne Markierung nach links (Variante 1 zweigt rechts ab). Nach gut 10 Min. queren wir eine Wiese. Gehen wir geradeaus über die Wiese, treffen wir auf den alten, hübschen Wandersteig, aller-

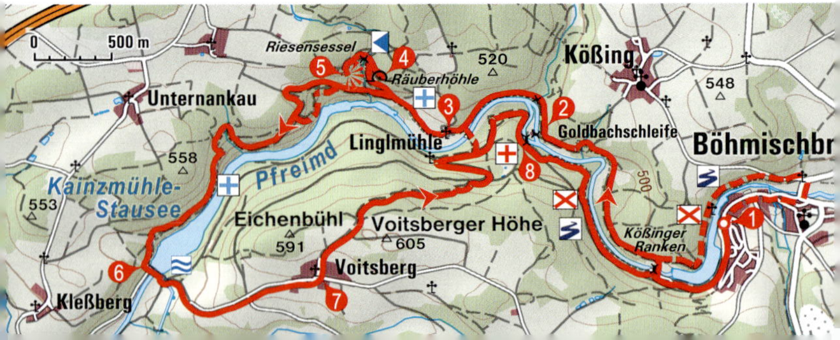

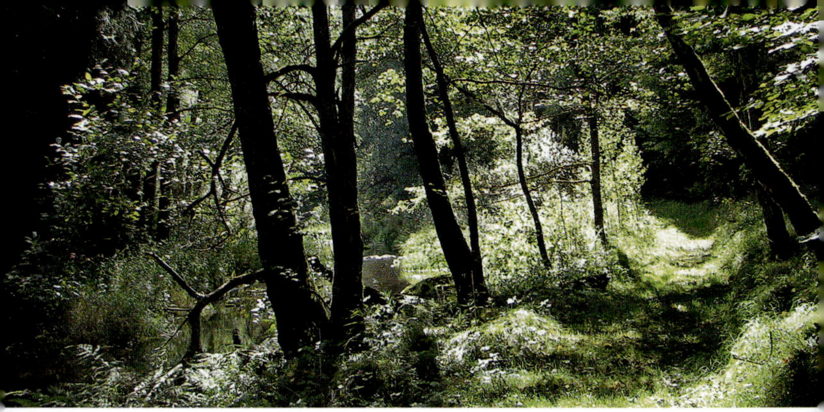

Idyllische Wege im Pfreimdtal.

dings müssen hier einige quer liegende Bäume überstiegen werden (alternativ queren wir die Wiese schräg nach rechts und steigen den breiten Waldweg hinauf und wechseln auf der Anhöhe links hinab zum Wanderpfad). Der Pfad steigt an und fällt dann in ein Seitental zu einem Bächlein ab. Der steile Pfad auf der anderen Uferseite führt hinauf zu einem Forstweg, dem wir dann nach links folgen. Schöner ist es jedoch, am Bächlein links entlangzugehen und es erst vor dem Linksschwenk zu queren, dann geht es auf einem Pfad über quer liegende Bäume hinweg zu einer Hütte am Zufahrtsweg zur unterhalb gelegenen **Goldbachschleife (2)**. Links und am Schild »Kainzmühlsperre 4 km« rechts auf den mit blauem Kreuz markierten Pfad abbiegen. Wir wandern an der Pfreimd entlang, über den Goldbach hinweg zur **Linglmühle (3)**. Hier bleiben wir im Tal und folgen dem blauen Kreuz über die Wiese zum Waldrand. Dort beginnt unser Abstecher zur Räuberhöhle und zum Aussichtspunkt Riesensessel. Wir folgen dem Wegweiser rechts in den Wald und steigen bergan. Nach etwa 3 Min. weist uns ein Schild nach rechts den Weg zur **Räuberhöhle (4)**. Den Pfad aufwärts bis zur kleinen Höhle, deren Inneres man nur kriechend besichtigen kann. Am Rückweg können wir gleich dem Höhenpfad nach rechts folgen, der uns direkt zum Eisensteg über den Kaltenbaumbach leitet. Dann geht es links mit blauem Dreieck sehr steil hinauf, bis uns ein Schild links zum gesicherten Felsvorsprung **Riesensessel (5)** mit Aussichtsbank weist. Anschließend steigen wir auf dem Aufstiegsweg hinab ins Tal. Dort gehen wir mit der blauen Kreuzmarkierung nach rechts und kurz darauf über den Kaltenbaumbach neben einem Wasserrad. Dann zieht unser Weg kräftig bergan, wir können aber

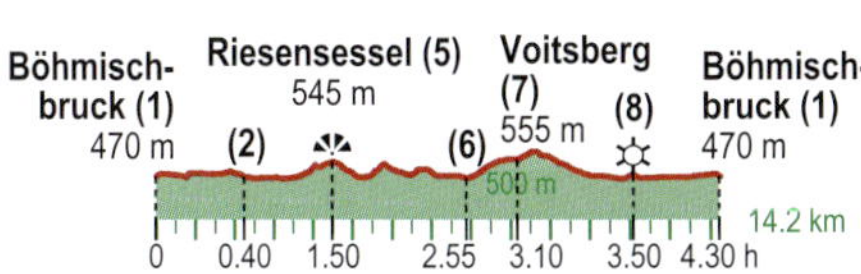

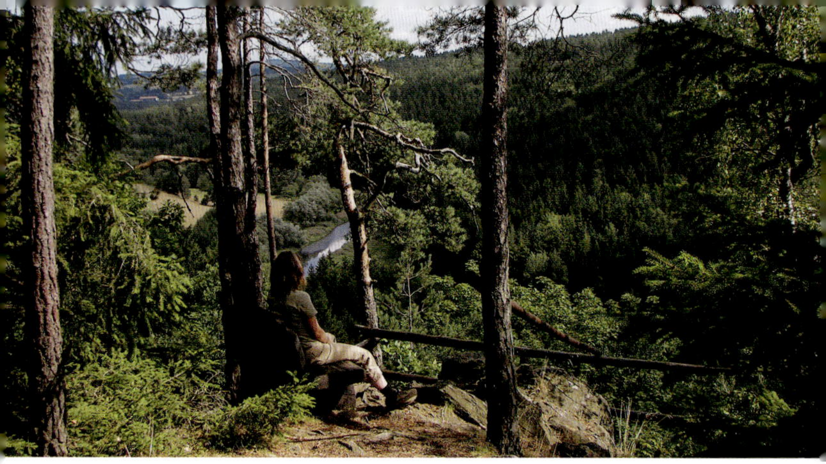

Der Riesensessel, ein herrlicher Picknickplatz mit Aussicht auf das Pfreimdtal.

nach den ersten Metern des Anstiegs auf einem unmarkierten Waldweg nach links abkürzen. Der Hauptweg führt am Waldrand scharf links wieder hinab. Fast im Talgrund angelangt, geht es an einem Bach entlang steil aufwärts. Wir überspringen das Bächlein oberhalb eines kleinen Wasserfalls an markierter Stelle und steigen an zwei Aussichtspunkten vorbei steil hinunter bis auf Uferhöhe. Am Waldrand den Pfad nach links nehmen, dann ist die Staumauer des **Stausees Kainzmühle (6)** erreicht. Unmarkiert über die Mauer, vor den dahinter liegenden Anwesen links, dann können wir links zum **Badeplatz** absteigen oder unmarkiert rechts am Waldrand entlang weiterwandern. Bald auf asphaltiertem Weg gerade über eine Kreuzung und weiter nach **Voitsberg (7)**. Im Ort biegen wir am Glockenturm links ab und steigen bergan. Kurz vor der bewaldeten Bergkuppe wählen wir in der Rechtskurve den unmarkierten Wiesenweg nach links. An zwei Dreiwegegabelungen am Waldrand erst den linken, dann den mittleren Weg nehmen und schließlich gerade in den Wald hineingehen. Gemütlich zieht der Waldweg auf der Hengstleite entlang hinab ins Tal. Wir treffen auf einen Forstweg, gehen etwa 100 m nach rechts und dann, ebenfalls auf breitem Forstweg, links hinab. Nach gut 5 Min. wenden wir uns scharf nach rechts und folgen nun der roten Kreuzmarkierung. Auf gut markierten Waldwegen geht es bis zur **Brücke bei der Goldbachschleife (8)**. Wir wandern geradeaus am Wehr vorbei und biegen dann links in einen mit rotem Schrägkreuz und blauem Goldsteig S markierten Pfad ab. Der durch Waldarbeiten derzeit (Stand 2021) leider teilweise etwas unwegsame Uferpfad leitet uns zum Steg am Klärwerk. Nun können wir auf bekanntem Weg zum Parkplatz in **Böhmischbruck (1)** zurückkehren oder eine Seeumrundung (Variante 1) anschließen.

4.45 Std.

Die Moosbacher »Schleife« 17

Wo einst das Glas geschliffen und poliert wurde

Gemütliche, aber vielseitige Schleife rund um Moosbach. Aussichtsreiche Höhen wechseln sich mit idyllischen Wegen in Pfreimd- und Tröbesbachtal ab. Der Glasschleifererweg, den wir auf unserer Wanderung streckenweise nutzen, verbindet zahlreiche jener Mühlen, die im 19. Jahrhundert als Glasschleifen ihre Blütezeit erlebten. Besonders eindrucksvoll ist die aus Feldsteinen erbaute Gebhardsreuther Schleife.

Ausgangspunkt: Moosbach, Parkplatz am Kurpark, 510 m, am Ortsende Richtung Eslarn links (Navi: 92709 Moosbach bei Vohenstrauß, Eslarner Straße).
Höhenunterschied: 280 m.
Anforderungen: Runde, ca. 16 km; ohne große Steigungen, erfordert etwas Orientierung, nicht bei Hochwasser.
Einkehr: Golferschänke im Kurpark (April–Mitte Okt., 2021 wegen Neubau geschlossen) und mehrere in Moosbach, Zum weißen Roß (Tel. +49 9656 210) in Burgtreswitz, Zum goldenen Kreuz (Mo Ruhetag, Tel. +49 9656 304, gehobene Küche) in Saubersrieth.
Varianten: 1. Abkürzung am Abzweig nach Leinschlag (8) mit dem gelb-weiß-gelben Oberpfalzweg: Links den Pfad bergan, am Waldrand links am Holzlagerplatz vorbei, dann rechts nach Moosbach. Gerade (ohne Markierung) über die Kreuzung, die Brunnenstraße links und an der Gästeinformation vorbei. Links geht es zu den Gaststätten, rechts zum Ausgangspunkt (11 km, 3 Std.).
2. Vom Parkplatz bei Leinschlag (von Moosbach kommend Richtung Böhmischbruck am ersten Abzweig nach Ödpielmannsberg) gehen wir auf der Straße hinab zum Abzweig nach Leinschlag und wandern wie unten beschrieben über Saubersrieth zum Kurpark oder bis zur Wieskirche (2). Von dort gehen wir die Straße ins Zentrum von Moosbach und biegen vor dem Cafe links in die Brunnenstraße ab. Am nächsten Abzweig rechts und immer geradeaus bald mit dem Oberpfalzweg markiert ins Tröbesbachtal und zurück zum Ausgangspunkt (8 km, 2.30 Std.).
3. Abkürzung nach dem Weiler Strehberg mit Wanderweg 8 über die Pfreimd und auf der Straße kurz nach rechts, dann links einen Grasweg hinauf zur Hauptroute (13,5 km, 3.45 Std.).
Tipp: Naturpark-Infostelle Schloss Burgtreswitz (Schlossführungen, Erlebnisführungen, Märkte, Feste und Theateraufführungen, Tel. +49 9656 920217, www.moosbach.de).

Vom Parkplatz am **Kurpark in Moosbach (1)** geht es rechts an Felsenkellern und Minigolfplatz vorbei in den Kurpark. Nach dem Gruber Bach links, dann rechts dem Schild »Weg zur Wieskirche über Grub« folgen. In Grub links, dann lohnt am Christus-

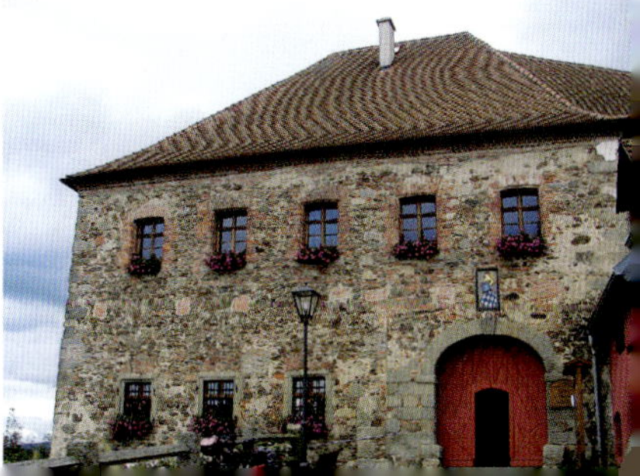

Schloss Burgtreswitz, ein kleines, liebevoll saniertes Kulturzentrum.

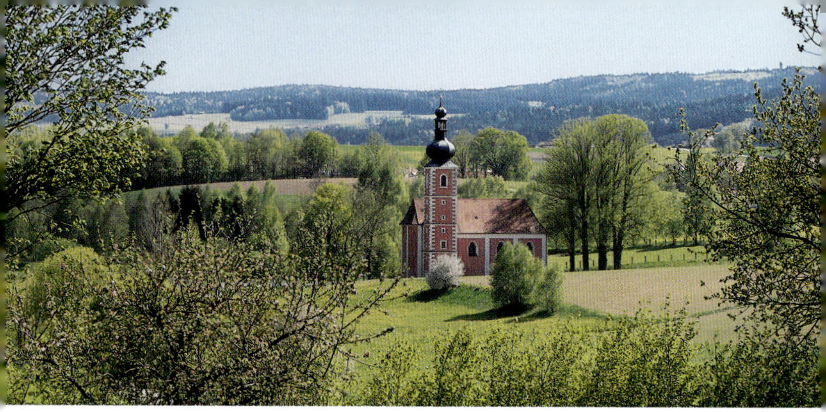

Im Grünen liegt die Wieskirche von Moosbach.

kreuz ein Abstecher mit Nr. 7 hinab zur **Wieskirche (2)**. Zurück am Kreuz gehen wir mit Nr. 6 nach links, dann rechts Richtung Gebhardsreuth aus dem Ort. Am nächsten Abzweig ohne Markierung links und auf den Strehberg zu. Um das kleine Wäldchen links herum, dann rechts an den Aussichtsbänken vorbei und kurz darauf für einen Abstecher rechts zum etwas verwachsenen Aussichtspunkt mit Infotafel auf dem **Strehberg (3)**. Wir gehen zurück zum Abzweig und steigen einen Grasweg rechts, dann links den Berg hinab. Am Sträßchen wenden wir uns mit Nr. 8 nach rechts und vor dem Weiler Strehberg abermals rechts und an der Pfreimd entlang. Am Waldrand können wir mit Wanderweg 8 abkürzen (Variante 3). Unser Weg führt unmarkiert kurz rechts am Wald entlang, dann rechts auf einem Waldweg zu einer Lichtung, die wir in Richtung der Strommasten queren. Im gegenüberliegenden Waldstück treffen wir auf den Glasschleifererweg (weißes Glas auf rotem Grund) und folgen diesem links unter der Hochspannungsleitung hindurch, an einen Hof vorbei, dann links hinab zur **Gebhardsreuther Schleife (4)** mit Infotafel. Wir queren beide Brücken und steigen das Sträßchen hinauf. An der Straße links und rechts zum **Sperlweiher** (**5**, derzeit kein Badesee). Wir gehen links am See entlang, dann steigen wir hinauf zu den Häusern. Rechts, die Straße überqueren und dem »Pfreimdtalradweg« links durch die Siedlung folgen. Der S-Kurve am Ortsende nach und den nächsten Querweg links. Unter der Hochspannungsleitung hindurch und geradeaus bis kurz vor Gröbenstädt. An den Marterln biegen wir mit Wander-

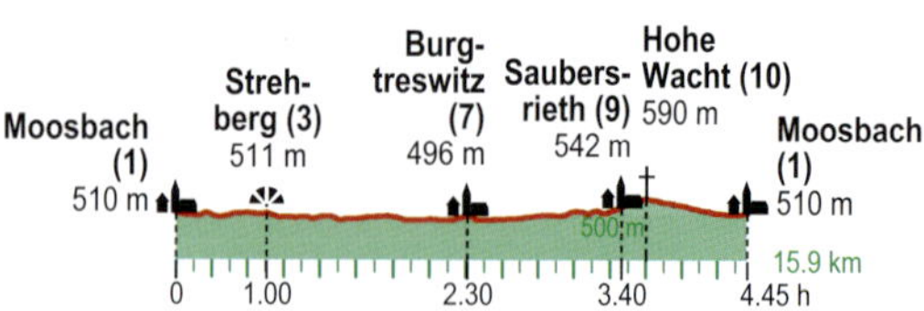

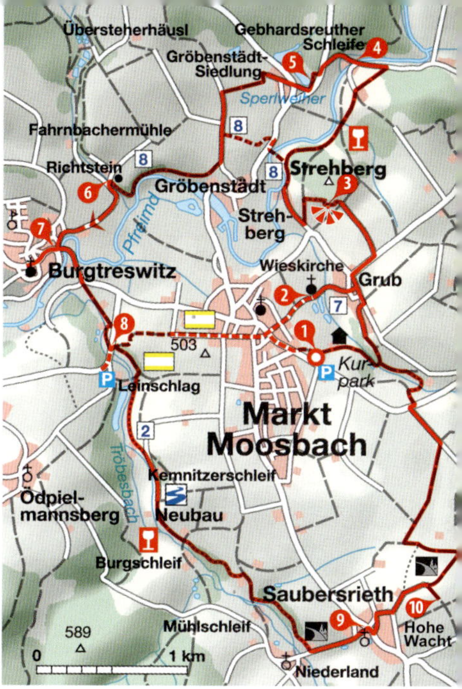

weg 8 rechts ab und wandern am Wiesenrand an der Pfreimd entlang. Mit dem Waldrand schwenken wir nach rechts und erreichen die **Richtstätte (6)** des Hochgerichts Treswitz mit Infotafel. Dann folgen wir dem Sträßchen links nach **Burgtreswitz (7)**. An der Bäckerei Held führt uns ein Abstecher rechts hinauf zum **Schloss Burgtreswitz**. Geradeaus liegt der Gasthof Zum weißen Roß, links geht es über die Pfreimdbrücke, dann halb rechts in einen unmarkierten Feldweg, der uns bald am Tröbesbach entlang zu einer halbverfallenen Mühle leitet. Hier rechts über die Brücke und links weiter am Bach entlang zur Straße. Links und kurz darauf rechts zum Abzweig nach **Leinschlag (8)** mit Infotafel (Abkürzung siehe Varianten). Wir folgen dem Oberpfalzweg (gelb-weiß-gelb) durch das Tröbesbachtal, bald auch mit dem Glasschleifererweg und blauem S markiert, auf breiten Wegen Richtung Niederland. Vor der Brücke folgen wir, nach einem Abstecher zur Infotafel an der Burgschleif, den Markierungen einen Waldweg bergan. Kurz rechts, dann links durch den Wald hinauf zu einem Grasweg. Es geht hinab und vor der Mühlschleif links. Ein Pfad führt bald links in den Wald und zieht steil hinauf zu einem ebenen Waldweg, der an der Straße nach Niederland mündet. Nun wandern wir links mit dem Geschichtspfad nach **Saubersrieth (9)** hinauf. An der Ortsstraße rechts zum gepflegten Landgasthof Zum goldenen Kreuz. Vor dem Gasthof führt unser Weiterweg links bergan, am zweiten Abzweig links zu einer Scheune und rechts hinauf zum Gipfelkreuz der **Hohen Wacht (10)**. Wir wenden und folgen dem Geschichtspfad an der Bank nach rechts, dann einem Grasweg nach links und bald wieder nach rechts. Dann verlassen wir den Geschichtspfad und folgen dem Grasweg geradeaus, bis dieser in ein Sträßchen mit mehreren Wandermarkierungen mündet. Hier links hinab und schräg rechts zur Sonnenuhr im Kurpark von **Moosbach**. Links führt der kürzeste Weg zurück zum **Parkplatz am Kurpark**, rechts geht es durch den Kurpark an Barfußweg, Minigolfplatz und Golferschänke vorbei zurück zum Parkplatz in **Moosbach (1)**.

18 Zur Landgrafenburg Leuchtenberg

4.30 Std.

Vom Naturschutzgebiet Lerautal zu einem Oberpfälzer Wahrzeichen

Wolfslohklamm, Teufelsbutterfaß und die reizvollen Täler von Luhe und Lerau liegen zu Füßen der Burg Leuchtenberg. Einen hübschen Flecken Erde haben die Landgrafen von Leuchtenberg, die im Mittelalter ein halbes Jahrtausend lang die Herrschaft über ein weites Territorium innehatten, für ihren Stammsitz ausgesucht. Eine Besichtigung der Burganlage und eine Besteigung des aussichtsreichen Bergfrieds sollte man unbedingt mit einplanen.

Ausgangspunkt: Kaimling, 448 m, Parkmöglichkeit in der Herrenstraße, von Irchenrieth kommend nach der Brücke, rechts (Navi: Herrenstraße, 92648 Kaimling/Vohenstrauß).
Höhenunterschied: 420 m.
Anforderungen: Runde, ca. 15,5 km; Pfade, Wald- und Feldwege, steiler Anstieg nach Leuchtenberg.
Einkehr: Gasthof Lindenhof (Mo, Di, Fr Ruhetag, Tel. +49 9659 283) und Gasthof Zum Burgkrug (Tel. +49 9659 254) in Leuchtenberg; Landgasthof Am Sonnenhang (Do Ruhetag, Tel. +49 9659 232) und Gasthof Zum Förster (Mo Ruhetag, Tel. +49 9659 352) in Kaimling.
Variante: Eine kürzere Runde (7,5 km, 2.15 Std.) startet am Wanderparkplatz an der B 22, 505 m, am Abzweig Sargmühle. Mit der Markierung Nr. 1 auf der Straße Richtung Sargmühle und dann links in den Wald. Ein Abstecher nach links führt uns zu den Händen Gottes. Am Schafsteg mit dem Goldsteig links, auf der Hauptroute nach Leuchtenberg und wieder hinab ins Lerautal. Kurz nach dem Abzweig mit dem Goldsteig geradeaus, dann rechts über den Schafsteg zurück zum Parkplatz.
Tipps: Burgbesichtigung (1. April bis 31. Okt., Mi bis So 10.30–17 Uhr; Theateraufführungen Juni bis Aug. www.landestheater-oberpfalz.de). Badeweiher in Kaimling, bei Lückenrieth und Leuchtenberg.

Schafsteg im Lerautal.

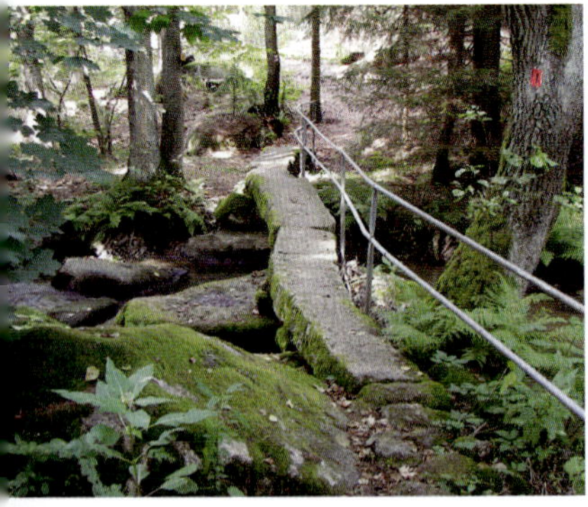

In **Kaimling (1)** wandern wir mit der Markierung roter Strich Richtung Vohenstrauß am Gasthof Zum Förster vorbei und biegen dann rechts in den Elmweg. Wir tauchen ein in das große Waldgebiet Elm, das von Kiefern und Heidelbeeren dominiert wird. Es kreuzt der mit gelbem S markierte Goldsteig, wir gehen geradeaus, nun auch mit blauem S markiert, weiter. Nach ca. 15 Min. erreichen wir drei der **Vier Handsteine (2)**. Es handelt sich um alte Grenzsteine aus der Zeit vor dem 16. Jh., die das Gebiet der Landgrafschaft Leuchtenberg zu Tännesberg und Waldau voneinander abgrenzten. Zu sehen ist noch die eingehauene Schwurhand. Wir wenden, entdecken nach 60 m rechts den vierten

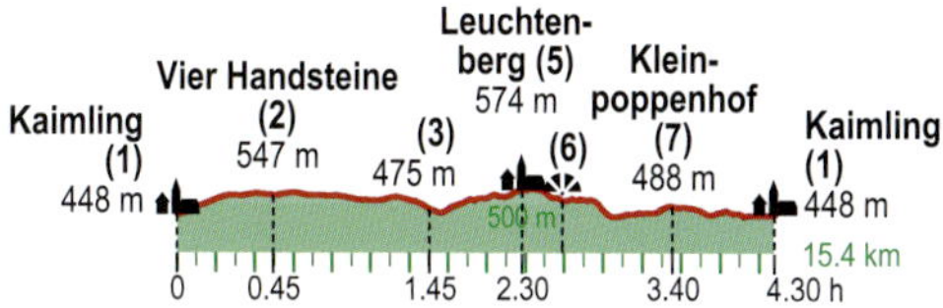

Handstein und folgen nun dem roten Doppeldreieck, das bald links in einen Pfad einbiegt und den Goldsteig erreicht, dem wir nach links folgen. Am Waldrand bietet sich ein erster Blick auf die Burg von Leuchtenberg. Nach einigen Weihern und einem einzelnen Haus geht es rechts und über die Straße hinweg wieder in den Wald. Nun führt ein Wurzelweg hinab zum hübschen **Schafsteg** im Naturschutzgebiet Lerautal (hier biegt die Variante ein). Vor dieser schmalen Steinbrücke biegen wir rechts ab und folgen der Lerau, deren Bett mit riesigen Granitblöcken übersät ist. Eine Bank steht auf dem steil zum Tal abfallenden Wolfslohfelsen über der **Wolfslohklamm (3)**. Wir steigen ab in die Wolfslohe und wenig später zweigen wir mit dem Goldsteig links ab, queren die Lerau und vorsichtig die B22, um einem Pfad in den Wald zu folgen. An der nächsten Wegkreuzung folgen wir einem Holzschild rechts zum Teufelsbutterfaß. Auf dem Weg dorthin biegen wir an der darauf folgenden Kreuzung nach rechts und schon steht ein gewaltiger Felskoloss, das **Teufelsbutterfaß (4)**, vor uns. Zahlreiche Felsen umgeben ihn. Zurück geht es bis zur letzten Kreuzung auf demselben Weg, dann aber mit dem »Rundwanderweg OWV Leuchtenberg« gerade, bis wir wieder auf den Goldsteig treffen. Hier können wir einen weiteren kleinen beschilderten Abstecher zur Felsengruppe **»Hohes Bäuml«** unternehmen. Der Goldsteig führt uns hinauf nach **Leuchtenberg (5)**, unterwegs rücken die Ruine Flossenbürg und der Fahrenberg mit

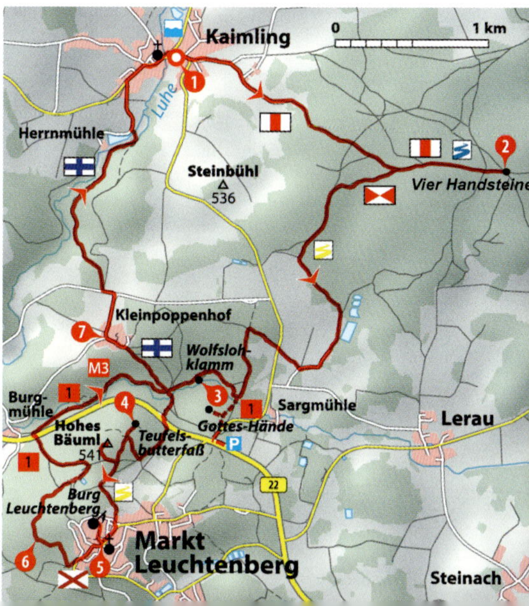

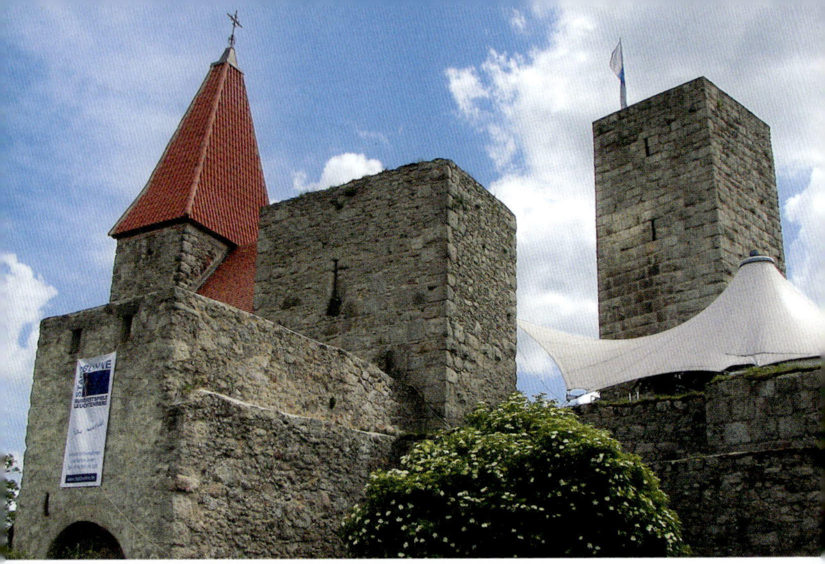

Burg und Festspielbühne – Burg Leuchtenberg.

Wallfahrtskirche ins Blickfeld. Wir gehen rechts am Gasthof Lindenhof vorbei und vor der Kirche rechts zur **Burg Leuchtenberg**. Nach der Besichtigung der Burganlage halten wir uns nach der Kirche rechts und biegen am Gasthof Zum Burgkrug mit dem roten Schrägkreuz links ab. Wir verlassen die Straße nach rechts und knapp 100 m später biegen wir mit dem »Rundwanderweg OWV Leuchtenberg« rechts in einen Grasweg. Dann geht es gerade, leicht ansteigend in den Wald und auf einem Pfad weiter zu einem **Steinbruch (6)**. Tief unter uns gähnt der Abgrund (Absturzgefahr!), doch von hier bietet sich ein schöner Ausblick. Auf dem Hangpfad geht es weiter zu einem hübschen **Steinbruchsee**. Kurz darauf gehen wir ohne Markierung geradeaus weiter und steigen dann mit den Markierungen 1, 3 und blaues Rechteck links bergab. Wir kreuzen erneut die B 22 und folgen im Lerautal dem Wanderweg 1 nach rechts. Nach dem Steg über die Lerau können wir rechts mit der M 3 dem Bachlauf folgen, dann geht es wieder mit der 1 weiter. Kurz, bevor wir wieder auf den Goldsteig treffen (Variante geht hier geradeaus), biegen wir mit dem blauen Kreuz und Nr. 4 links ab und steigen hinauf nach **Kleinpoppenhof (7)**. Auf der Ortszufahrt wandern wir zur Straße nach Michldorf und gehen kurz links, dann rechts in den Wald. Auf Waldwegen und Pfaden wandern wir hinab ins Luhetal, dann aber gleich wieder ein Stück bergauf, um auf halber Höhe der Luhe zu folgen. Ein Steg führt zum Stauwehr der Herrenmühle, dann geht es an der Straße rechts zurück zum Ausgangspunkt in **Kaimling (1)**.

3.30 Std.

Auf den Fahrenberg, 801 m

19

Zur Wallfahrtskirche auf dem heiligen Berg der Oberpfalz

Die Wallfahrt auf den Fahrenberg geht bis ins 12. Jahrhundert zurück. Damals brachte ein Ordensbruder eine Marienstatue aus dem Heiligen Land mit, die hier in einer Kapelle verehrt wurde. Statt der Kapelle steht inzwischen die Kirche Mariä Heimsuchung, doch noch immer gehört der Fahrenberg zu den bedeutendsten Wallfahrtsorten in Bayern. Der Rückweg durchs Zottbachtal lässt Erinnerungen an die Glasschleifertradition früherer Jahre lebendig werden.

Ausgangspunkt: Pleystein, Parkplatz vor der Schwarzenbachkapelle, 590 m. Zufahrt: Von Vohenstrauß kommend am Ortsrand von Pleystein links Richtung Haus am Sonnenhang. An der Abzweigung geradeaus weiter (Sackgasse), bis rechts am Waldrand Wanderschilder auftauchen. 100 m weiter befindet sich links der Parkplatz (Navi: 92714 Pleystein, Waldthurner Straße).
Höhenunterschied: 375 m.
Anforderungen: Rundweg, ca. 12 km; Waldwege, mäßig steil zum Fahrenberg.
Einkehr: Berggasthof Weig auf dem Fahrenberg (Di Ruhetag, Tel. +49 9654 1483), Bergstüberl in Pfifferlingstiel (geöffnet So ab 14 Uhr, Tel. +49 9658 775).
Tipp: Kreuzberg, ein 38 m hoher, von einer Kirche gekrönter Rosenquarzfelsen im Zentrum Pleysteins, »PleySteinpfad« (Geologie- und Waldlehrpfad, 1,5 km; Ausgangspunkt am Freibad), historisches Glaspolierwerk und Museum Katharinas Puppenhaus in der Hagenmühle im Zottbachtal (siehe Tipp Tour 23).

Die Wallfahrtskirche auf dem Fahrenberg.

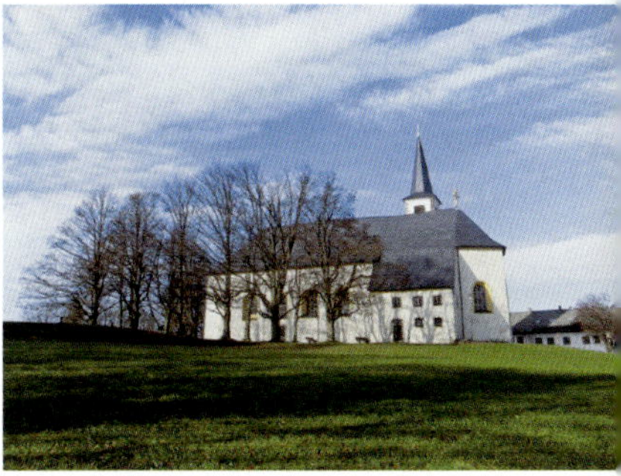

Vom **Parkplatz (1)** gehen wir zurück zu den Wegweisern und folgen dort dem Schild »Fahrenberg 2,6 km« mit zwei roten Punkten nach links in den Wald. Der Waldweg kreuzt einen Forstweg und folgt dem nächsten nach links. 250 m weiter wandern wir rechts zu einer Bergwiese. Geradeaus zur Waldecke und am Waldrand entlang. Rechts befindet sich ein aussichtsreicher Picknickplatz. Wir queren eine Asphaltstraße und steigen dann auf felsigem Waldweg zur Wallfahrtskirche am Gipfel des **Fahrenberg (2)** an. Auf halber Wegstrecke können wir an einer alten, dicken Buche nach rechts einen kurzen Abstecher von ca. 50 m zur eingewachsenen Felsenkanzel Feneisenstein unternehmen. Nach Besichtigung der Kirche bietet sich eine Einkehr im Gasthof Weig an. Anschließend geht es um den Gasthof herum und rechts zum Skihang. Hier biegen wir mit dem gelb-weiß-gelb markierten

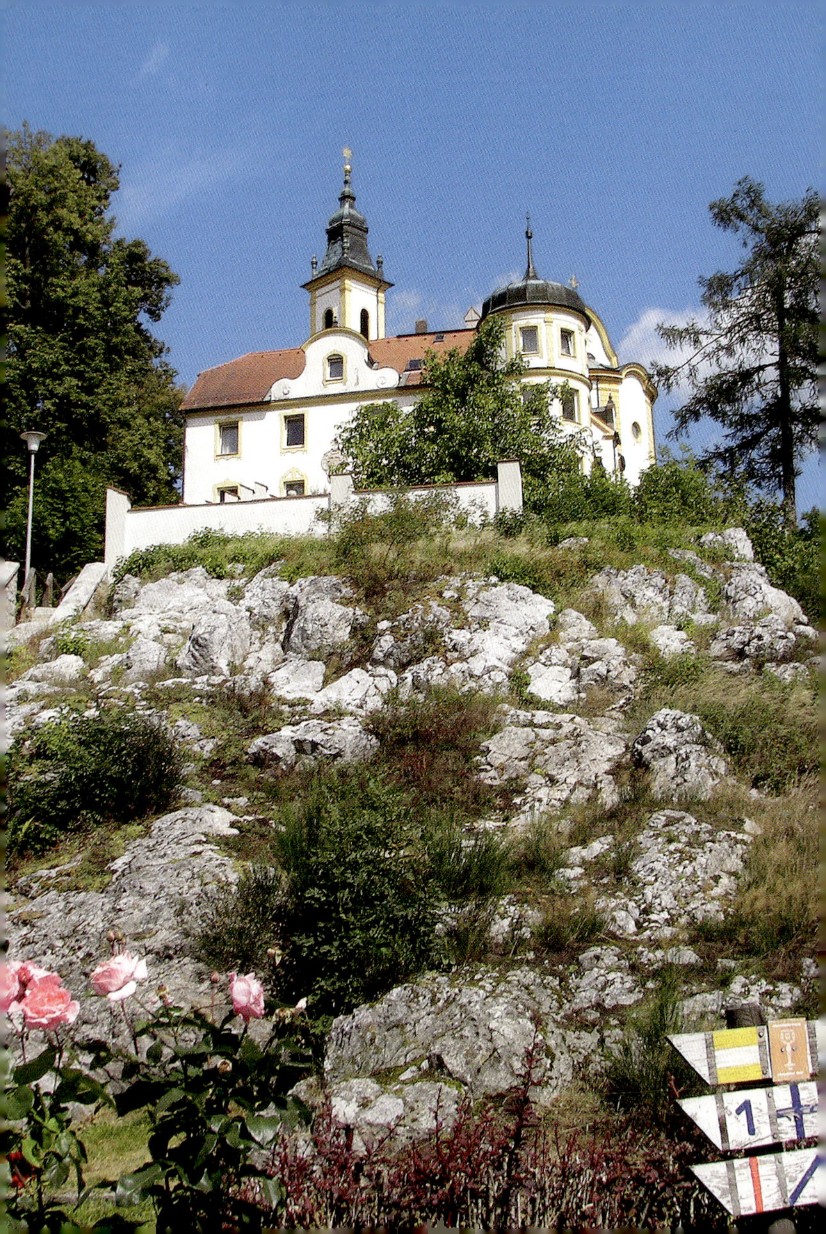
1

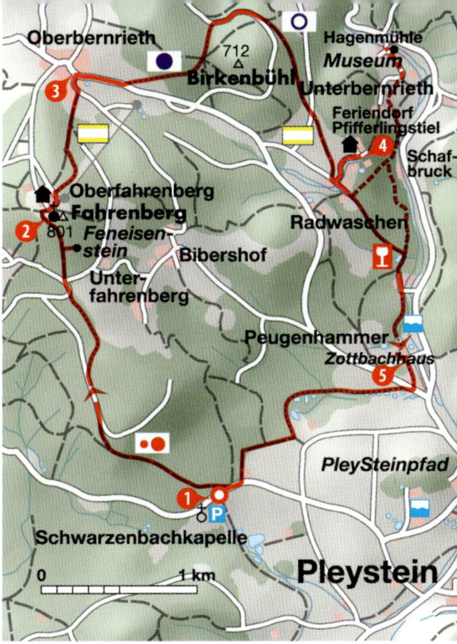

Oberpfalzweg links ab und wandern erst am Skihang entlang, dann links im Wald hinab nach **Oberbernrieth (3)**. Im Ort wechseln wir auf die blaue Punktmarkierung und folgen der Straße rechts nach Pleystein, bis etwa 50 m vor einem Elektrohäuschen links ein Wiesenweg abzweigt. Am Waldrand rechts haltend in den anfangs leicht zugewachsenen Waldweg. An einer Waldkreuzung zusammen mit blauem Kreis halb links bergab zum ersten Forstweg. Hier gehen wir nach rechts, schlagen aber vor der nachfolgenden Rechtskurve den schmaleren linken Weg geradeaus ein, der einst mit blauem Kreis markiert war. Dieser mündet hinter einer Wiese in ein Sträßchen. Wir queren das Sträßchen und wandern nun wieder auf dem Oberpfalzweg hinab am Wegweiser links zum **Feriendorf Pfifferlingstiel (4)**, wo das Gasthaus Bergstüberl zur Einkehr einlädt. Der Weiterweg führt, zurück am Wegweiser, nach links zur nächsten Waldecke. (Zur Hagenmühle geht es hier auf dem Schotterweg links hinab und mit dem Glasschleifererweg abermals links; 20 Min.). Unser Weg folgt hingegen dem Oberpfalzweg geradeaus ins Zottbachtal. Dann wandern wir auf dem Glasschleifererweg (weißes Glas auf rotem Grund) rechts nach **Peugenhammer (5)** und geradeaus weiter zur Straße. Hier unmarkiert schräg rechts in einen Schotterweg und an zahlreichen Fischweihern vorbei. Über eine Wegkreuzung hinweg und auf einem Grasweg zu einer Wiese. Weglos halten wir uns stets am rechten Rand der Wiese, links unter uns liegt ein Weiher, bis wir auf einen Feldweg treffen. Wir gehen rechts bergan und am Waldrand entlang, bis wir ein Sträßchen erreichen. Hier rechts und in wenigen Minuten zurück zum **Parkplatz (1)**.

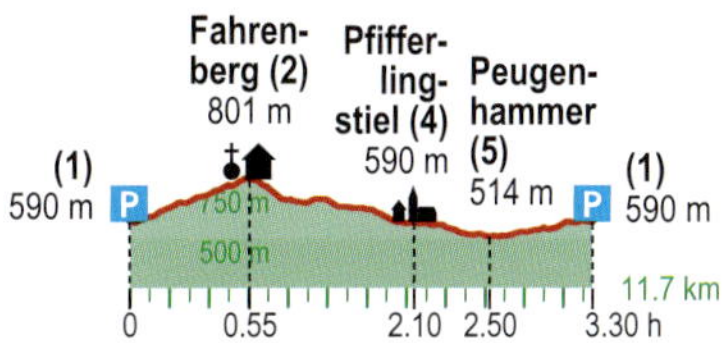

Die Kreuzbergkirche auf dem berühmten Rosenquarzfelsen von Pleystein.

20 Zum Naturwaldreservat Sulzberg, 756 m

3.30 Std.

Mit den Waidhauser Schragerln auf dem »Lust«-Pfad zum Sulzberg

Viele Sagen spinnen sich um das grenznahe Waidhauser Land. So sollen einst zwölf Riesen das inzwischen längst verfallene Alte Schloß auf dem Sulzberg erbaut haben. Sie führten ein räuberisches Leben und erdreisteten sich sogar, eine Fürstentochter zu entführen. Daraufhin wurden die Mauern der Burg gestürmt und die Riesen ermordet. Heute leben nur noch die glückbringenden Kobolde, liebevoll »Schragerln« genannt, auf dem Pleysteiner Sulzberg.

Ausgangspunkt: Waidhaus, 518 m, Parkplatz am Marktplatz (Navi: 92726 Waidhaus, Marktplatz).
Höhenunterschied: 360 m.
Anforderungen: Rundweg, ca. 12 km; auf Waldpfaden und Feldwegen, langer Anstieg auf den Pleysteiner Sulzberg.
Einkehr: Gasthof Berghaus (Brotzeiten, tägl. Tel. +49 9652 224), mehrere Einkehrmöglichkeiten in Waidhaus.
Tipp: Freizeitanlage Bäckeröd in Waidhaus (beheiztes Freibad mit Rutsche).

Vom Marktplatz in **Waidhaus (1)** folgen wir den Wegweisern zum Naturerlebnispfad »Lust« (auch Nurtschweg, gelb-rot-gelb). An der Freizeitanlage **Bäckeröd (2)** vorbei und links in den Erlebnispfad. Spielerisch bringen uns das Maskottchen Butzlkouh (Kiefernzapfen) und zahlreiche Waidhauser Schragerln den Wald mit seinen Lebensformen nahe. Am Ende des Lehrpfads

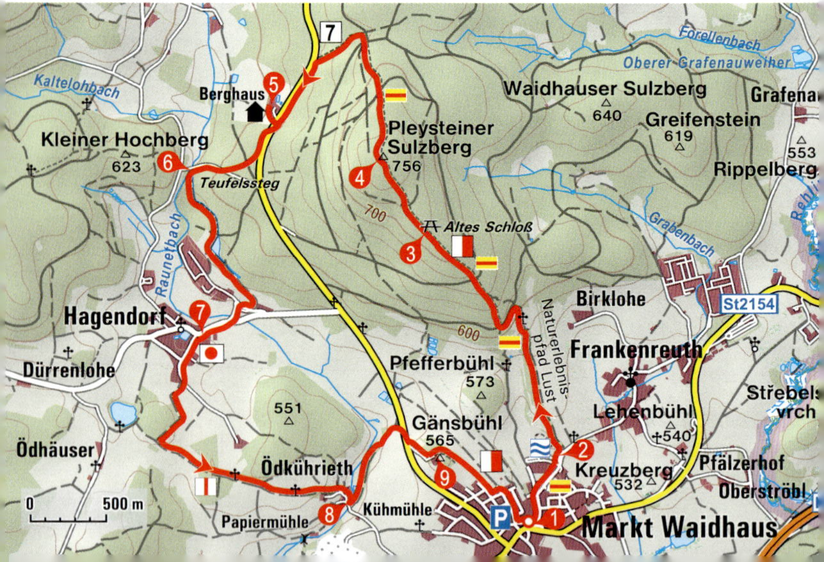

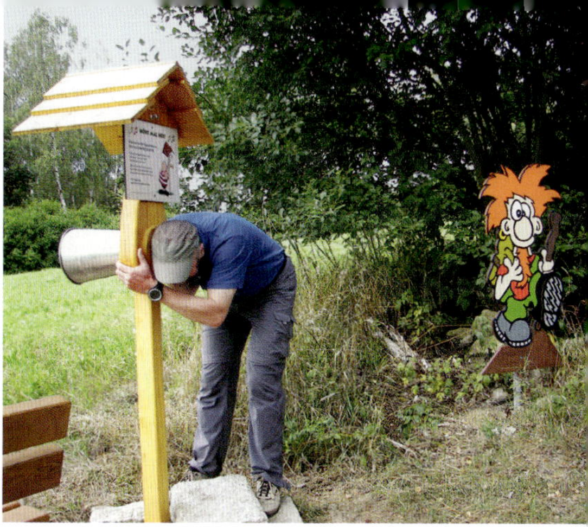

Spielerisches Lernen auf dem Lehrpfad »Lust«.

folgen wir dem Nutschweg nach links, dann auch dem rot-weiß markierten Jägersteig rechts den Sulzberg zu einem Naturwaldreservat hinauf. Nach einem kräftigen Anstieg ist der Rastplatz **Altes Schloß (3)** erreicht. Nun geht es weniger steil über den Bergrücken zum unscheinbaren Gipfel des **Pleysteiner Sulzberg (4)**. Wir steigen ab und gehen an der zweiten Kreuzung mit dem Nurtschweg noch ein kurzes Stück geradeaus weiter, dann biegen wir mit Wanderweg 7 links ab. Auf der Straße erneut nach links und am **Gasthof Berghaus (5)** vorbei. Wir folgen der Straße bis zur Waldecke, dann geht es mit alten 1er-Markierungen rechts in den Wald. Über einen Forstweg, dann auf einem Sträßchen rechts hinab zum **Teufelssteg (6)** über dem Raunetbach. Links unmarkiert über die Brücke und auf einem Grasweg am Kanal entlang. Der Weg endet an einem Teich und wir folgen dem Pfad am rechten Ufer entlang zu einem weiteren Kanalstück. Dann fällt der Weg ab und mündet in ein Sträßchen. Wir gehen rechts und hinter einer ehemaligen Mühle links nach **Hagendorf (7)**. Am ehemaligen Gasthaus Zum Dorfwirt leitet uns der rote Punkt geradeaus weiter. Unser Weg beschreibt eine Linkskurve, dann geht es nach dem letzten Haus unmarkiert rechts ab. Der Weg umrundet den Abraumberg des einstigen Hagendorfer Feldspatwerks. Auf dem weiß-rot-weiß markierten Querweg wandern wir links hinab nach **Ödkührieth (8)**. Über die beiden Brücken, dann links unmarkiert den Feldweg hinter dem leeren Haus entlang. Am zweiten Abzweig steigen wir rechts zum Wiesenrand auf, um dort weiterzugehen. Kurz vor einer Straße halten wir uns rechts, queren diese und steigen Richtung Schützenhaus den **Gänsbühl (9)** hinauf. Alte rot-weiße Markierungen führen an den Garagen vorbei, dann rechts und geradeaus am Feldrand entlang nach **Waidhaus (1)**. Links in den Fasanenweg und die Türkenstraße rechts hinab zum Marktplatz.

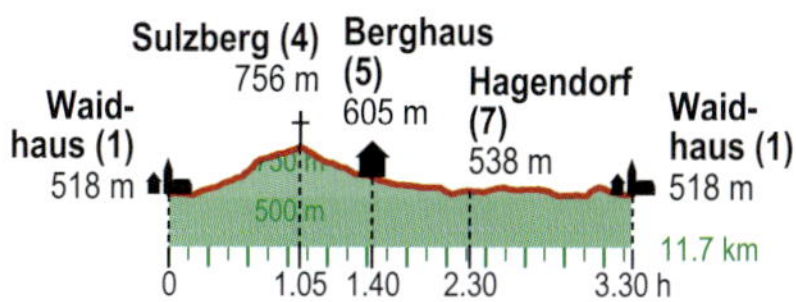

21 Durch das Hölltal zum Heiligdreifaltigkeitsberg

3.45 Std.

Auf den Weidener Hausberg mit Vierlingsturm und Strobelhütte

Zahlreiche Wanderwege führen auf den Fischerberg. Oben lockt stets die Strobelhütte mit einer gemütlichen Einkehr. Ist der Abstieg in das Hölltal eher schattig und kühl, so lockt uns der sonnige Gipfel des Heiligdreifaltigkeitsberges mit einer tollen Aussicht erneut auf den Berg.

Ausgangspunkt: Pfadfinderheim Blockhütte, 483 m, an der St 2166 von Weiden ca. 3 km Richtung Vohenstrauß auf der linken Seite, Parkplatz unterhalb der Blockhütte (Navi: 92637 Weiden, Am Fischerberg 31).
Höhenunterschied: 440 m.
Anforderungen: Bergige Rundwanderung, gut 12 km; teils steile, wurzelige Waldwege und Pfade, die festes Schuhwerk erfordern, teils Feld- und Wiesenwege, meist im schattigen Wald.
Einkehr: Strobelhütte auf dem Fischerberg (Mi ab 13 Uhr, Sa und So ab 11 Uhr, Tel. +49 961 44255), Hotel Hölltaler Hof in Oberhöll (So, Mo Ruhetag, Tel. +49 961 4703940).
Varianten: 1. Kurztour zum Fischerberg: Von der Blockhütte (1) wandern wir auf der Hauptroute zur Strobelhütte auf dem Fischerberg (3). Auf selbem Weg mit dem Goldsteig zurück zur Wanderkreuzung (2) und Abstieg mit blauem Kreis nach links (4,5 km; 1.15 Std.)
2. Alternativtour vom Dreifaltigkeitsberg zum Fischerberg: Von Muglhof (6), Parkplatz oberhalb der Feuerwehr, 582 m, gehen wir die Straße aufwärts, am Glockenturm rechts und am Ortsende mit dem blauen S links hinauf zur Kapelle auf dem Heiligdreifaltigkeitsberg (7). Nun auf der Hauptroute mit dem Goldsteig nach Oberhöll (8) und über den Wappenstein (4) zur Strobelhütte auf dem Fischerberg (3). Wir steigen auf demselben Weg ab zum Wappenstein (4), zweigen kurz darauf mit dem blauen Kreis nach rechts ab und wandern auf der Hauptroute zurück nach Muglhof (8,5 km, 2.30 Std.).

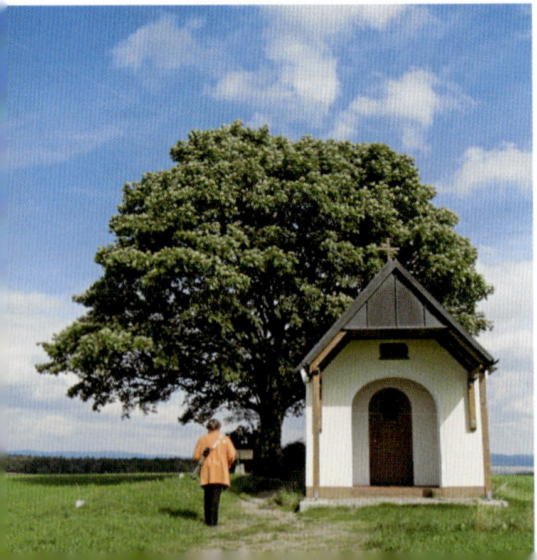

Vom Parkplatz an der **Blockhütte (1)** folgen wir dem weiß-rot-weiß markierten Weg Richtung Theisseil. Erst am Bach und einigen alten Steinbrüchen entlang, dann rechts und über die Straße zum gegenüberliegenden Parkplatz. Vor einem Brunnen geht es links bergan in den Wald. Über einen Querweg rechts versetzt hinweg folgen wir der weiß-rot-weißen Markierung an dem historischen Holzplatz Scheiterwiese vorbei, bis mehrere Wanderwege an

Kapelle auf dem Heiligdreifaltigkeitsberg.

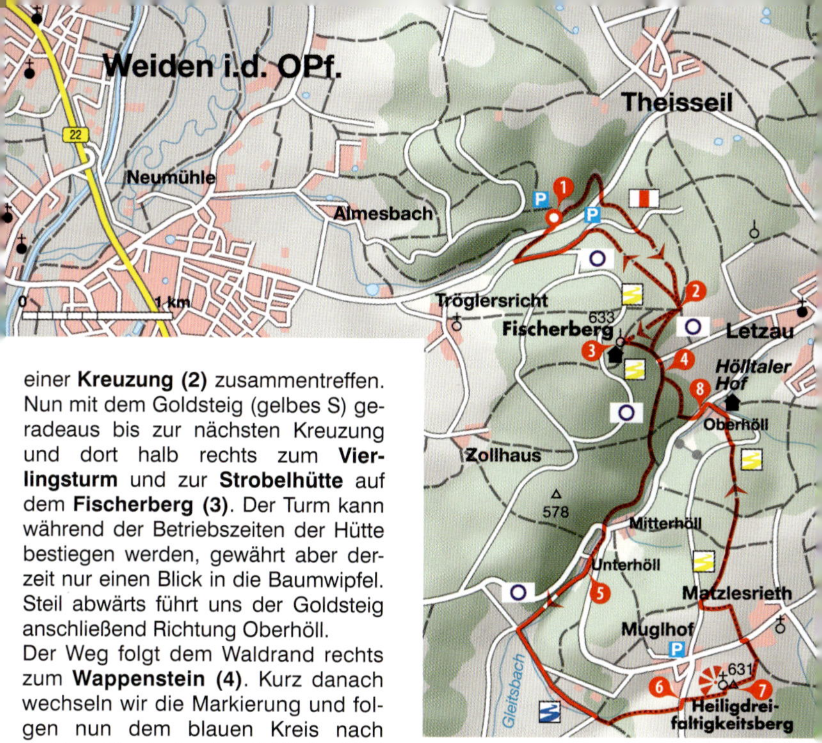

einer **Kreuzung (2)** zusammentreffen. Nun mit dem Goldsteig (gelbes S) geradeaus bis zur nächsten Kreuzung und dort halb rechts zum **Vierlingsturm** und zur **Strobelhütte** auf dem **Fischerberg (3)**. Der Turm kann während der Betriebszeiten der Hütte bestiegen werden, gewährt aber derzeit nur einen Blick in die Baumwipfel. Steil abwärts führt uns der Goldsteig anschließend Richtung Oberhöll.

Der Weg folgt dem Waldrand rechts zum **Wappenstein (4)**. Kurz danach wechseln wir die Markierung und folgen nun dem blauen Kreis nach rechts. Oberhalb des Hölltals führt der schmale Waldweg stetig bergab, quert ein Bächlein und erreicht die Talstraße. Auf dieser gehen wir mit der Markierung links, dann rechts durch **Unterhöll (5)** und an Fischweihern vorbei in den Wald am Gleitsbach entlang. Nach dem Waldstück wandern wir an der nächsten Kreuzung mit dem blauen S links Richtung Muglhof. Wir erreichen eine Wochenendhaussiedlung, gehen an den Häuschen entlang und zweigen am Ende mit dem blauen S links bergan. Steil geht es erst einen Waldweg, dann einen Wiesenweg hinauf zum Ortsrand von **Muglhof (6)**. Kurz links, dann rechts weiter aufwärts auf den **Heiligdreifaltigkeitsberg (7)**, wobei das letzte Stück zur Kapelle unmarkiert ist. Wir genießen die herrliche Aussicht bei einer Rast. Ein unscheinbarer Graspfad leitet uns hinter der Kapelle geradeaus

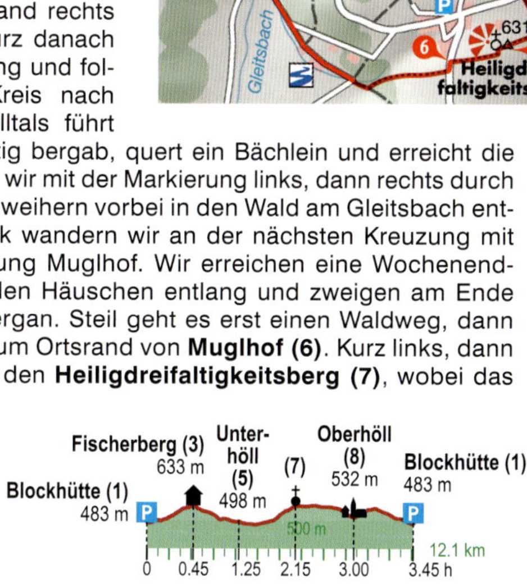

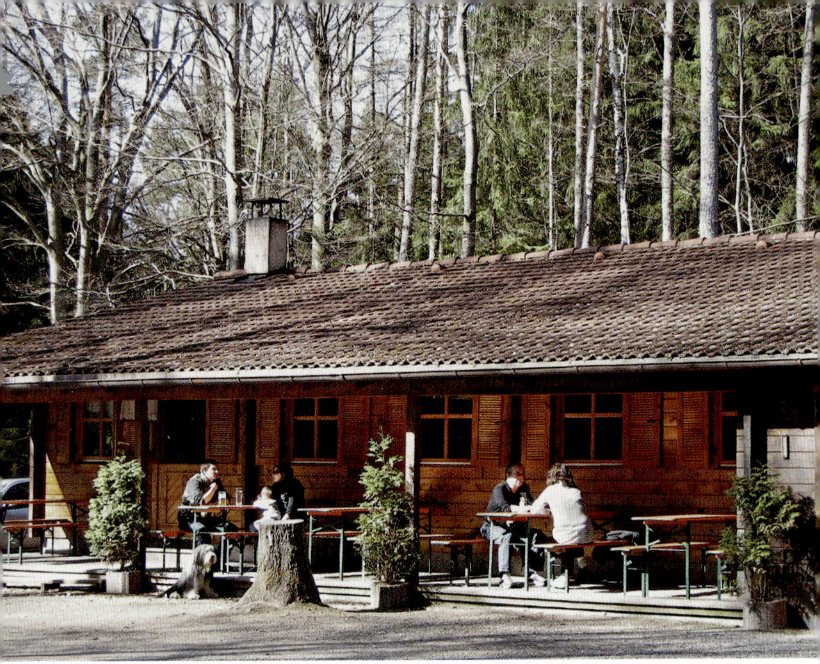

Gemütliche Einkehr in der Strobelhütte auf dem Fischerberg.

weiter zu einem Wiesenweg, dem wir nach links folgen. Wir befinden uns nun wieder auf dem Goldsteig, queren eine Straße und gehen über eine kleine Anhöhe links zum Waldrand. Ein Feldweg führt rechts am Waldrand entlang, dann steigen wir auf wurzeligem Waldweg hinab durch den Wald und »im Gänsemarsch« (so ein Hinweisschild) am Rand des ehemaligen Skihangs nach **Oberhöll (8)**. Zur Einkehr im Hölltaler Hof führt nach den Weihern rechts ein Wiesenweg; der Weiterweg steigt jedoch mit dem Goldsteig ab zur Straße, verläuft ein kurzes Stück nach links, zweigt dann rechts in den Wald ab und bringt uns auf schmalen Waldwegen hinauf zum bereits bekannten **Wappenstein (4)**. Wir gehen an diesem vorbei, links am Waldrand aufwärts und kurz darauf entweder mit dem blauen Kreis rechts Richtung Tröglersricht zur bekannten **Kreuzung (2)** oder geradeaus hinauf zur Strobelhütte auf dem **Fischerberg (3)**. Mit dem Goldsteig gehen wir zu besagter **Kreuzung (2)** und folgen nun dem blauen Kreis nach links. Der schmale Waldweg führt hinab zu einem Forstweg, dem wir nach links folgen. Am nächsten Abzweig nach rechts wandern wir auf einem unmarkierten Forstweg zur Straße und zum Parkplatz an der **Blockhütte (1)**.

3.45 Std.

Durch das Naturschutzgebiet Doost zum Galgen, 544 m

22

Von einem mystischen Naturschutzgebiet auf aussichtsreiche Höhen

Das Naturschutzgebiet Doost mit dem Teufelsbutterfaß ist der Einstieg in eine herrliche Oberpfälzer-Wald-Wanderung. Wie von Geisterhand zusammengetragen liegen hier unzählige große, rundliche Granitblöcke im Lauf des kleinen Girnitz-Bächleins. Dann geht es über Höhenzüge mit Fernsicht bis zur Ruine Flossenbürg (vgl. Wanderung 25) an kleinen Dörfern vorbei zum einstigen Richtplatz von Floß auf dem Galgen.

Ausgangspunkt: Schnepfenhof, 495 m, Parkmöglichkeit von Würnreuth kommend vor dem Schnepfenhof links im Feldweg beim Baum (Navi: 92685 Schnepfenhof/Floß).
Höhenunterschied: 270 m.
Anforderungen: Hügelige Rundwanderung, ca. 12,5 km; Pfade durch das Naturschutzgebiet, sonst meist Feld- und Waldwege.
Einkehr: Gasthof Kett (Mo, Di Ruhetag, Tel. +49 961 32805) in Theisseil, Gasthaus Sommer (wochenends geöffnet, Tel. +49 9602 1336) in Wilchenreuth.
Tipp: Badesee beim Gollwitzerhof, Judenfriedhof und Synagoge in Floß (Besichtigung: Tel. +49 9603 921113).
Variante: Abkürzung über den Rundweg »Der Findling«, Markierung grünes F, ab dem Durchkriechstein direkt zum Galgen (9) (6 km), mit Abstecher zum Kreislehrgarten und zur Raststation Floß (9 km).

Am Richtplatz von Floß auf dem Galgen.

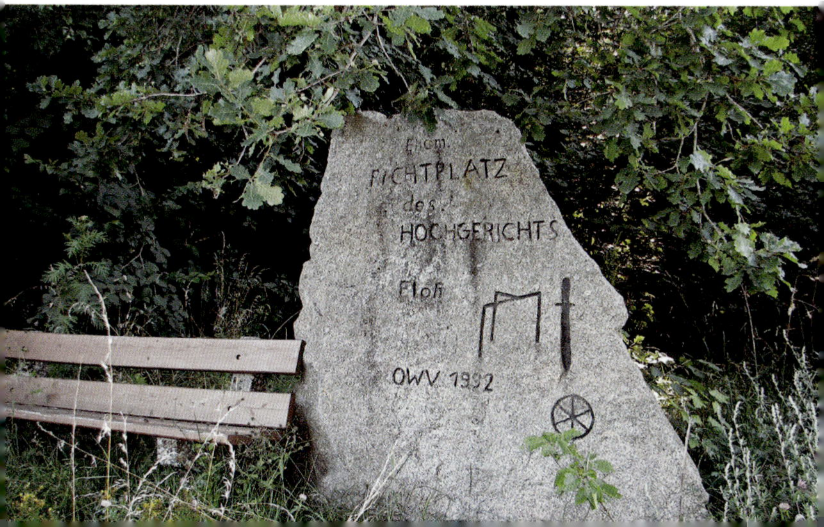

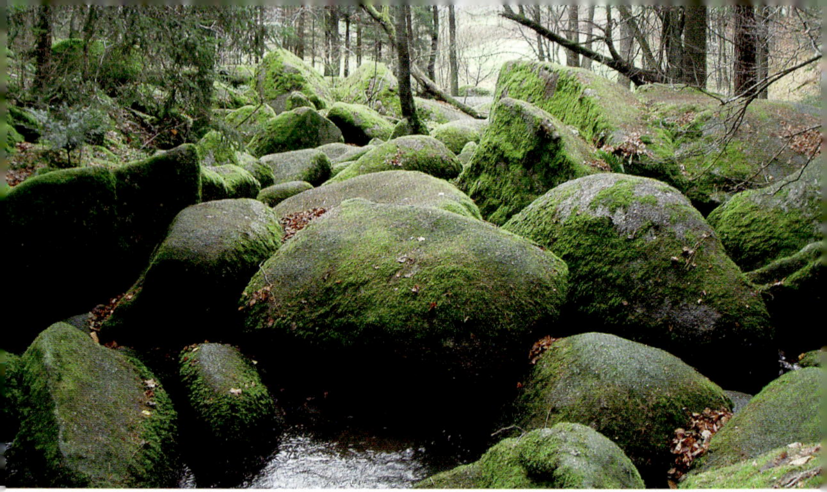

Der Name Doost (auch Dost) kommt vom »Tosen« des Bächleins im Felsenmeer.

Von Parkplatz beim **Schnepfenhof (1)** gehen wir auf der Straße am Hof vorbei und am grünen Ortsschild rechts den Feldweg hinab zum **Badesee (2)** und Campingplatz beim Gollwitzerhof. Auch das grüne F des Rundwegs »Der Findling« nimmt diesen Weg. Nun zusammen mit blauem S und blauem Kreis wandern wir geradeaus auf wurzeligem Waldpfad zum Naturschutzgebiet **Doost (3)** mit Teufelsbutterfaß. Gewaltige, moosbedeckte Granitfelsen tummeln sich im Bachlauf. Wir gehen links über den Holzsteg, dann am Bach entlang bis zu einem mit rotem Dreieck markierten Querweg. Ein Abstecher nach links über die Brücke führt uns zum Durchkriechstein, der sich in den Gipfelfelsen des kleinen Wäldchens vor uns versteckt. Auch die Variante biegt hier ab. Zurück am Abzweig steigen wir geradeaus den Berg hinauf. Wir wandern am Waldrand entlang, dann links hinab nach **Welsenhof (4)**. Im Tal geht es vor der Linkskurve wahlweise mit den Markierungen entlang eines Heckenstreifens bergan und auf dem Sträßchen nach rechts. Schöner ist der unscheinbare Grasweg rechts parallel zum Elsenbach. Der Weg wird deutlicher und führt erst an einer Hangkante entlang, dann links hinauf zum Sträßchen. Nach rechts, der nächste Abzweig führt links mit dem roten Dreieck direkt zum Rückweg, erreichen wir **Wilchenreuth (5)**. Nach dem ehemaligen Gasthaus Bär geht es rechts zum Gasthaus Sommer. Kurz zuvor biegt der Weiterweg mit dem gelben S des Goldsteigs nach links ab. Links

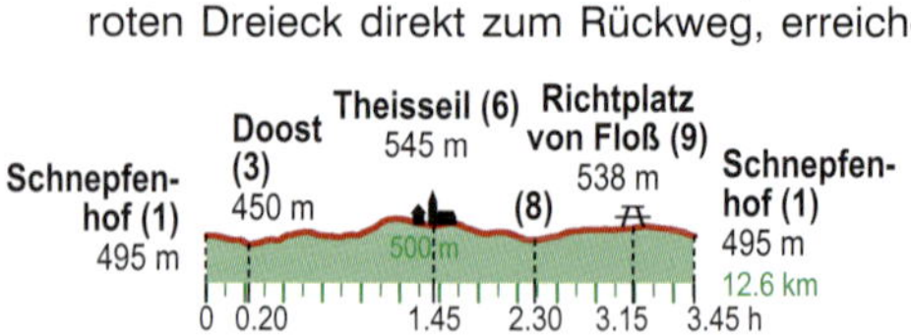

durch den Hof des Hauses Nr. 13 erreichen wir die sehenswerte, romanische Kirche St. Ulrich, die bis 1912 als Simultankirche genutzt wurde, mit Fresken aus dem 12. Jh. (tägl. 10–16 Uhr geöffnet, Kirchenbeschreibung liegt aus). An der katholischen St.-Ulrichskirche vorbei wandern wir den Berg hinauf. Der Abkürzungsweg biegt ein, dann geht es hinauf in den Wald. Nach dem Waldstück öffnet sich die Aussicht erst zum Fahrenberg, später bis zur Ruine Flossenbürg. Geradeaus weiter geht es über eine Straße hinweg nach **Theisseil (6)**, wo der Landgasthof Kett eine willkommene Einkehrmöglichkeit bietet. Vom Dorfplatz mit Glockentrum wandern wir anschließend mit dem roten Rechteck links über Feld- und Waldwege nach **Fehrsdorf (7)**. Dort geradeaus und auf der nächsten Landstraße rechts nach **Pauschendorf (8)**. Mit rotem Rechteck verlassen wir den Ort nach links auf einem Feldweg. Rund 20 Min. später zeigt ein Schild am Waldrand den Wegverlauf: nach 85 m links und nach 90 m rechts. Wir gehen bis auf die Höhe von **Boxdorf** und biegen dort links ab. Am nächsten Abzweig rechts und kurz darauf an dem von einer Hecke umgebenen Rastplatz »Primusblick« mit roter Kreismarkierung links hinauf zum ehemaligen **Richtplatz von Floß (9)**. Eine Bank lädt zur »Henkersmahlzeit«. Dann geht es den **Galgenberg** hinauf. Das grüne F macht mit dem roten Kreis kurz vor dem Waldrand rechts einen Umweg über den »Lug ins Land«, wir aber gehen geradeaus am Wasserbrunnen vorbei den Grasweg weiter. Nach etwa 20 m rechts halten, den Vulkankegel Parkstein im Blick und über das freie Feld. Zuletzt wandern wir geradeaus am Waldrand entlang hinab zum **Schnepfenhof (1)**.

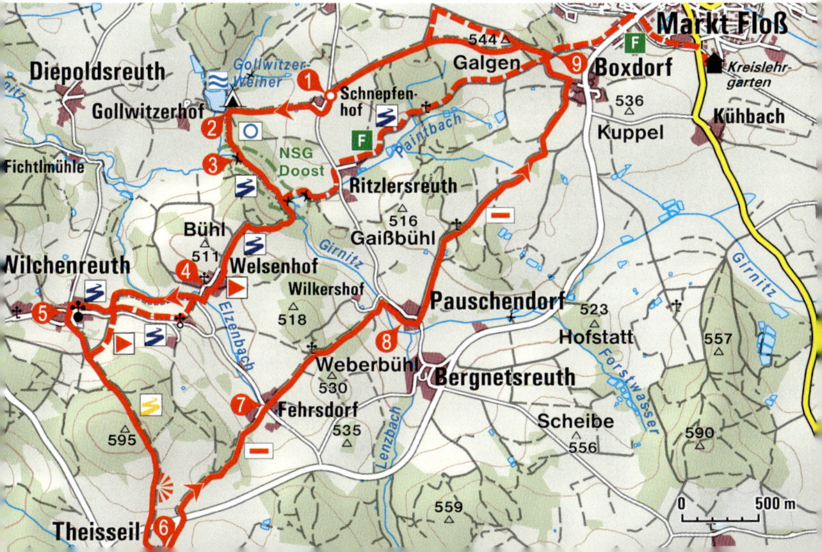

23 Vom Zottbachtal zur Mühle Gehenhammer, 655 m

5.00 Std.

Im Gänsemarsch über die Georgenberger Höhen

Auf herrlichen Waldpfaden und mit wunderbarer Aussicht geht es auf einem Höhenweg nach Georgenberg. Dabei schweifen die Blicke links über das Zottbachtal zur hoch aufragenden Ruine Flossenbürg und rechts zum Fahrenberg. In Georgenberg durchqueren wir das Zottbachtal und steigen zur ehemaligen Getreidemühle Gehenhammer auf, heute ein urgemütliches kleines Einkehrziel mit Biergarten. Gleich neben der winzigen Gaststube sind die alten Getreidemahlwerke zu bestaunen, die man jederzeit wieder an das sich unermüdlich drehende Wasserrad anschließen könnte.

Ausgangspunkt: Hammermühle bei Neuenhammer, 553 m, Parkplatz von Pleystein kommend auf der linken Seite (Navi: 92697 Hammermühle/Georgenberg).
Höhenunterschied: 430 m.
Anforderungen: Rundweg, ca. 15 km; schmale Pfade über den Rehberg und Troidelberg, sonst Wald- und Forstwege.
Einkehr: Mühle Gehenhammer (Brotzeiten, Mi, Fr, Sa, So ab 13 Uhr geöffnet, Tel. +49 9658 347), Zum Ritter St. Georg (Brotzeiten) und Berggasthof (Mo Ruhetag) in Georgenberg, Zum Waldler Franz (Brotzeiten, Mo, Di Ruhetag, sonst ab 17 Uhr geöffnet, Tel. +49 9658 226) in Unterrehberg, Hammerwirt (Mo Ruhetag) in Neuenhammer, Bräuhäusl (Mo, Di Ruhetag) in Hammermühle.
Varianten: 1. In Faislbach (4) gehen wir unmarkiert links zum Ortsende. Hier rechts bergab und an der Böschung rechts haltend mit alten roten Markierungen hinunter ins Zottbachtal. An der Danzerschleif (8) mündet unser Weg in die Hauptroute. (8,5 km, 2.45 Std.).
2. Wir starten die Wanderung in Georgenberg (5, Parkplatz vor dem Rathaus) und wandern auf der Hauptroute zur Mühle Gehenhammer (6) und über Neukirchen zu St. Christoph (7) und Waffenschmiede zurück nach Georgenberg (5) (5 km, 1.30 Std.).
Tipp: Waldbad in Neukirchen zu St. Christoph (Eintritt frei!).

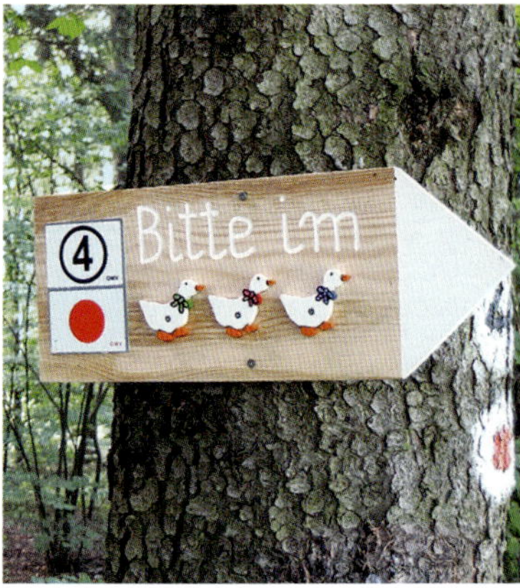

Auf manchen Wegstücken gilt es, hintereinander zu gehen, um Felder und Weideland zu schützen.

Der Schönwerth-Sagenweg im Zottbachtal startet am Pavillon in Hammermühle und folgt dem Glasschleifererweg zur Prollermühle. Es lohnt der Weiterweg zur Hagenmühle (historische Glaspoliere und Museum Katharinas Puppenhaus, April–Okt. Mi 14.30–17 Uhr, www.katharinas-puppenhaus.de, Tel. +49 9658 1260). Hin und zurück 5 km, 1.30 Std.

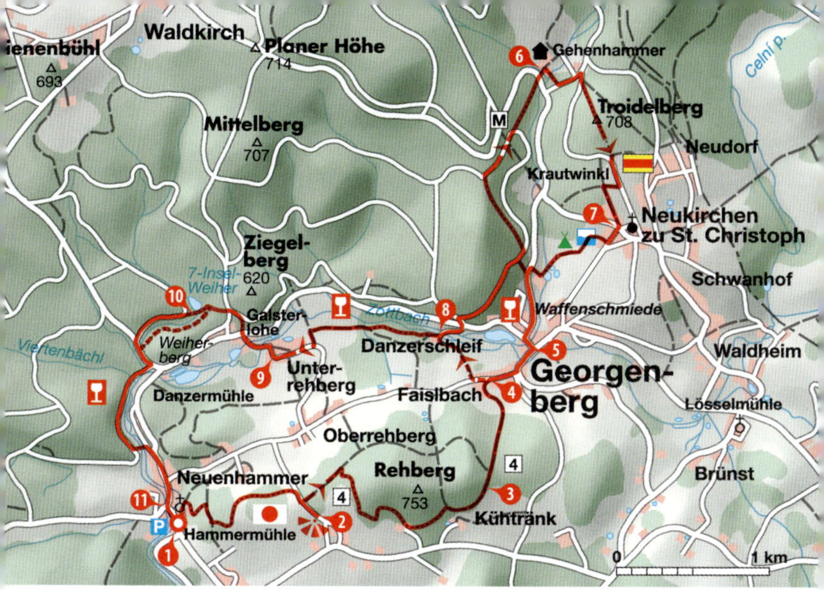

In **Hammermühle (1)** folgen wir gegenüber vom Parkplatz dem Weg Nr. 4 und der roten Punktmarkierung bergan. Am Fledermauskeller biegen wir rechts in einen Waldpfad, der im Sommer stellenweise mit Brombeeren überwuchert sein kann. Steil windet sich der Weg bergauf. Am Waldrand heißt es, »im Gänsemarsch« geradeaus zwischen den Feldern hindurch zu einem weiteren Waldstück zu marschieren. Dabei bieten sich zu beiden Seiten herrliche Blicke. Nach einer weiteren Wiese steigen wir rechts auf einem Sträßchen zu einem bezeichneten **Aussichtspunkt (2)** auf. Der Fahrenberg mit der bedeutsamen Wallfahrtskirche (vgl. Tour 19) liegt direkt vor uns. Ein paar Meter zurück, dann folgen wir unseren Markierungen rechts in den Wald. Hinter dem Waldstück kann man über eine Abkürzung nach Unterrehberg absteigen; wir jedoch gehen rechts bergan, am Querweg rechts und steigen dann am Waldrand links ein Stück den Rehberg hinauf. Der Waldweg schwenkt nach rechts und führt uns hinab zum südlichen Waldrand. Nun auf Pfaden im Wald bergauf, an einem Hof vorbei und an Reh- und Kühtränkberg entlang. Am **Roinlplatzl (3)** teilen sich die Wanderwege. Wir nehmen Weg Nr. 4 zu unserer Linken. Nach steilem Abstieg biegt der markierte Weg rechts ab und führt eben durch den Wald. An dieser Stelle wandern wir unmarkiert geradeaus weiter bergab, an einer Lichtung entlang und geradeaus hinab zu einem Feldweg, dem wir nach links folgen. An einem einzelnen Hof vorbei gelangen wir nach **Faislbach (4)**. Wer abkürzen will, hält sich hier links (Variante 1), alle anderen folgen der Straße rechts über den Zottbach nach **Georgenberg (5)**. Das Gasthaus Zum Ritter St. Georg liegt nur wenige Meter entfernt, der Berggasthof ca. 400 m (Weg beschildert) nach rechts. Der Weiterweg führt links, dann auf dem Glasschleifererweg (weißes Glas auf rotem Grund) rechts und am Rathaus vorbei bergan. Am Kohlenmeiler links in den Wald. Einen Forstweg queren und auf einem Hohlweg unmarkiert geradeaus weiter. Der Weg mündet in den mit M markierten Mühlenweg, dem wir nach rechts folgen. An der nächsten Gabelung ebenfalls rechts, gleich darauf in einer Rechtskurve geradeaus weiter und an der Hochmoorquelle vorbei zur **Mühle Gehenhammer (6)**. Nach gemütlicher Einkehr auf Glasschleiferer- und Nurtschweg (gelb-rot-gelb markiert) über das Bächlein mit dem kleinen Hammerwerk hinunter zum Parkplatz. Hier links und bald darauf rechts auf schmalem Waldweg über den Troidelberg. Am Waldrand erst gerade abwärts, dann am Ende des Fußballfelds auf einem Wiesenweg unmarkiert nach rechts. Am Holzschuppen wenden wir uns nach links und gehen durch Wald hinab nach **Neukirchen zu St. Christoph (7)**. Auf der Straße geradeaus weiter und gleich hinter einem weiteren Fußballplatz rechts zum Waldbad. Vor dem Bad folgen wir einem Pfad (Schild Privatweg) links hinab zum Jugendzeltplatz, gehen am Sanitärhaus links vorbei und dann einen Feldweg nach rechts. Der folgende Streckenabschnitt nutzt Privatgelände, deshalb die dringende Bitte, sich ruhig und freundlich zu verhalten. Auch erfolgt die Benutzung auf eigene Gefahr. Der Feldweg führt zu mehreren Fischweihern. Wir gehen gerade an einem langen Weiher entlang, schlüpfen durch den Durchlass in der Hecke und wenden uns scharf rechts erneut durch die Hecke und hinab zu der kleinen Steinbrücke. Über das Bächlein, gerade

Der 7-Insel-Weiher war im 14. Jh. Wasserspeicher eines Hammerwerks.

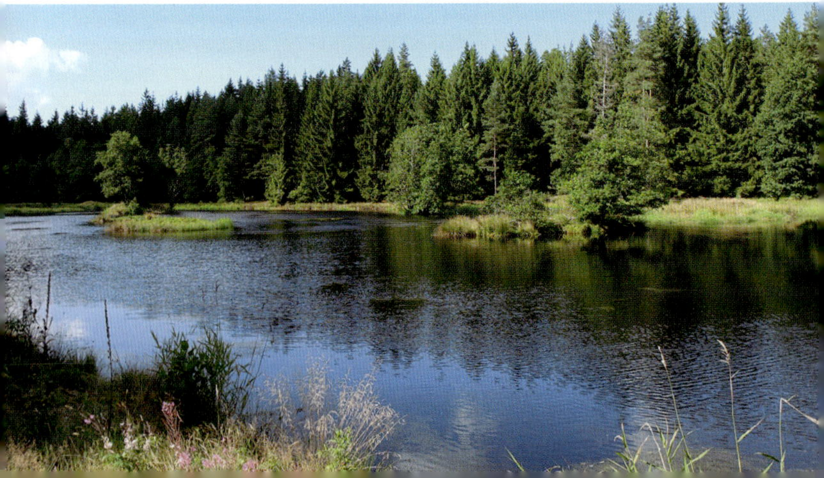

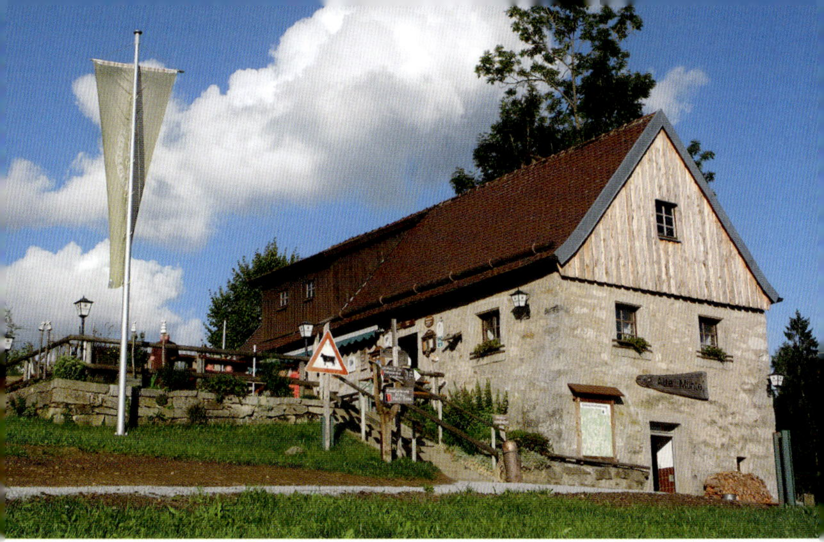

Mühle Gehenhammer – gemütliche Einkehr und kleines Museum.

am Weiher entlang, dann links um das Gelände der **Waffenschmiede** und auf der Zufahrt zur Straße. Hier nach rechts und abermals auf dem Glasschleifererweg in den Wald. Dieses Mal folgen wir dem querenden unmarkierten Forstweg nach links. Ca. 10 Min. später in einer lang gezogenen Rechtskurve biegen wir scharf links auf einen Forstweg ab, der über einen Parkplatz zur Talstraße führt. Rechts, gleich darauf links und, nun wieder auf dem Glasschleifererweg, zur **Danzerschleif (8)**. Das Zottbachtal entlang, über eine Wiese und links nach **Unterrehberg (9)**. Durch den Ort und am Gasthaus Zum Waldler Franz vorbei. Mit dem Glasschleifererweg wandern wir über die Talstraße hinweg und wenig später auf einem Forstweg nach links. Am Beginn des **7-Insel-Weihers (10)** können wir links zwischen dem unmarkierten Grasweg am Bauernbächl und dem in wenigen Metern Entfernung parallel dazu verlaufenden markierten Forstweg wählen. Ein kurzes Stück auf der Straße nach links, dann rechts auf einem Forstweg am Zottbach entlang. Links über zwei Stege führt der Weg zurück nach **Neuenhammer (11)** und zum Gasthaus im alten Hammerschloss, an das sich ein sehenswertes Privatkirchlein anschließt. Wenige Meter weiter ist unser Ausgangspunkt **Hammermühle (1)** erreicht.

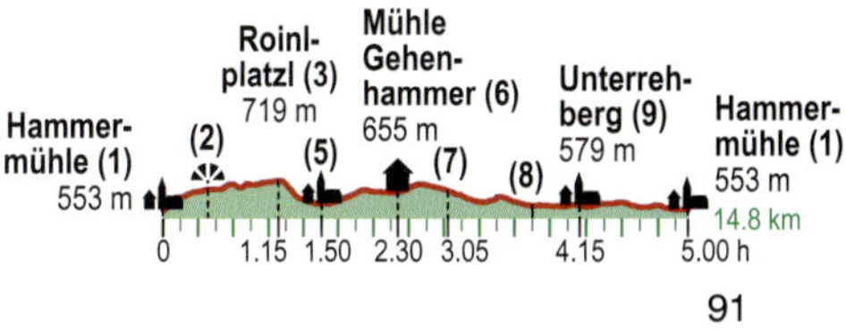

TOP 24

Über den Schellenberg, 826 m, auf den Havran, 894 m

3.30 Std.

Eine sagenhafte Ruine und Fernblick vom einstigen Militärturm

Auf 826 m Höhe erhebt sich die Burgruine Schellenberg, ein früheres Lobkowitzer Jagdschloss. Über eine Brücke besteigt man den hölzernen Aussichtsturm, der auf den Resten errichtet wurde. Bei Sonnenschein bietet sich hier ein fantastischer Ausblick. Die vielen Sagen rund um den Schellenberg hingegen sind vermutlich eher bei Nacht und Nebel entstanden; es heißt, es ginge hier in dunklen Nächten das Schellenbergmannl um. Heute bewacht ein hölzernes »Mannl« mit freundlichem Lächeln die Burgruine. Wenig später entdecken wir die Schauertanne, deren Nadeln noch heute vor Entsetzen zittern, weil einst an ihrem Fuße ein Ritter aus Eifersucht seinen eigenen Bruder getötet haben soll. Dann geht es hinauf auf den Gipfel des Havran (Rabenberg). Dort erwartet uns ein Aussichtsturm mit tollem Fernblick bis in die Alpen.

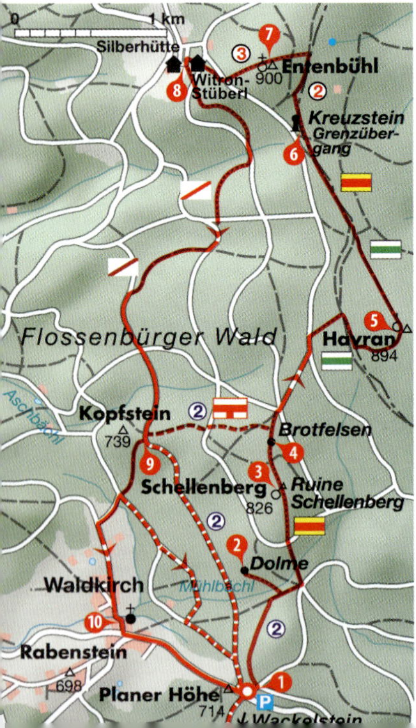

Ausgangspunkt: Parkplatz Planer Höhe, 714 m, von Waldkirch, 685 m, ca. 1 km Richtung Georgenberg (Navi: 92697 Waldkirch/Georgenberg).
Höhenunterschied: 340 m.
Anforderungen: Rundwanderung, ca. 13 km; meist wurzelige Pfade, auch Wald- und Forstwege, Anstieg zur Ruine.
Einkehr: Schutzhaus Silberhütte (Stand 2021: geschlossen), Witron-Stüberl bei der Silberhütte (wochenends geöffnet).
Variante: Hinter dem Brotfelsen mit rotem T und Nr. 2 nach links bis zum Bunkerhäuschen (9) absteigen und links mit Nr. 2 zurück (ca. 6 km, 2 Std.); oder weiter auf der Hauptroute über Waldkirch (10) (7 km; 2.15 Std.).
Tipp: Mühle Gehenhammer, ein Oberpfälzer Brotzeitstüberl mit Mühlenmuseum, vom Parkplatz ca. 2,5 km Richtung Georgenberg (vgl. Wanderung 23); Wackelstein, ca. 700 m südlich vom Parkplatz (Markierung W).

Hinter der Infohütte am **Parkplatz Planer Höhe (1)** beginnen wir unsere Runde auf Pfad Nr. 2. Ca. 15 Min. später lohnt ein kurzer Abstecher zu einer vorgeschichtlichen Grabkam-

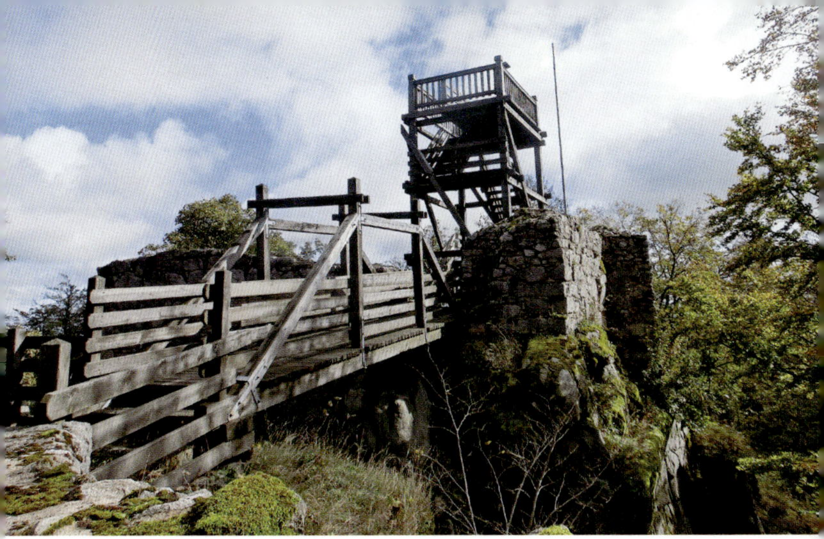

Grandiose Aussicht bietet die Plattform auf der Ruine Schellenberg.

mer, einer sog. **Dolme (2)** am Bärenfels. An der Waldwegkreuzung Tafelbuche stößt der gelb-rot-gelb markierte Nurtschweg hinzu und wir steigen links auf steinigem Pfad hinauf zum Gipfel des **Schellenbergs (3)**. Die hölzerne Aussichtsplattform der Ruine Schellenberg erreicht man auf einem etwas mühsamen Anstieg, der beim hölzernen Mannl seinen Ausgang nimmt. Der markante **Brotfelsen (4)** ist schnell erreicht, hinter ihm kann die Wanderung nach links abgekürzt werden (Variante). Zum Havran geht es auf dem Nurtschweg geradeaus über eine Fünf-Wege-Kreuzung hinweg. Ein kurzes Stück auf breitem Forstweg (Loipe), am Querweg links und am Schild »Schauertanne« rechts zur Landesgrenze. Dort folgen wir der grün-weißen Markierung zum Aussichtsturm etwa 100 m nach rechts, dann links bergan. Die Markierung führt uns hinauf zum 894 m hohen **Havran** (**5,** Rabenberg) mit Schutzhütte. Wir genießen die Fernsicht vom Aussichtsturm, einem umgebauten Militärturm, dann verlassen wir das Gelände Richtung Norden und wandern grün-weiß markiert wieder hinab zum Grenzpfad, wo uns der Nurtschweg rechts zum Grenzübergang für Wanderer und Langläufer am **Kreuzstein (6)** leitet. Nun folgen wir dem Rundwanderweg 2 Richtung Bärnau und Naabquelle erneut an der Grenze entlang. Am Ab-

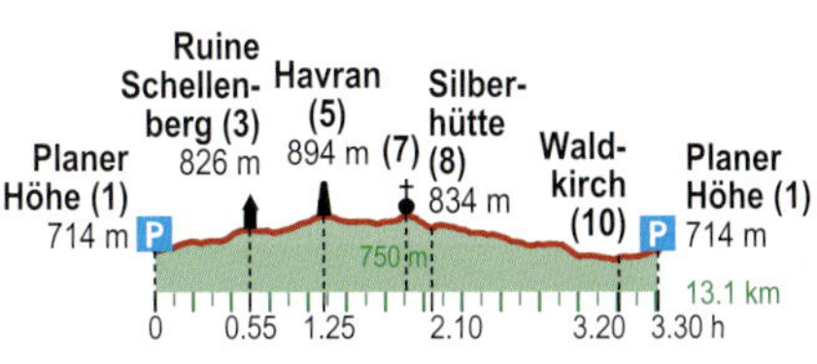

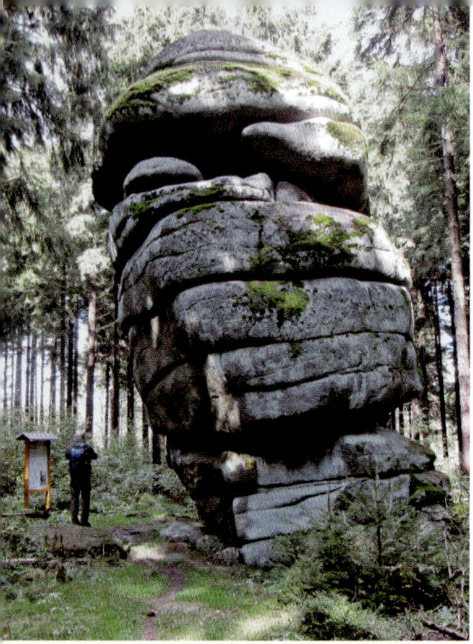

Wie ein Stapel Brotlaibe ragt das Naturdenkmal Brotfelsen in die Höhe.

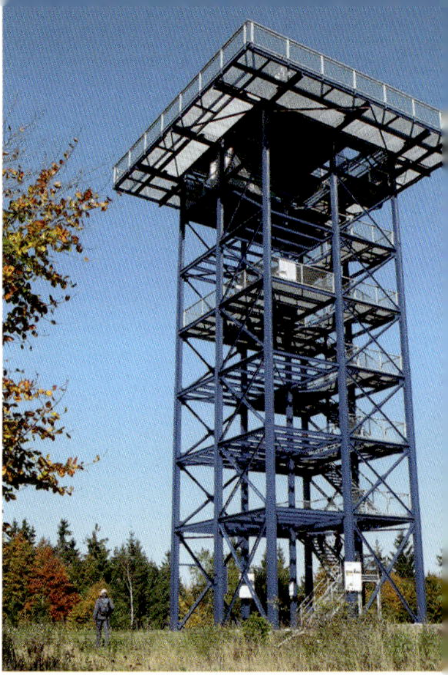

Der 24 m hohe Aussichtsturm auf dem Havran war früher ein Militärturm.

zweig mit dem Schild »Kapelle 200 m« und Weg Nr. 3 links auf nahezu senkrecht ansteigendem Pfad über einen Querweg hinweg zum 900 m hohen **Entenbühl (7)** mit der Hubertuskapelle. Ein Pfad führt auf der anderen Seite steil hinab zum Nurtschweg, dem wir nach rechts bis zur **Silberhütte (8)** folgen. Dem Schild »Flossenbürg-Mitte« und dem roten Schrägstich folgend, gehen wir links über die Terrasse der Silberhütte und an ihrer Rückseite bergan. Wir queren einen Forstweg und folgen der Flutlichttrasse. 300 m weiter biegen wir mit dem roten Schrägstrich rechts ab und folgen dem Forstweg kurz links, dann geht es stets der Markierung folgend rechts einen Waldweg abwärts. Etwa 5 Min. später darf man den Pfad nach links nicht übersehen. Über einen Forstweg hinweg gelangen wir zu einem zweiten, gehen links und 3 Min. später einen Waldweg rechts hinab. Am nächsten Forstweg biegen wir links ein und gehen an der folgenden Forstwegkreuzung auf unmarkiertem Forstweg geradeaus bis zu einem ehemaligen **Bunkerhäuschen (9)**, an dem wir auf die Variante treffen. Nr. 2 führt gerade auf dem kürzesten Weg zurück zum Parkplatz. Hinter dem Häuschen (ehemalige Markierung roter Querstrich) wandern wir auf einem grasigen Waldweg rechts hinab. Kurz vor dem Waldrand können wir auf dem Querweg noch einmal abkürzen. Gerade aus dem Wald und links nach **Waldkirch (10)**. Im Ort gehen wir hinter der Kirche die Fahrstraße links zurück zum **Parkplatz Planer Höhe (1)**.

Flossenbürg – Welt des Granits

Impressionen von der faszinierendsten Burgruine im Oberpfälzer Wald

Die Ruine Flossenbürg ist das weithin sichtbare Wahrzeichen des Naturparks Nördlicher Oberpfälzer Wald und ein Muss für jeden Besucher der Region. Die Burg wurde einst auf einem markanten Granitkegel erbaut; ihre Überreste erstrahlen bei einer Umrundung aus jedem Blickwinkel neu. Besonders eindrucksvoll ist der Blick vom ehemaligen Steinbruch aus. Wie Zwiebelschalen wirken die Schichten des Granits. Eine weltweit bedeutende Rolle spielt der Flossenbürger Granit auch heute noch, obwohl von den einst 40 Steinbrüchen nur noch vier in Betrieb sind.

Ausgangspunkt: Flossenbürg, 660 m, Parkplatz hinter dem Kiosk »An der Burg« gegenüber vom Friedhof (Navi: 92696 Flossenbürg, Rumpelbachstraße).
Höhenunterschied: 240 m.
Anforderungen: Runde, ca. 9 km; schöne Wald- und Feldwege, Pfad am Gaisbachkanal, kurze, kräftige Anstiege zur Burgruine und am Tourenende.
Einkehr: Café-Restaurant Gaisweiher (Stand 2021: geschlossen, Pächtersuche).
Tipp: Flossenbürger Burg- und Steinhauermuseum in der Silberhüttenstraße (Juni bis Sept. So 13–16 Uhr), KZ-Gedenkstätte Flossenbürg, Naturbad Gaisweiher.

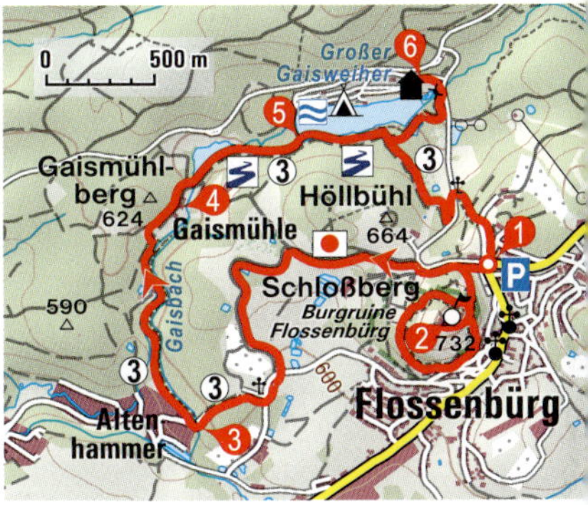

Vom Parkplatz in **Flossenbürg (1)** folgen wir, die Ruine im Blick, rechts der Straße (Richtung Sportplatz), um gleich darauf links in den Fußweg zur Ruine einzubiegen. Auf halbem Weg treffen wir auf die Infotafel zum »Weg des Granits« und folgen dem Rundweg nach links. Der Weg fällt ab und leitet uns um den Schloßberg bald rechts ansteigend zum einstigen Steinbruch mit Geotop-

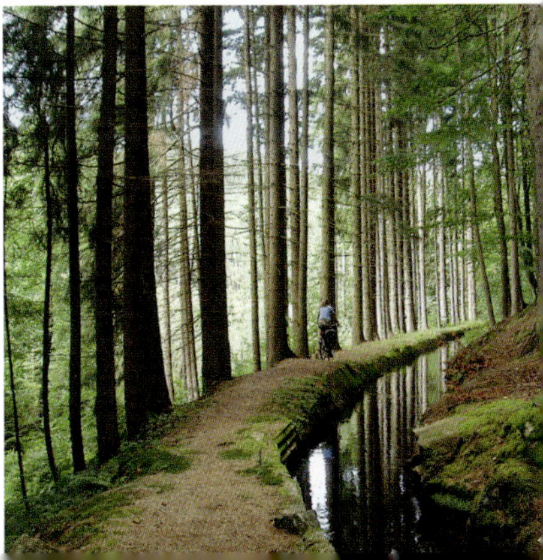

Der Wanderpfad am Mühlenkanal führt uns zur Pension Gaismühle.

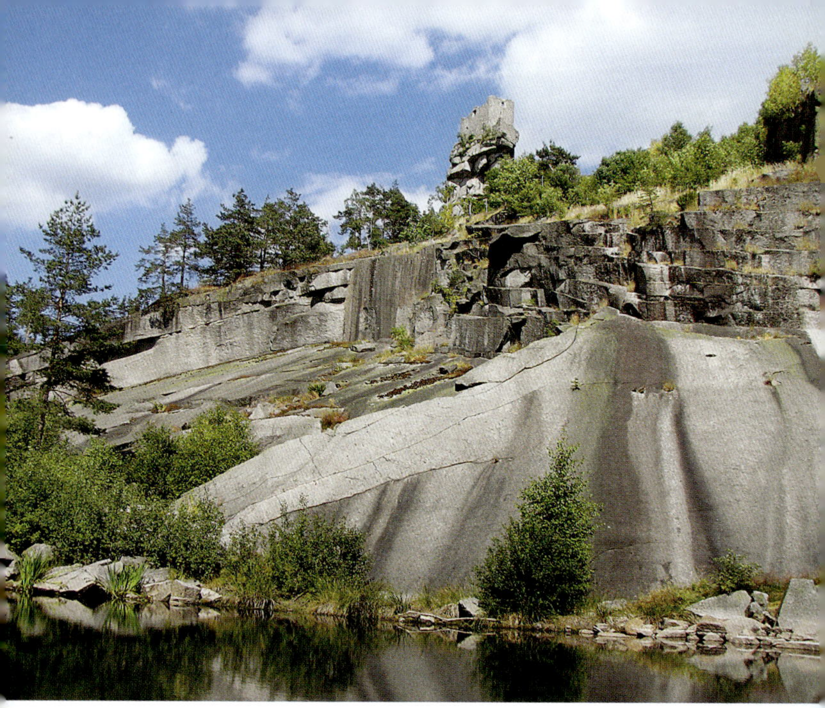

Der ehemalige Steinbruch zeigt den Flossenbürger Granit in seiner ganzen Schönheit.

Infotafel und herrlichem Blick über die Schichtung des Granits hinauf zur Ruine. Nach einem Aussichtspunkt wählen wir den Pfad nach rechts steil hinauf zur **Ruine Flossenbürg (2)**, die mit einer fantastischen Aussicht belohnt. Anschließend steigen wir auf direktem Weg zurück zur Straße und gehen nach links. In der Rechtskurve folgen wir dem roten Punkt in den zweiten Feldweg, den »Sonnenweg«, nach links. Am beschilderten Abzweig links Richtung Altenhammer und an mehreren alten Steinbrüchen vorbei, bei denen man einen Blick in die Tiefe riskieren kann. An der Straße gehen wir nun mit Wanderweg Nr. 3 markiert rechts. Am Schild »Steinbrüche Arge« geht es abermals nach rechts, dann links am Trafohäuschen vorbei zum Ortsrand von **Altenhammer (3)**. Über die Brücke, dann rechts am Gaisbachkanal entlang. Kurz vor der Gaismühle biegen wir mit der Nr. 3 links ab und queren den Gaisbach und eine Wiese. Am Fahrweg wandern wir rechts mit dem blauen S eines Goldsteigzuwegs an der **Pension Gaismühle (4)** vorbei und am Kleinen Gaisweiher entlang durch den Wald, bis der Badesee **Großer**

Gaisweiher (5) mit Campingplatz auftaucht. Idyllische Badeplätze laden zum Schwimmen ein. Wir gehen geradeaus am See entlang, bis wir kurz vor dem Ende des Sees wieder auf die Markierung 3 treffen. Wir können ihr rechts bergan folgen, wenn wir uns gleich auf den Rückweg nach Flossenbürg begeben wollen. Wer eine Einkehr auf der Seeterrasse genießen möchte, geht indessen geradeaus weiter und am Seeende links zum Strandbad. Oberhalb befindet sich das **Café Restaurant Gaisweiher (6)**. Zurück am Abzweig von Weg Nr. 3 wandern wir den Waldweg bergan. Aus einem großen Felsen am Weg ragt ein »Elefantenrüssel«. An der Straße gehen wir links hinab, an einem Brunnen vorbei zu einer Parkbucht. Hier biegen wir scharf rechts in den Wald ein und steigen den Pfad bergan. An einer Gabelung nehmen wir vor den Granitpfosten den steilen Pfad links hinauf. Auf dem Sträßchen wenden wir uns nach rechts und kehren zurück zum Parkplatz in **Flossenbürg (1)**.

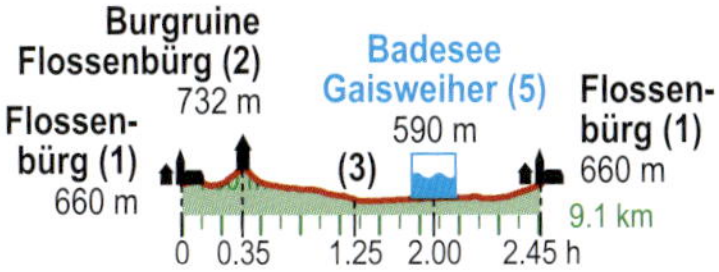

Der Badesee Gaisweiher mit Campingplatz und Seerestaurant.

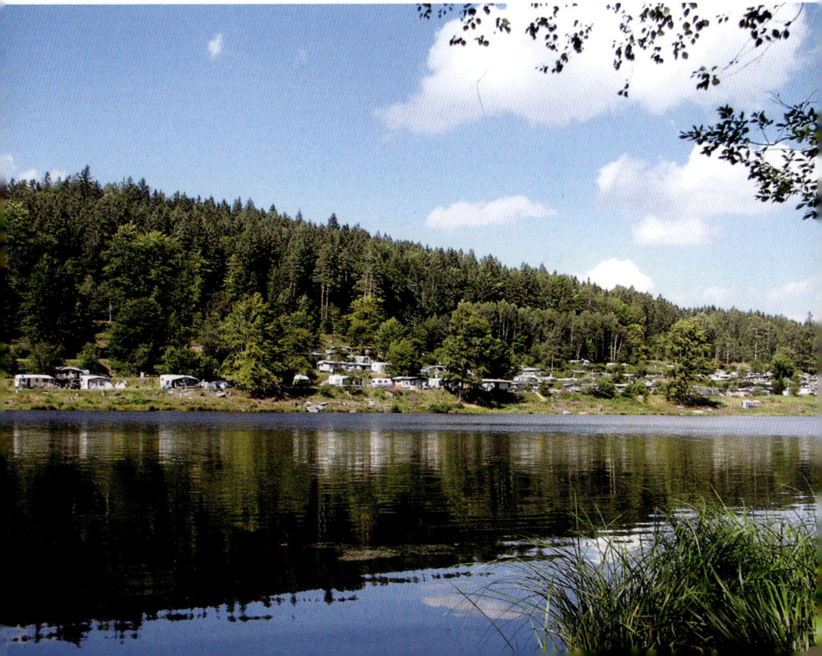

26 Über den Haselstein, 705 m, zum Mittelpunkt Mitteleuropas

4.00 Std.

Immer wieder im Blick: die markante Ruine Flossenbürg

Jede Mitte ist abhängig von ihrer geometrischen Definition. Im 18. Jahrhundert verortete man die Mitte Europas auf der Hälfte der Strecke zwischen den Städten Lübeck und Triest. Inzwischen ist ein Punkt am Rande von Hildweinsreuth als zumindest Mitteleuropas geografische Mitte bestätigt. Er wurde 1985 mit einer gewölbten Erdscheibe aus Granit markiert. Die kleine Parkanlage, die um diese Scheibe herum entstand, bietet sich als willkommener Rastplatz an, nachdem wir den Haselstein hinter uns gelassen haben. Unweit von Hildweinsreuth wurde im 19. Jahrhundert in Folge trigonometrischer Messungen übrigens auch der Mittelpunkt Gesamteuropas verortet; er liegt nahe des oberpfälzischen Kurorts Neualbenreuth.

Ausgangspunkt: Konradsreuth, 520 m. Zufahrt: Von Floß Richtung Plößberg, nach ca. 1 km im Ortsteil Ziegelhütte rechts (Navi: 92685 Konradsreuth/Floß).
Höhenunterschied: 420 m.
Anforderungen: Bergige Rundtour, ca. 14 km; meist Wald- und Forstwege.

Einkehr: Café-Restaurant Gaisweiher (2021 geschlossen, Pächtersuche).
Tipp: Naturbad Gaisweiher, Ruine Flossenbürg, Panorama-Rundweg (4 km, 1 Std.): Forstweg mit vielen Rastbänken und Aussichtspunkten, Start am Parkplatz oberhalb von Sankt Ötzen.

In **Konradsreuth (1)** folgen wir gegenüber der Bushaltestelle dem roten Rechteck auf einem Feldweg auf den Wald zu. An der Gabelung am Waldrand halten wir uns mit der Markierung links und wandern auf gut markierten Waldwegen leicht bergan. Nach einem kurzen Abschnitt auf Forstweg steigt der Weg immer steiler hinauf zum Gipfel des **Haselstein (2)**. Am Beginn des Gipfelfelsens entdecken wir einen versteinerten Wachhund. Durch ein steinernes Tor und über in den Fels gehauene Steinstufen erklimmen wir die

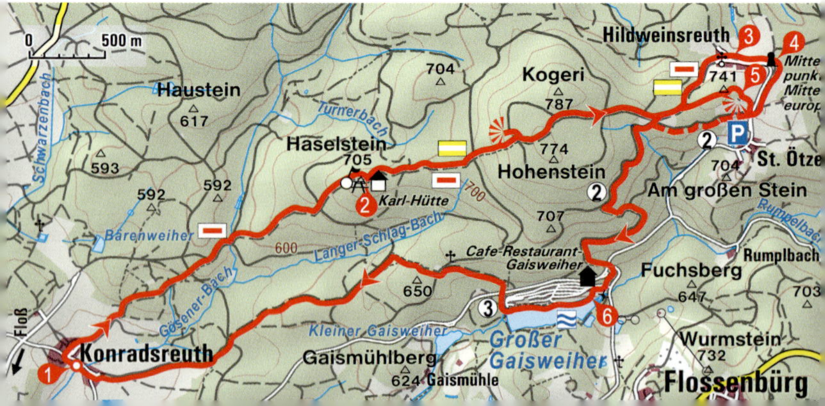

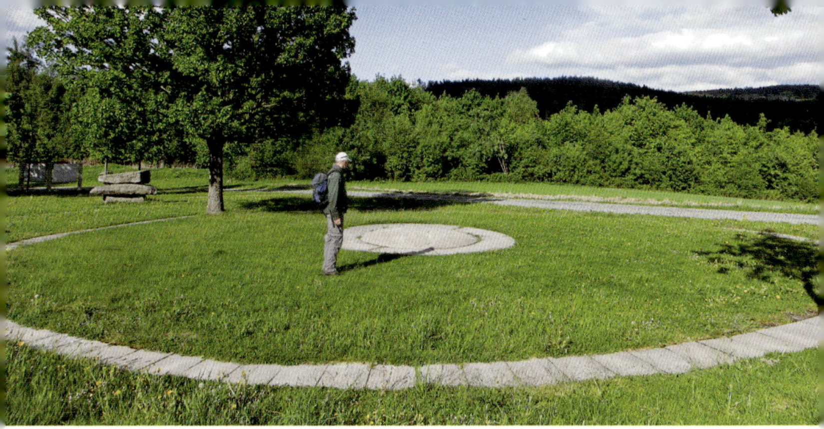

Der Mittelpunkt Mitteleuropas in einer Grünanlage mit Infotafeln bei Hildweinsreuth.

Jägerhütte. Der Blick öffnet sich zur Ruine Flossenbürg (vgl. Wanderung 25) im Süden und zum Vulkankegel Parkstein im Westen. 50 m weiter finden wir in der Karl-Hütte Informationen zur Burgruine. Wir setzen die Tour mit dem roten Rechteck fort, wenig später stößt der gelb-weiß-gelb markierte Oberpfalzweg hinzu. Wir überqueren einen Forstweg, steigen steil bergan und erreichen einen zweiten. Ein Abstecher ein paar Meter nach links führt zum teils verwachsenen Aussichtspunkt Panoramablick. Zurück an der Kreuzung geht es unmarkiert links auf einem Pfad über den Bergrücken und auf dem nächsten Forstweg mit dem Panoramaweg nach rechts. An der Wegkreuzung, nun wieder mit rotem Rechteck und Oberpfalzweg, geradeaus weiter. Beide Markierungen führen uns links nach **Hildweinsreuth (3)**. Am Ende der Ortschaft liegt in einer kleinen Parkanlage mit Infotafeln der **Mittelpunkt Mitteleuropas (4)**. Der Weiterweg führt auf der Straße ca. 300 m mit dem Oberpfalzweg nach rechts zu einem Parkplatz mit Wanderschildern, wo wir scharf rechts abbiegen. An dem orangefarbenen Pfosten vorbei steigen wir am Wiesenrand hinauf zu einem Gedenkkreuz und dann links entlang zu **Evas Bankerl (5)**. Von hier genießt man den herrlichen Blick auf die Ruine Flossenbürg. Nun entweder auf gleichem Weg wieder zum Parkplatz absteigen und rechts dem Wanderweg 2 und dem Panoramaweg folgen, oder schöner, rechts hinter dem Bankerl kurz dem Waldrand zu einer weiteren Bank (50 m) folgen. Dort links weglos in den

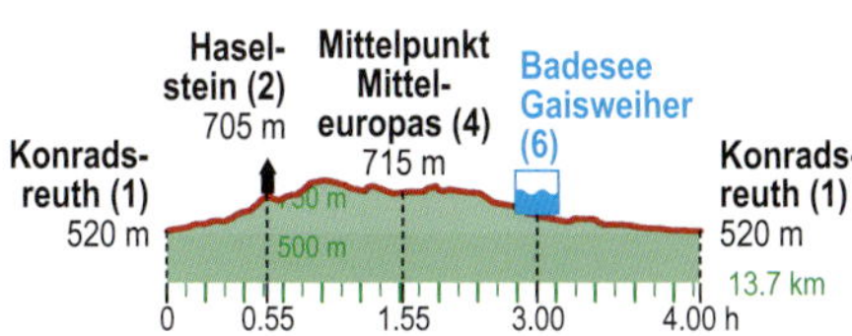

Wald und am Querweg abermals links. Nach 200 m entdecken wir rechts vom Weg einen Felsen mit Leiter, dann stoßen wir wieder auf den Oberpfalzweg und gehen links. An der bereits bekannten Wanderkreuzung mit Wanderweg 2 geradeaus (vom Panormaweg kommend links) und für ca. 10 Min. einen schlängelnden Forstweg entlang, bis ein Grasweg nach links abzweigt. Der Weg zieht in einer Linkskurve hinab, dann geht es, stets der 2 folgend, auf einem Forstweg nach rechts, bis uns ein Pfad links zu Straße und Parkplatz leitet. Zum **Badesee** und zum **Café-Restaurant Gaisweiher (6)** führt ein Weg gerade über den Parkplatz, dann hinab und rechts zum See. Der Rückweg folgt dem Fußweg vom Strandbad rechts am See entlang unterhalb der Campinganlage. Am Ende folgen wir dem Wanderweg 3 rechts am Zaun entlang hinauf zur Straße und unmarkiert geradeaus auf einem Pfad in den Wald. An der nächsten Kreuzung (nach ca. 60 m, Wanderweg 1 trifft hier hinzu) biegen wir links in einen Grasweg ohne Markierung. Am Forstweg links und am Ende der Lichtung gleich wieder nach rechts. Der Grasweg gabelt sich nach 100 m und wir wandern sporadisch mit der 1 markiert geradeaus bergab, bis wir wieder auf einen Forstweg treffen. Nun links und ca. 5 Min. eben entlang, dann fällt der Weg kurzzeitig leicht ab. Den Abzweig nach rechts lassen wir außer Acht und nehmen 50 m weiter einen Grasweg nach rechts. Gut 10 Min. später geht es schräg nach links über einen Forstweg hinweg. An einigen Holzschuppen mit Rastbank vorbei, leitet uns ein Feldweg zurück nach **Konradsreuth (1)**.

»Evas Bankerl« – meine Lieblingsbank mit Blick zur Ruine Flossenbürg.

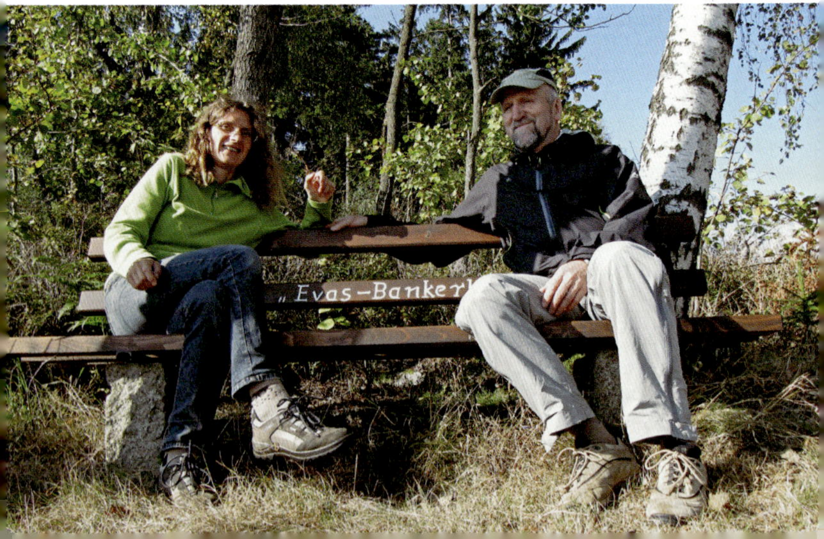

4.30 Std.

Bleikristall und Wallfahrt um Neustadt a. d. Waldnaab

27

Reizende Tälchen und schmucke Kirchen

Mit einer kleinen Busfahrt nach Neustadt a. d. Waldnaab, auch Stadt des Bleikristalls genannt, starten wir in diese Tour. Das Glasmuseum und die Schlösser der Lobkowitzer warten hier auf unseren Besuch. Anschließend geht es durch das Waldnaabtal nach Wurz. Hier finden im Pfarrhof alljährlich die Wurzer Sommerkonzerte statt. Ziel unserer Wanderung ist die Wallfahrtskirche St. Quirin mit ihrem sehenswerten Akanthusaltar. Derlei reichlich verzierte Altäre kamen ursprünglich von Böhmen nach Bayern und sind typisch für den Oberpfälzer Wald.

Ausgangspunkt: Neustadt a. d. Waldnaab, 419 m, Stadtplatz; mit Bus vom Parkplatz in Wöllershof beim Bezirkskrankenhaus (Navi: 92721 Wöllershof/Störnstein).
Höhenunterschied: 330 m im Aufstieg, 300 m im Abstieg.
Anforderungen: Streckenwanderung, ca. 15 km; Wald-, Feld- und Wiesenwege.
Einkehr: Mehrere in Neustadt a. d. Waldnaab, Lipperthof bei Erkan (Mo Ruhetag, Tel. +49 9602 6163523) und Metzgerei Schedl in Wurz.
Variante: Wer die Tour als Rundwanderung laufen möchte, parkt am besten an der Freizeitanlage (2) in Neustadt a. d. Waldnaab und wandert die Tour wie beschrieben nach Wöllershof (9). Der Weiterweg (rote Raute) führt zur Straßenunterführung, dann rechts und an den ersten Häusern von Neustadt a. d. Waldnaab entlang. Kurz vor dem Aldimarkt biegen wir rechts in einen Fußweg, dann die nächste Straße nach links. Mit der Markierung »grüner Punkt« rechts hinunter zum Campingplatz (17 km, 4.45 Std.; der zusätzliche Streckenabschnitt verläuft auf Asphaltwegen).
Tipp: Altes und neues Schloss der Lobkowitzer, Wallfahrtskirche St. Felix mit Kloster, Stadtmuseum (Di–Fr 14–16 Uhr, Apil–Okt. auch Sa–So 14–17 Uhr) und Flussbad in Neustadt a. d. Waldnaab, Wurzer Sommerkonzerte im Innenhof des Historischen Pfarrhofs (Ende Juli bis Anfang Sept., www.wurzersommerkonzerte.de).
Hinweis: Der Bus 6295 von Wöllershof nach Neustadt a. d. Waldnaab verkehrt ab der Haltestelle Wöllershof/Krankenhaus Mo bis Fr stündl. von 06:03–19:03 Uhr, Sa um 09:03 Uhr, 12:03 Uhr und 13:03 Uhr, So um 13:33 Uhr und 17:33 Uhr.

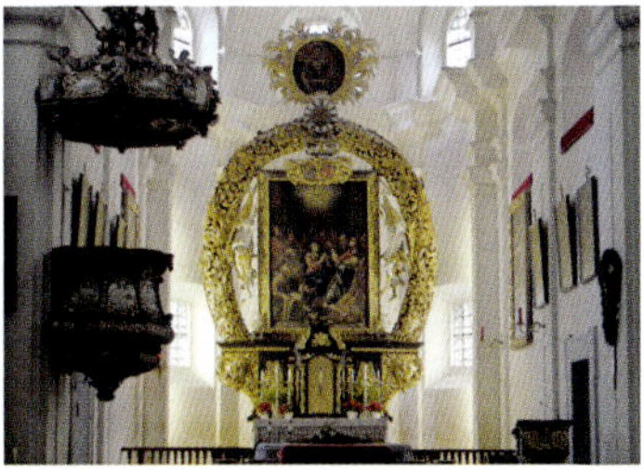

Der reich verzierte Akanthusaltar in der Wallfahrtskirche St. Quirin.

Wir fahren von **Wöllershof (9)** mit dem Bus Nr. 6295 zur Haltestelle Stadtplatz in **Neustadt a. d. Waldnaab (1)**. Vom Stadtplatz wandern wir auf dem Goldsteig (markiert mit gelbem S) oberhalb der Waldnaab in Richtung Windischeschenbach zur **Freizeitanlage (2)** mit Camping- und Waldnaabbadeplatz. Über den Steg, dann auf dem Goldsteig weiter flussaufwärts. Am

Ortsschild von **Mühlberg** bietet sich die Möglichkeit, links einen kleinen Umweg über die romanische Wallfahrtskirche St. Anna auf dem Mühlberg zu unternehmen. Der mit gelbem Punkt markierte Weg trifft etwa 1 km hinter der Wallfahrtskirche wieder auf den Goldsteig. Der Goldsteig selbst verläuft gut markiert am Fuß des Mühlbergs entlang und dann in den Wald oberhalb des Waldnaabtals. Nach knapp 30 Min. wandern wir auf der Höhe von Denkenreuth auf einem Sträßchen kurz nach rechts, zweigen aber gleich wieder links ab und steigen bald auf schmalem Pfad hinab zur Waldnaab. Wir folgen ihrem Lauf und erreichen hinter der Passstrecke für Islandpferde die **Hutzlmühle**. Auf der Straße rechts über die Waldnaab. An der nachfolgenden Kreuzung den Goldsteig verlassen und erneut rechts Richtung Wurz. Gleich darauf, noch vor den ersten Häusern, wenden wir uns abermals nach rechts und nehmen den häufig von Pferden benutzen Pfad am Hang entlang. Nach einer Linkskurve an den Koppeln des bedeutendsten Islandpfer-

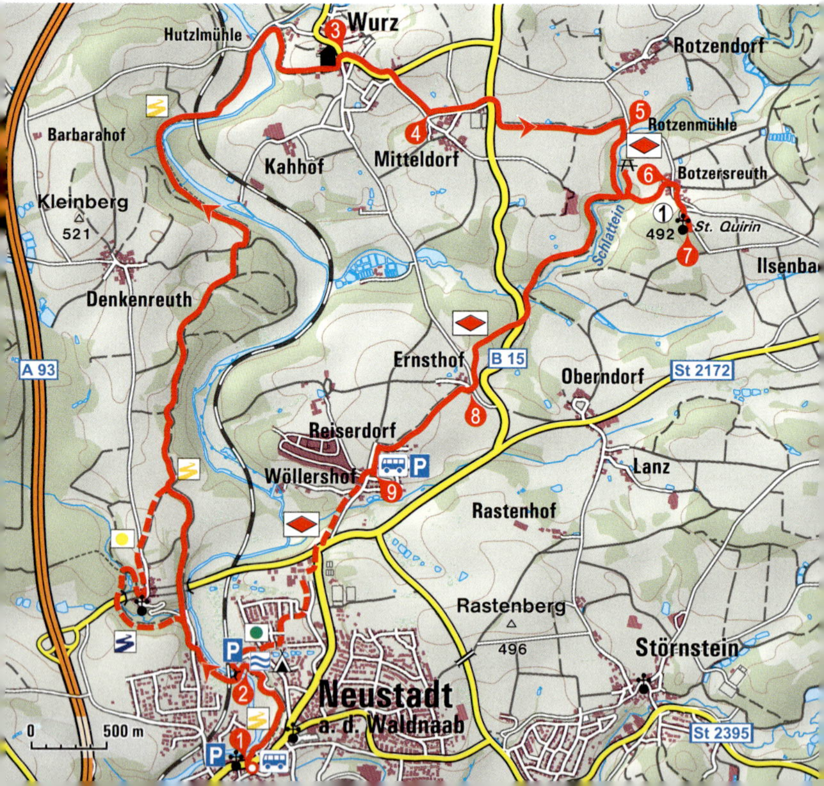

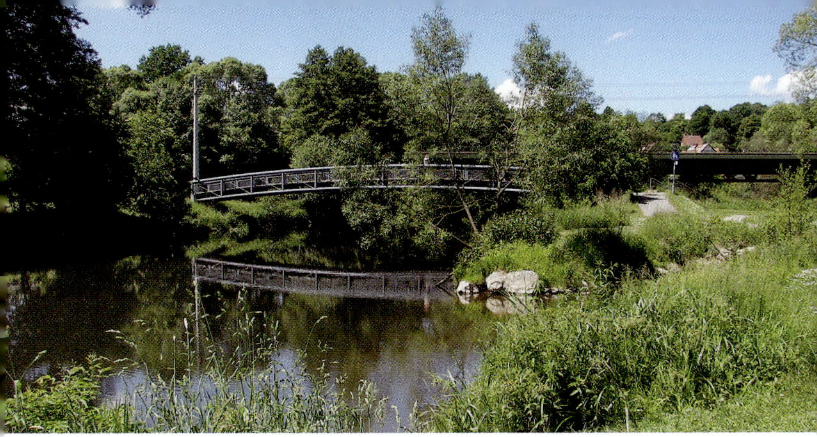

Flussbad beim Campingplatz mit Freizeitanlage in Neustadt a. d. Waldnaab.

degestüts der Region vorbei, dann halten wir auf die Kirche von **Wurz (3)** zu. An der Pizzeria links, dann rechts über den Kirchplatz und auf der Neustädter Straße bis zum Abzweig nach Mitteldorf. Rechts und bis zum Ortsschild von **Mitteldorf (4)**, dort links und an den Sportanlagen vorbei zur B 15. Wir queren die Straße und folgen dem Wiesenweg, der anfangs parallel zur Straße verläuft und erst auf Höhe des einzelnen Baumes gegenüber vom Sportplatz links abzweigt. An zwei kleinen Weihern vorbei und gerade an einem Wassergaben entlang zu einer Straße. Auf dieser geht es zusammen mit dem Skulpturenweg nach rechts; kurz darauf ist die **Rotzenmühle (5)** erreicht. Nun mit roter Raute markiert rechts dem Schlatteinbachtälchen folgen. Knapp 10 Min. später biegen wir an einem Brücklein mit Nr. 1 für einen Abstecher links, hinauf zur Wallfahrtskirche St. Quirin. Vor den beiden Ritterfiguren können wir einem Steig nach links über ein Steinbrücklein zu einem Rastplatz im Steinbruch folgen. Rechts geht es an den Resten der Kronmühle vorbei hinauf nach **Botzersreuth (6)** und rechts zur Wallfahrtskirche **St. Quirin (7)**. Seit der Grenzöffnung lebt die Wallfahrtstradition wieder auf. Ein markierter Wanderweg verbindet St. Quirin mit der Wallfahrtskirche Maria Kulm in Tschechien. Auch der zwölf Kilometer lange Skulpturenweg mit Werken einheimischer Künstler und Gesteinen, die die Geologie der Region veranschaulichen, startet in St. Quirin. Zurück auf der Hauptroute folgen wir weiter der roten Raute, queren erneut die B 15 und erreichen über **Ernsthof (8)** den Parkplatz in **Wöllershof (9)**.

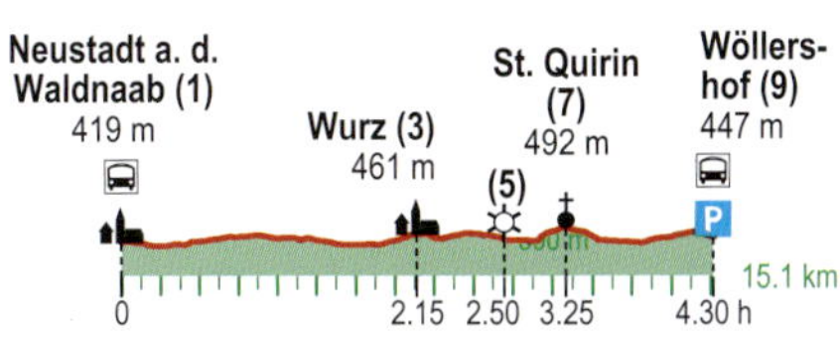

28 Von Bärnau zum Grenzort Hermannsreuth

2.45 Std.

Über den Grenzlandturm auf Grenzwegen nach Hermansreuth

Mitte des letzten Jahrhunderts lebten in Bärnau bis zu 70 Fabrikanten von der Herstellung edler Perlmuttknöpfe. Heute werden vom einzig verbliebenen Hersteller überwiegend Kunststoff- und Metallknöpfe gefertigt. Unsere Wanderung führt uns von der Steinbergkirche am Ortsrand auf dem Wanderweg »Goldene Straße«, einst ein bedeutender Handelsweg zwischen Nürnberg und Prag, zum malerischen Grenzlandturm. Hier bietet sich ein herrlicher Blick auf das Tachauer Land im benachbarten Tschechien. Über einen aussichtsreichen Grenzweg erreichen wir Hermannsreuth, dessen direkt angrenzender Nachbarort Hermannsreith nach dem Zweiten Weltkrieg vollständig zerstört wurde.

Ausgangspunkt: Bärnau, Parkplatz bei der Steinbergkirche, 695 m, an der Umgehungsstraße nach Tachau auf der linken Seite (Navi: 95671 Bärnau).
Höhenunterschied: 250 m.
Anforderungen: Rundwanderung, ca. 10 km, meist auf markierten Wald- und Feldwegen.
Einkehr: Bärnau; am Geschichtspark.

Tipp: Deutsches Knopfmuseum (geöffnet April–Okt. Do–So und Feiertag 13–17 Uhr, www.deutsches-knopfmuseum.de, Tel. +49 9635 1830), Geschichtspark (geöffnet März–Nov. Di–So 10–18 Uhr, Audioguides stehen kostenlos zur Verfügung, www.geschichtspark.de, Tel. +49 9635 9249975), Badesee Moorweiher.

Vom Parkplatz bei der Steinbergkirche in **Bärnau (1)** wechseln wir die Straßenseite und folgen der Markierung »Goldene Straße« (rotes Wappen) links in den Wald. Nach ca. 10 Min. erreichen wir ein Sträßchen und folgen der Markierung rotes Eichhörnchen nach rechts. Kurz darauf weist ein Schild rechts zur **Tillyschanze (2)**, einer um 1611 erbaute Wehranlage. Zurück am Sträßchen geht es hinauf zum **Grenzlandturm (3)**. Einen schönen Ausblick ins Tachauer Land gibt es etwas weiter von den Aussichtsbänken oder von der **Schutzhütte Steinberg (4)**. Wir wenden, gehen das Grenzsträßchen zurück und folgen dann dem Wiesenrand entlang der Grenzpfosten zum Grenzübergang. Ist der Weg unpassierbar, bleiben wir auf dem Sträßchen und laufen dann rechts neben der Straße zum Grenzübergang. Auf der anderen Straßenseite nehmen wir den Feldweg an der Grenze entlang, der gelegentlich noch mit Nr. 2 markiert ist. Den wunderbaren Blick über Bärnau können wir bald auf einer **Aussichtsbank (5)** noch besser genießen. Am Grenzstein 37 schwenkt der Grenzweg nach links und erreicht wenig später einen Asphaltweg. Bald schon erreichen wir einen beschilderten **Grenzübergang (6)** mit Infotafeln und wechseln nach Tschechien. Rote Markierungen leiten uns nun links in einen alten Buchenwald, dann auf einem Pfad nach rechts zu den Resten einer Panzersperre und zu einem Soldatengrab. Unser Weiterweg

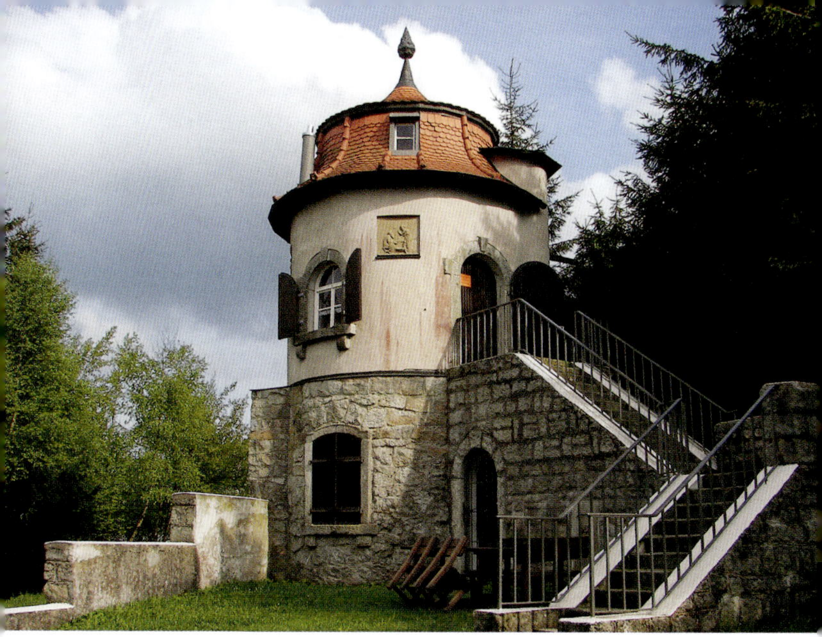

Der hübsche Grenzlandturm von Bärnau blickt nach Tschechien.

führt uns nach links auf einem Wiesenweg auf die Häuser von Hermannsreuth auf deutscher Seite zu. Rechts und links vom Weg standen bis nach dem Ende des Zweiten Weltkriegs die Häuser von Hermannsreith. An den komplett verschwunden Ort erinnert nur noch eine Infotafel am Ortseingang von **Hermannsreuth (7)**, die die Lage der Häuser und die Namen der einstigen Besitzer dokumentiert. Eine kuriose Geschichte ereignete sich beim Haus Nr. 17, dem Bauernhof ein paar Meter weiter rechts. 1965 entbrannte hier ein Streit um einen Misthaufen und ein Klohäuschen, der es bis in die überregionale Presse schaffte. Ein Jahr dauerten die Streitigkeiten um das kleine Gartengrundstück an, das bis heute auf tschechischem Gebiet liegt, bis die Tschechen einlenkten und es für eine geringe Abgabe von den Besitzern des Gehöfts gepachtet werden konnte. Drei Grenzsteine kennzeichnen die Grenze im Garten des Hofes. Wir wandern links durch den Ort, an der Kapelle vorbei und folgen dann der gelb-rot-gelben Markierung des Nurtschweges und

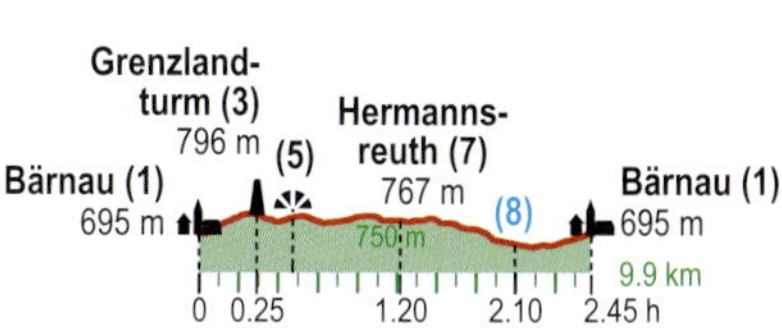

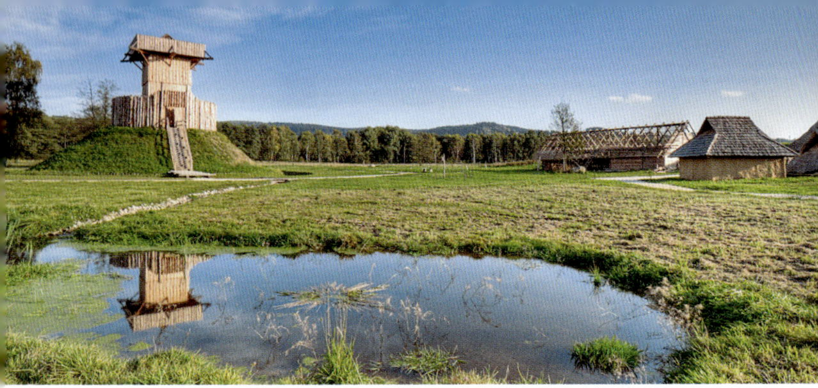

Mittelalter erleben im Geschichtspark Bärnau-Tachov.

dem blauen S nach links bis zum Kulturstadel. Dort kurz links, dann rechts auf den Wald zu. Rechts am Hang liegen die Häuser von Hermannsreuth Siedlung, wo sich die vertriebenen »Hermansreither« niedergelassen haben. Im Wald leitet uns die Markierung bald links zu einer Lichtung mit Hütte, dann rechts hinab und links, an einigen Weihern vorbei. Am Waldrand führt uns ein Sträßchen mit freiem Blick rechts hinab und dann links auf zahlreiche **Fischweiher (8)** zu. Hier geht es gut markiert rechts auf einem Grasweg oberhalb der Weiher weiter. Am nächsten asphaltierten Querweg zweigen wir ohne Markierung nach links und vor einem Wäldchen den nächsten Feldweg nach rechts. Bereits 5 Min. später schwenkt Weg nach rechts, hier biegen wir links in einen Grasweg ein, der an Weihern vorbei erneut bergan führt. Die Steinbergkirche im Blickfeld, müssen wir am nächsten Querweg noch einmal nach rechts, um dann links die herrliche Allee zur Steinbergkirche »Zum gegeißelten Heiland« aufzusteigen und rechts zum Parkplatz in **Bärnau (1)** zurückzukehren.

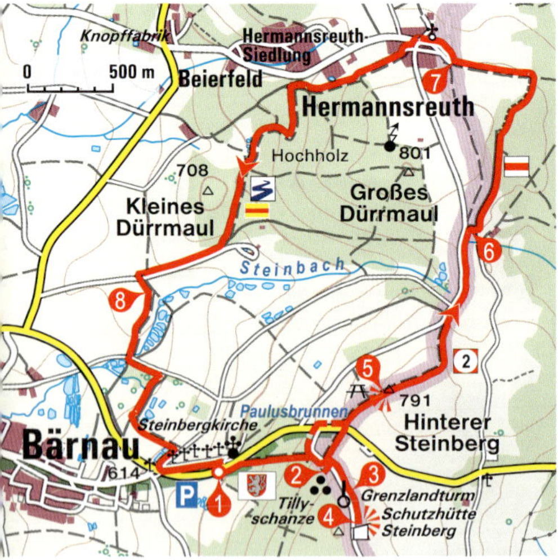

3.00 Std.

Reise zum Mittelpunkt der Erde

29

Rundtour zwischen Zoiglbier und Kontinentaler Tiefenbohrung

Windischeschenbach, die Hochburg des Zoiglbiers, das liebliche Fichtelnaabtal und das GEO-Zentrum der Kontinentalen Tiefenbohrung (KTB) stehen im Mittelpunkt dieser Tour. Schon von Weitem ist der auf einer Anhöhe stehende höchste Landbohrturm der Welt zu sehen. Hier, an der Kollisionszone von Ur-Europa und Ur-Afrika, wurde 9101 m tief in die Erdkruste gebohrt, um neue wissenschaftliche Erkenntnisse zu gewinnen. Die Ausstellungsräume des GEO-Zentrums sind täglich geöffnet.

Ausgangspunkt: Windischeschenbach, Ortsteil Oberbaumühle, 445 m, Parkmöglichkeit bei der Mühle (Navi: 92670 Oberbaumühle/Windischeschenbach).
Höhenunterschied: 190 m.
Anforderungen: Kleine Runde, ca. 11 km; Feld- und Waldwege, kurzer Abschnitt auf Asphalt, Anstieg zum GEO-Zentrum an der KTB.
Einkehr: Ausflugsgaststätte Schweinmühle: Zoiglwirtschaft (1. April bis 15. Okt. Mo Ruhetag, www.schweinmuehle.de, Tel. +49 9681 1359).
Tipp: GEO-Zentrum der KTB (Nov. bis April Di–So 10–16 Uhr, Mai bis Okt. Mo–So

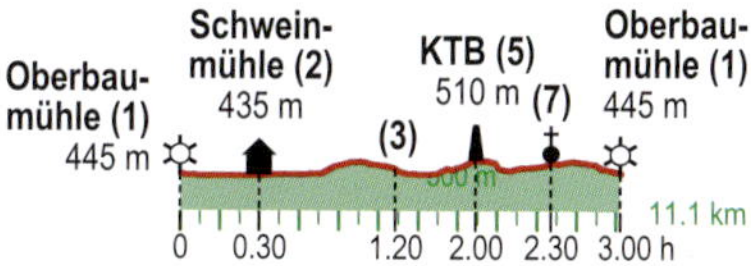

10–18 Uhr, Führung siehe: www.geozentrum-ktb.de, Tel. +49 9681 400430), zahlreiche Zoiglstuben in Windischeschenbach und Neuhaus (www.zoiglbier.de), Waldnaabtal-Museum mit Aussichtsturm Butterfassturm in Burg Neuhaus, (Ostermontag bis 31. Okt. So und Feiertage 14–18 Uhr).

Mit etwas Glück kann man Reiher am Ufer der Fichtelnaab beobachten.

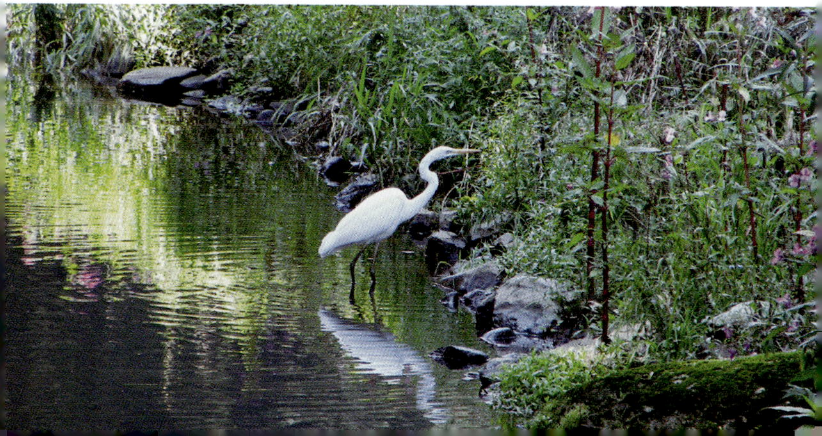

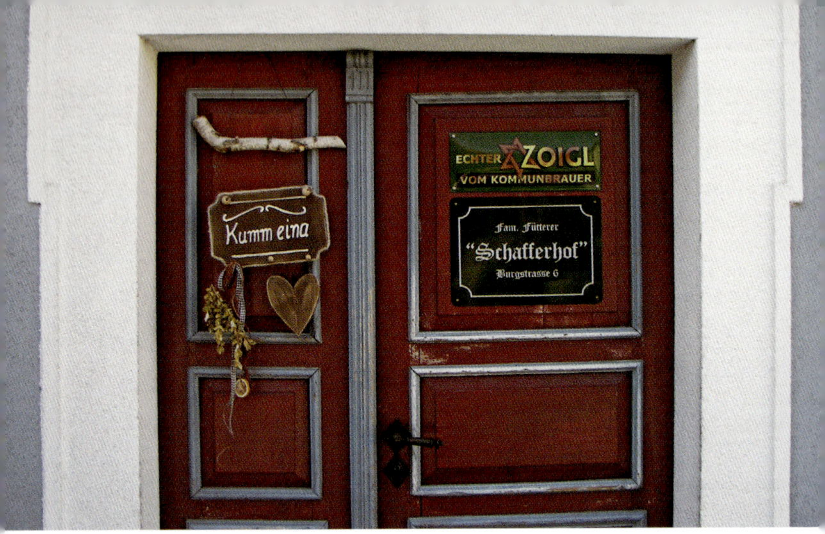

»Kumm eina« – beim Schafferhof in Neuhaus gibts Zoiglbier und eine deftige Brotzeit.

Von **Oberbaumühle (1)** gehen wir mit Wanderweg 10 über die Fichtelnaab und wandern flussaufwärts. Hinter der ersten Eisenbahnbrücke biegen wir links über einen grünen Eisensteg und nach der nächsten Eisenbahnbrücke rechts über einen weiteren Eisensteg. Auf dem Walderlebnispfad am Flussufer erreichen wir den **Campingplatz Schweinmühle (2)** und gehen rechts über eine Brücke zur Gaststätte. Wer möchte, kann hier auf dem für Kinder geeigneten Walderlebnispfad eine 1,6 km lange Zusatzrunde einlegen. Dann gehen wir den unmarkierten Feldweg an der Fichtelnaab entlang zu einem Sträßchen, dem wir geradeaus Richtung KTB folgen. Kurz vor der Brücke nach Naabdemenreuth zweigt in einer Linkskurve ein Feldweg rechts ab. Er begleitet uns durch eine Bahnunterführung und beschreibt dann eine leicht ansteigende, lang gezogene Linkskurve. Am Querweg wenden wir uns nach rechts und steigen den Schrollenbühl auf grasigem Weg hinauf. Dieser mündet in einen sporadisch mit Nr. 9 markierten Weg und wir biegen links ab. Mit Blick auf den Bohrturm gehen wir den Höhenrücken entlang und passieren eine steinerne Säule aus dem 18. Jh. mit Rastbank und schöner Aussicht. Dann geht es gerade hinab nach **Lehen (3)** und am Ortsende links auf dem kleinen Sträßchen hinab nach **Trautenberg (4)**. Vor der Bahnunterführung links steil über uns befinden sich die Mauerreste und ein Kellergewölbe der einstigen Burg Trautenberg. Nach der Unterführung geht es links durch den Ort zum Steg über die Fichtelnaab. Auf dem Fichtelnaabradweg steigen wir auf der anderen Uferseite bergauf. Wir folgen ihm nach links und zweigen dann ohne Markierung rechts ab, gehen am Waldrand entlang und hinauf zum Bohrturm der **Kontinentalen Tiefenbohrung (KTB) (5)**. Im **GEO-Zentrum** kann man sich über Bohrung und Geologie informieren.

Anschließend folgen wir dem Wanderweg 9 auf der Straße nach rechts und an der Querstraße links hinab nach **Naabdemenreuth (6)** (in der vegetationsarmen Jahreszeit können wir bereits am Ende der Leitplanke dem Grasweg hinabfolgen). Am Gasthaus »Zum schwarzen Raben« biegen wir mit der 9 rechts Richtung Windischeschenbach ab. Oberhalb des Fichtelnaabtals geht es zur **Berg Kapelle (7)** mit Ausblick. Die 9 leitet uns durch den Ort **Berg**.

Kurz vor der Windischeschenbacher Umgehungsstraße geht es unmarkiert links und oberhalb der Straße zum Abzweig nach **Oberbaumühle (1)**. Links erreichen wir in wenigen Minuten den Ausgangspunkt.

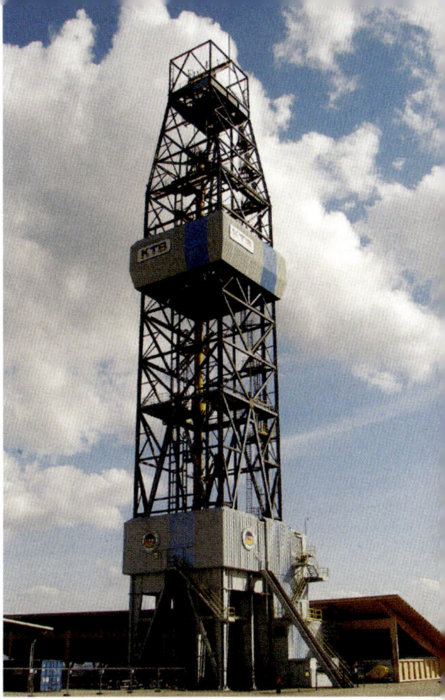

Der 83 m hohe Bohrturm ist das Wahrzeichen der Kontinentalen Tiefbohrung bei Windischeschenbach.

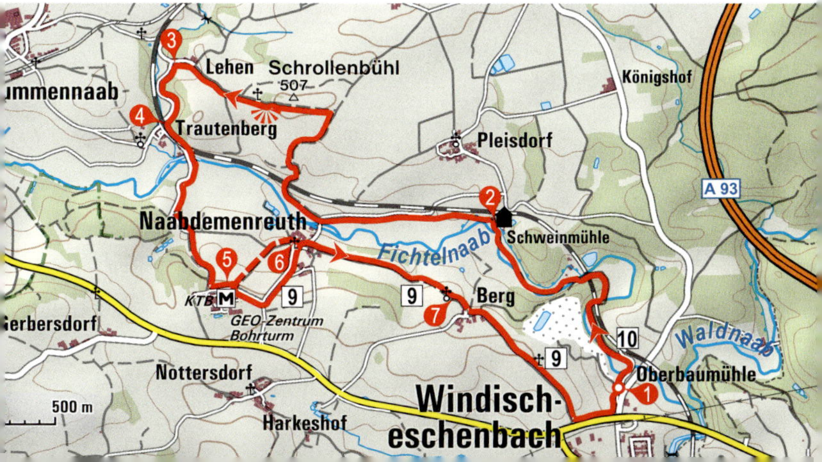

TOP **30** # *Das wildromantische Waldnaabtal*

3.45 Std.

Erlebnisreiche Wanderung durch ein idyllisches Naturschutzgebiet

Auf einer von der Waldnaab umflossenen Lichtung im tief eingeschnittenen Flusstal liegt die bewirtschaftete Blockhütte mit großem Biergarten. Auf unserem Weg dorthin folgen wir dem Flusslauf, in dem unzählige Felsen verstreut sind. Strudellöcher, wie die Gletschermühle, haben sich durch die Mahlkraft des Wassers gebildet. Besonders markante Felsgebilde tragen Namen wie Tischstein oder Butterfaß, und nicht selten ranken sich schauerliche Sagen und Geschichten um ihre Entstehung. Wer will, kann dem Waldnaabtal bis zur Burg Falkenberg folgen. Sie erhebt sich über dem Burgberg, der mit seinen wollsackverwitterten Granitfelsen zu Bayerns schönsten Geotopen zählt.

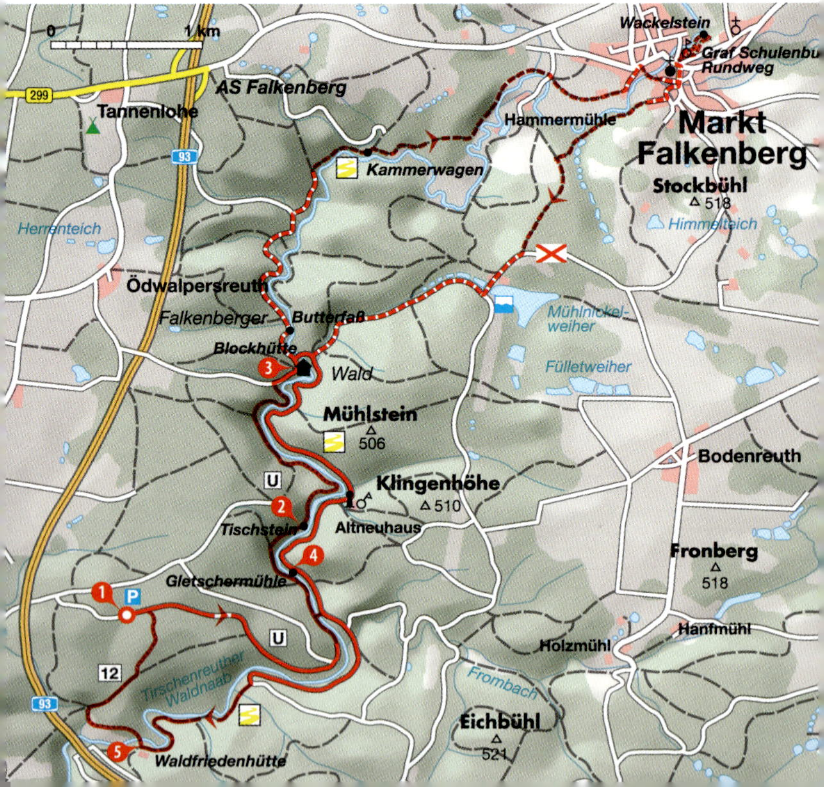

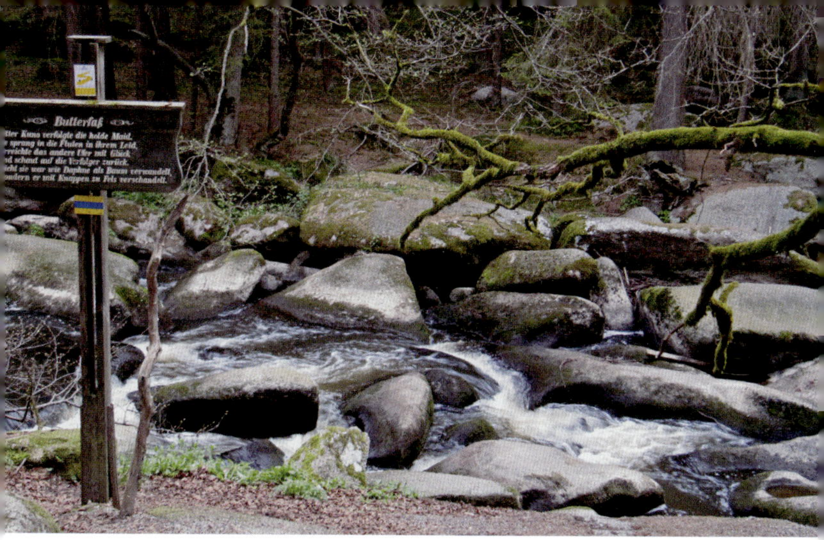

Das Butterfaß – zu Felsen wurden Ritter Kuno und sein Knappe verwandelt.

Ausgangspunkt: Uferpfadparkplatz nahe der Waldnaab, 500 m. Zufahrt: Von Windischeschenbach, 450 m, ca. 2 km Richtung Bernstein und am Schild »OWV Uferpfad« rechts ca. 1,5 km bis zum Parkplatz auf der linken Seite (Navi: 92670 Windischeschenbach).
Höhenunterschied: 260 m.
Anforderungen: Rundweg, ca. 12 km; der felsige Uferpfad erfordert etwas Umsicht, sonst schöne Wald- und Forstwege.
Einkehr: Blockhütte im Waldnaabtal (März–Okt. Mi–So geöffnet; Jan., Feb. Sa, So geöffnet, Tel. +49 9637 415).
Varianten: 1. Von der Blockhütte (3) kann man noch ein lohnendes Stück flussaufwärts gehen. An Butterfaß, Sauerbrunnen und Kammerwagen vorbei geht es bis nach Falkenberg mit seiner imposanten Burg (Besichtigung: Tel. +49 9634 92000 oder +49 170 5857701). Empfehlenswert ist der 1 km lange Graf-Schulenburg-Rundweg zum Wackelstein, der unterhalb der Burg beginnt. Der Rückweg ist mit dem roten Schrägkreuz markiert und führt über den Badesee Mühlnickelweiher zur Blockhütte (3) (insges. 20 km, 5.45 Std., 420 Hm).
2. Abkürzung: Auf dem Rückweg hinter der Gletschermühle (4) auf dem zweiten Holzsteg zum Uferpfad und auf dem Hinweg zurück (9 km, 2.30 Std., 210 Hm).

Vom **Uferpfadparkplatz (1)** gehen wir auf dem mit U markierten Forstweg hinab ins Tal, dann folgen wir dem Uferpfad an der Waldnaab entlang. Nach dem ersten Steg weist uns ein Schild auf die Gletschermühle hin, ein typisches Strudelloch, das wir auf dem Rückweg vom gegenüberliegenden Ufer besser sehen können. Der Pfad ist an einigen Stellen so eng, dass wir mit gesicherten Steighilfen Felsen erklimmen müssen, während unter uns die Waldnaab durch ein Meer von Granitblöcken rauscht. Wir erklimmen einen Felsrücken. Unter uns im Wasser befindet sich der

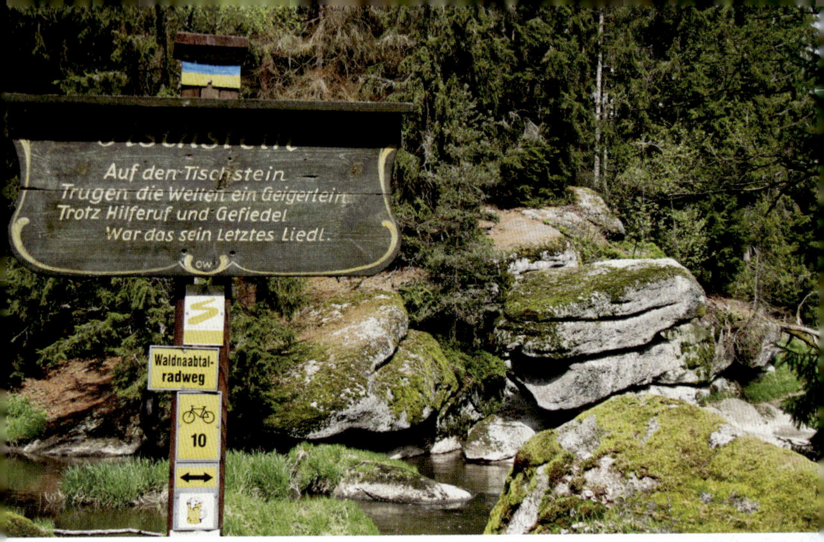

Oben: Der Tischstein im Waldnaabtal – Sagen und Sprüche erklären die Felsgebilde.
Rechts: Burg Falkenberg ist auf mächtigen Granitfelsen erbaut (Ziel der Variante 1).

Tischstein (2). Der Uferpfad mündet nach dem Schild »Ruine Schwarzenschwal« in einen breiten Weg. Wir gehen rechts hinab und erreichen gleich darauf die **Blockhütte (3)** mit Biergarten und Wasserrad. Nach gemütlicher Einkehr wechseln wir hinter der Blockhütte auf einer Brücke die Talseite und gehen nun flussabwärts. Mit dem Goldsteig (gelbes S) geht es auf anfangs breitem Radweg zügig voran. Wir passieren eine Felswand, auf der sich die Burg Altneuhaus befand, entdecken erneut den Tischstein und erreichen die **Gletschermühle (4)**. Bald darauf verlässt der Radweg das Tal und am nächsten Abzweig verengt sich der Wanderweg wieder. Nach kurzem Anstieg ist die unbewirtschaftete **Waldfriedenhütte (5)** erreicht. Unterhalb dieser wandern wir mit den Markierungen 12 und 10 über den Metallsteg auf die andere Uferseite. Wir gehen links, bis die Autobahnbrücke in unser Blickfeld kommt, dann rechts am Waldrand entlang. Der Weg teilt sich am Ende der Lichtung. Wir nehmen den Forstweg nach rechts, der sporadisch mit Nr. 12 markiert ist. Nach der Linkskurve steigt der breite Weg an, etwa 10 Min. später halten wir uns links und erreichen nach weiteren 10 Min. den **Uferpfadparkplatz (1)**.

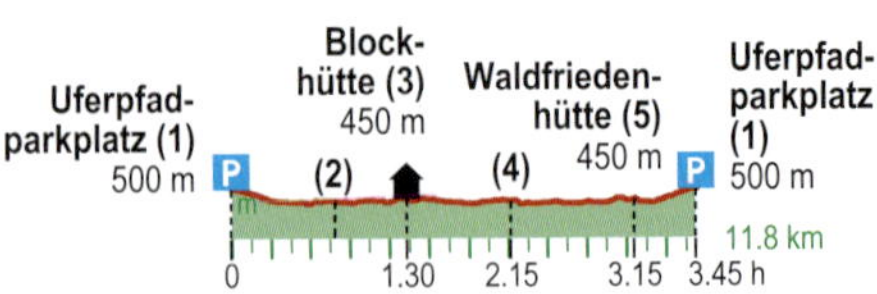

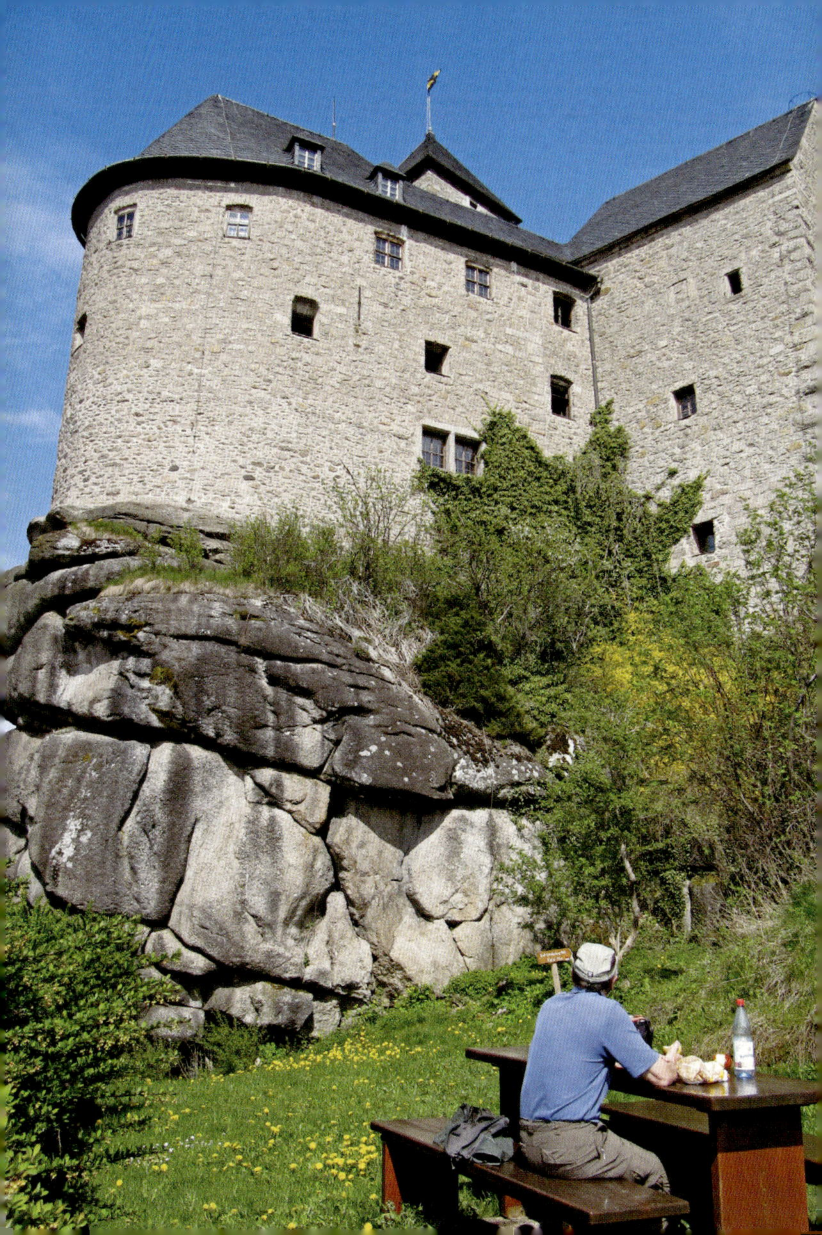

31 Durch die Tirschenreuther Teufelsküchen

2.15 Std.

Felsen wie Wollsäcke in der Kleinen und Großen Teufelsküche

Südwestlich von Tirschenreuth hat sich ein kleiner Bach seinen Weg durch Granitfelsen gebahnt. Eine Felsengruppe, die Große Teufelsküche, wirkt durch die vielen herabgestürzten Granitblöcke wie ein Felsenlabyrinth. In der Kleinen Teufelsküche liegt ein eiförmiger Felsblock scheinbar wackelnd auf einem Felsenturm. Das hat ihm den Namen Wackelstein eingebracht.

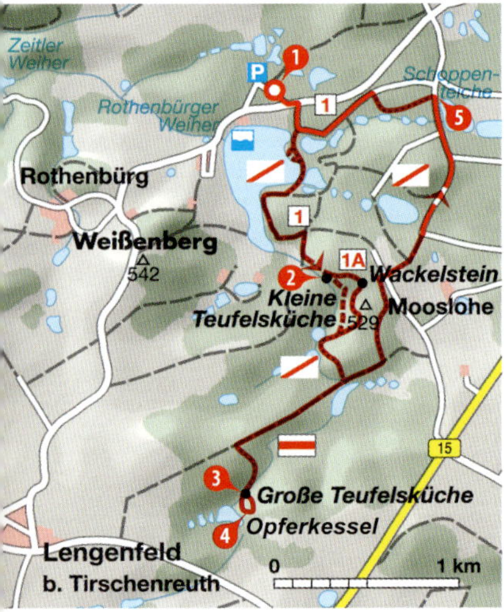

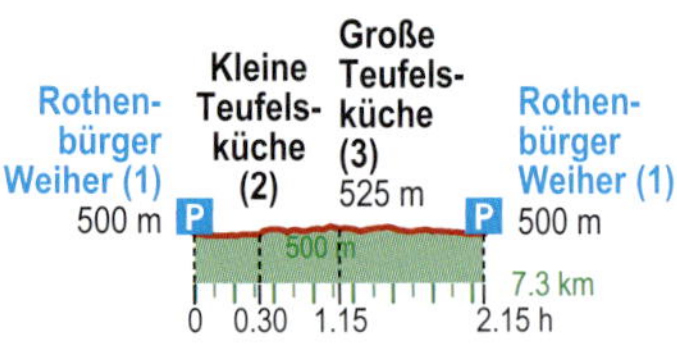

Ausgangspunkt: Wanderparkplatz am Rothenbürger Weiher, 500 m. Zufahrt: von Tirschenreuth (B 15) ca. 3 km Richtung Rothenbürg (Navi: 95643 Rothenbürg/Tirschenreuth).
Höhenunterschied: 140 m.
Anforderungen: Kleine Runde, ca. 7,5 km; Waldwege und Pfade, kurze Abschnitte auf Forstwegen.
Einkehr: Keine.
Tipp: Rothenbürger Badeweiher.

Vom Parkplatz am **Rothenbürger Weiher (1)** gehen wir über die Straße zu einer Infotafel. Ein paar Meter links an der Straße entlang, dann rechts mit rotem Schrägstrich markiert in den Wald. Nach einer Linkskurve wieder rechts und (nun auch mit der 1) am Steigerteich entlang. Gleich darauf weisen beide Markierungen nach links. Wir können ihnen folgen oder rechts auf dem Uferpfad am Badeweiher entlanggehen. Keine 5 Min. später kommen beide Wege am Damm der Faberlohteiche wieder zusammen. Unser Weg taucht in den Wald und quert einen Steg. Kurz darauf teilen sich roter Schrägstrich und der Wanderweg Nr. 1. Wir folgen der 1 geradeaus und gehen auf einem Uferpfad am Rothenbürger Weiher entlang. Der Weg schwenkt nach links und wir biegen nun wieder mit beiden Markierungen rechts ab. Hinter einer Lichtung ist die **Kleine Teufelsküche (2)** erreicht. Die Felsen türmen sich zur Linken des im Tal rauschenden Bächleins. Dann weist uns ein Schild zusammen mit Nr. 1A links die Stufen hinauf zum **Wackelstein**, der gleich am Ende der Stufen links auf bedenklich kleiner Fläche auf einem Felsturm aufliegt. Wir folgen dem Höhenweg, der auf Pfaden durch lichten Nadelwald führt. Am Forstweg rechts und kurz darauf mit rotem Schrägstrich links bis zu einem großen Weiher. Nun mit dem roten Querstich nach rechts am Weiher entlang, dann aufwärts in den Wald. 10 Min. später führt der Weg links hinab zur **Großen Teufelsküche (3)**. Hoch stapeln sich hier die moosig grünen Felsen. Nach einer Brücke finden wir in einer Felsennische einen Picknickplatz. Folgt man dort einem Pfad bergauf zur Anhöhe und hält sich rechts, entdeckt man auf einem der letzten Felsen einen großen **»Opferkessel« (4)**. Ein Pfad führt zwischen den nächsten beiden Felsen hindurch wieder hinab zum Wanderweg. Wir kehren zum Abzweig am großen Weiher zurück und gehen geradeaus weiter Richtung Tirschenreuth. Gut markiert auf Pfaden durch den Wald zu einer Lichtung und über die Wiese ins gegenüberliegende Waldstück hinein. Hier verbreitert sich der Wanderweg zum Forstweg, dem wir bis zum großen **Schoppenteich (5)**, rechts vom Weg, folgen. An dessen Ende geht es unmarkiert nach links und wir wandern an den Furtteichen entlang. Am markierten Querweg folgen wir der 1 nach links und gelangen bald zum **Rothenbürger Weiher (1)**, der mit einem erfrischenden Bad lockt.

Ein »Opferkessel« versteckt sich oberhalb der Großen Teufelsküche.

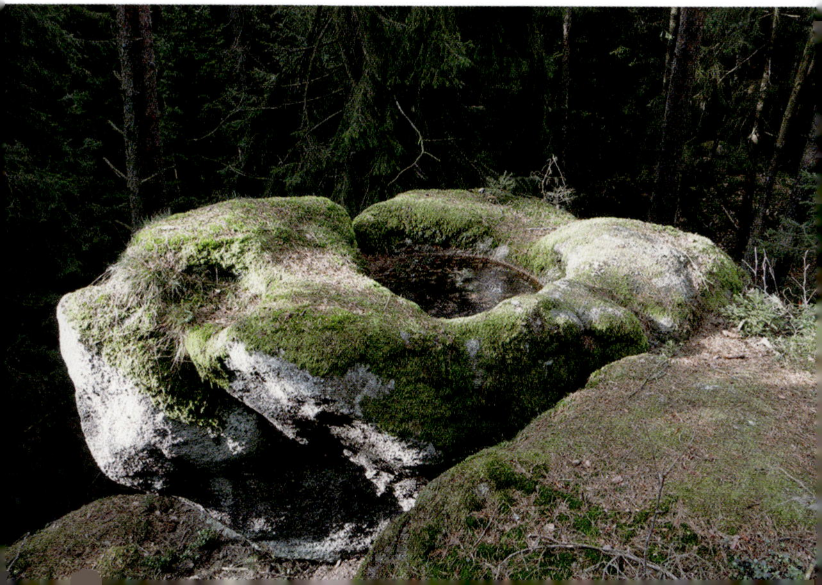

32 Durch den Egerer Stadtwald

4.00 Std.

Über den hoch aufragenden Ringelfelsen zum Egerer Waldhäusl

Der Egerer Stadtwald, ein ca. 640 ha großes Waldgebiet bei Neualbenreuth, ist noch heute Eigentum der Stadt Cheb (Eger) und war bis vor Kurzem nur unter deutscher Verwaltung. Mit der Einigung, die Stiftung »Egerer Stadtwald« ins Leben zu rufen, die sich künftig um die Förderung der Kultur im Egerland kümmern wird, geht nun ein jahrzehntelanger Streit zu Ende. Unabhängig davon genießen wir eine gemütliche Tour durch ein herrliches Wandergebiet.

Ausgangspunkt: Schachten, 532 m, ca. 2 km von Neualbenreuth; Parkplatz unterhalb des Löschteiches (Navi: 95698 Schachten/Neualbenreuth).
Höhenunterschied: 260 m.
Anforderungen: Rundweg, ca. 14,5 km; Waldwege und Pfade, kurze Abschnitte auf Asphalt oder Forstweg.
Einkehr: Gasthaus Zum Grünen Kranz (Fr, Sa, So geöffnet, Tel. +49 9638 290) in Schachten, Schloßhotel Ernestgrün (Tel. +49 9638 9300) in Rothmühle, mehrere Gasthäuser in Neualbenreuth.
Tipps: Naturfreundehaus am Ringelfelsen (Hüttensonntag: zwischen Ostermontag und Allerheiligen jeweils am letzten Sonntag im Monat, www.ringelfelsen.de). Sehenswerte Vierseithöfe im Egerländer Fachwerkstil rund um Neualbenreuth (vgl. Wanderungen 33 und 34).

In **Schachten (1)** geht es vom Parkplatz links am Glockenturm vorbei, dann mit blau-weißer Dreieck-Markierung auf einem Feldweg zum Wald. Stets leicht ansteigend führt uns der Weg gut markiert zum **Unteren Ringelfelsen**. Der kleine Waldweg links vom Felsen leitet uns hinauf zu einem markierten Querweg, der uns rechts und am Holzwegweiser links zum Naturfreundehaus am **Ringelfelsen (2)** bringt. Alljährlich findet hier Ende August das Ringelfelsenfest mit volkstümlichen Wettkämpfen wie Baumstammwerfen statt. Zurück am Holzwegweiser geht es nun mit dem roten Dreieck rechts und rund 25 Min. auf breitem Weg zum **Egerer Waldhäusl (3)**. Auf dem Forstweg geht es weiter bis zur nächsten Kreuzung und dann mit rotem Querstrich markiert links Richtung Neualbenreuth. Auf einem schmalen Waldweg steigen wir leicht ab, bis wir an einem Forstweg auf den Wegweiser nach Ernestgrün treffen. Nun folgen wir dem orangen Punkt erst rechts und dann links zu einem Teich am Breitenbrunn-

Naturfreundehaus am Ringelfelsen, der auch Rinnlstein genannt wird.

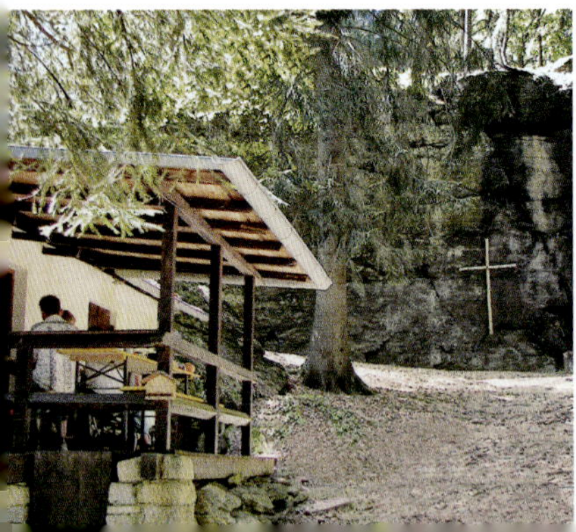

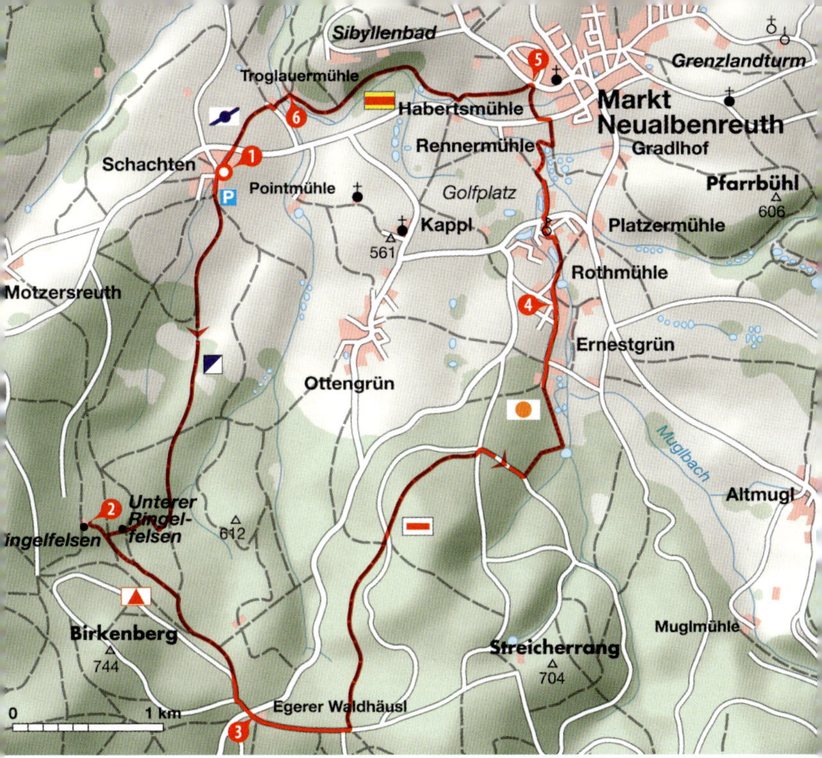

bach. Ein schmaler Pfad führt uns links auf dem Damm eines früheren Stauwassergrabens entlang. An mehreren ehemaligen Hammerwerken vorbei folgen wir dem orangen Punkt durch **Ernestgrün (4)** und weiter bis zum Ortseingang von **Neualbenreuth (5)**. Wer einkehren oder den Ort besichtigen möchte, geht rechts, alle anderen lassen sich vom gelb-rot-gelb markierten Nurtschweg links hinab ins Muglbachtal führen. Auf einem schmalen Pfad am Hang begleiten wir den schlängelnden Bachlauf. Am Abzweig zur **Troglauermühle (6)** verlassen wir das Tal und folgen dem blauen Schrägstrich mit Punkt nach links und kehren zurück zum Parkplatz in **Schachten (1)**.

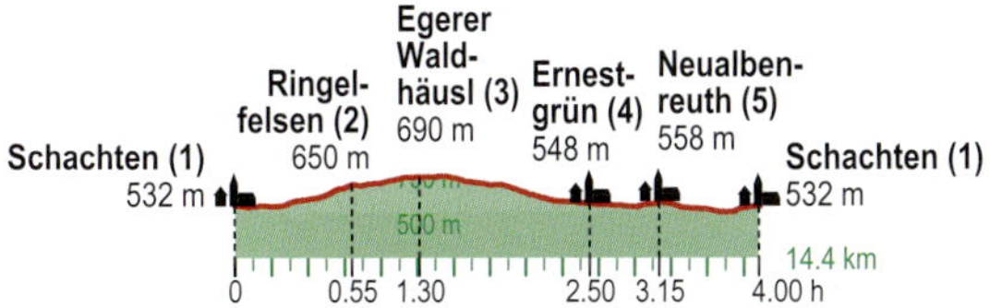

33 Auf den Dyleň (Tillenberg), 939 m

5.15 Std.

Auf Grenzpfaden zum Mittelpunkt Europas

Unsere Tour beginnt am 1946, zu Beginn des kalten Krieges, zerstörten Ort Neumugl, der nur wenige Meter jenseits der deutsch-tschechischen Grenze lag. Auf Grenzpfaden geht es den bewaldeten Bergrücken hinauf zum Mittelpunkt Europas. Ein Abstecher nach Osten führt uns auf den Dyleň (Tillenberg), dessen Gipfel noch immer eine ehemalige Militäranlage ziert. Heute befinden sich hier tschechische Rundfunkstationen. Unser Ziel auf deutscher Seite ist der Grenzlandturm mit bewirtschaftetem Turmstüberl.

Ausgangspunkt: Altmugl, 624 m, Parkmöglichkeit an der St 2175 an der Waldecke mit Markierung gelber Punkt, 672 m, ca. 1,5 km auf der Straße Richtung Mähring (Navi: 95698 Altmugl/Neualbenreuth).
Höhenunterschied: 550 m.
Anforderungen: Große Rundwanderung, ca. 17,5 km; Waldwege und Wurzelpfade, einige kurze Abschnitte auf Asphalt, Ausdauer erforderlich.
Einkehr: Grenzlandturm (Ostern bis Ende Okt. Di–So geöffnet, Tel. +49 9638 550), Fischzucht Becker (Ostern bis Okt. Sa, So und Feiertag geöffnet, geräucherte Forellen) an den Becker Teichen, Altmugler Sonne (nur Menüs auf Vorbestellung ab 18 Uhr, So ab 12 Uhr Mittagsmenü, Mo Ruhetag, Tel. +49 9638 248).
Variante: Um die Tour abzukürzen, startet man am besten am Grenzlandturm (6, Navi: 95698 Neualbenreuth, Turmstraße) und wandert in Gegenrichtung mit dem Nurtschweg zum Königsstein (5). 100 m zuvor mit dem roten Querbalken links an der Grenze entlang, am Pod Dyleň (4) vorbei und nach einem Gebäude rechts mit rotem Dreieck hinauf auf den Dyleň (3). Vor dem Zaun geht es unmarkiert rechts zu einem Aussichtsfelsen, hinter dem eingezäunten Gipfel mit dem roten Dreieck in den Wald und nach ca. 10 Min. rechts hinab zum Grenzpfad. Hier links zum Mittelpunkt Europas (2). Gut 10 Min. später mit dem grünen Punkt und dem blauen Doppeldreieck rechts ab und auf Waldwegen absteigen. Dann entweder mit dem grünen Punkt rechts ab (unterwegs Abstecher zum Maar möglich) und am asphaltierten Querweg geradeaus einen Feldweg weiter zurück zum Grenzlandturm (6), oder dem blauen Doppeldreieck folgen und am Schild zur Fischzucht Becker rechts hinauf zu einer Kapelle und rechts weiter zum Grenzlandturm (6) (12 km, 3.45 Std., 400 Hm).
Tipp: Heilquellenkurbetrieb Sibyllenbad in Neualbenreuth.

Der Grenzlandturm mit Turmstüberl.

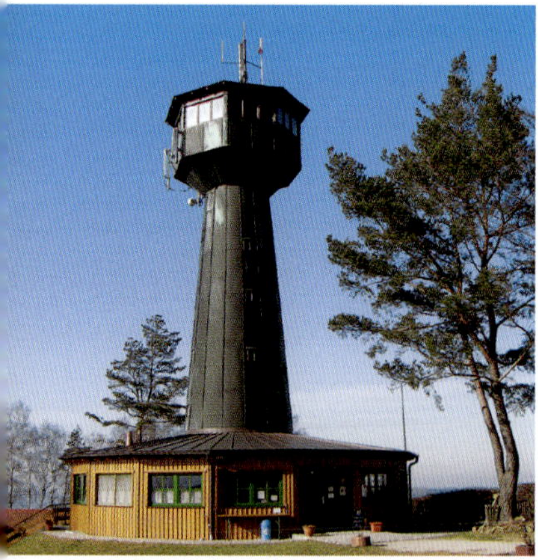

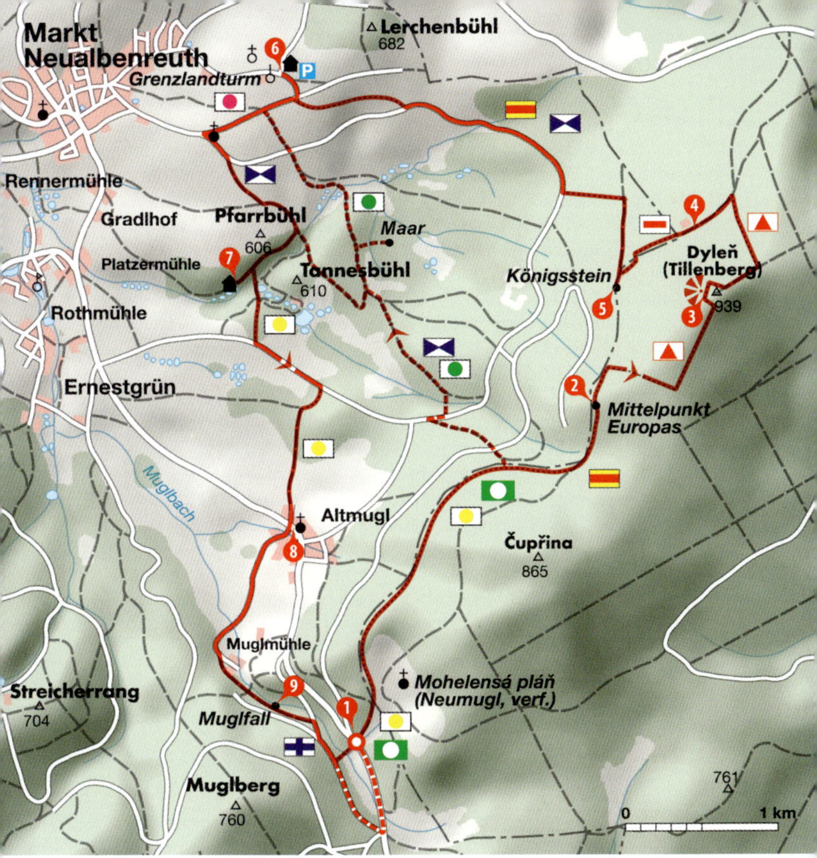

Vom **Parkplatz (1)** gehen wir mit dem gelben Punkt am Waldrand entlang zur Grenze hinauf. Wir folgen dem Grenzverlauf nach links an der zerstörten Ortschaft Neumugl vorbei. Mit dem gelben und dem weißen Punkt auf grünem Grund steigen wir den Grenzpfad entlang bergan. Nach einer knappen Stunde erreichen wir den **Mittelpunkt Europas (2)**. Dieser wurde im Jahr 1865 von Geografen der österreichischen K. u. K.-Monarchie durch trigonometrische Messverfahren bestimmt, steht heute aber in Konkurrenz zu anderen rechnerisch ermittelten Mittelpunkten. Wir gehen weiter an der Grenze entlang und am **Granatbrunnen** vorbei. Kurz darauf biegt ein mit rotem Dreieck markierter Waldweg rechts ab und leitet uns steil den Berg hinauf. An einem Querweg geht es rechts versetzt weiter und wenig später biegen wir zusammen mit einer grünen Markierung links hinauf auf den **Dyleň (3,** Tillenberg), 939 m. Da der Gipfel sich immer noch hinter Stacheldraht versteckt, gehen wir ohne Markierung links um das Gelände und erreichen an seiner Westseite einen Aussichtsfelsen, der den Blick eingeschränkt nach Deutschland freigibt. Weiter auf dem Pfad am Zaun entlang erreichen wir das verschlossene Tor und gehen links auf dem Zufahrtssträßchen wieder mit rotem Dreieck bergab. An der nächsten Kreuzung biegen wir links in einen Waldweg, der schnurgerade bergab führt. An einem Gebäude geht es mit rotem Querbalken links und 150 m weiter am Schild **Pod Dyleň (4)**, am Fuß des Tillenberg, vorbei. Wir folgen der Markierung wenig später nach rechts und halten uns bald wieder an den Grenzverlauf. Wir erreichen den gelb-rot-gelb markierten Nurtschweg und folgen diesem für gut 100 m nach links zum **Königsstein (5)**, einem alten Grenzstein aus Napoleons Zeiten. Wir kehren zurück und folgen dem Nurtschweg bergab, erst durch einen hübschen Hohlweg, dann auf einem Waldweg zu einem Sträßchen. Auf diesem rechts aus dem Wald und in der Linkskurve gerade einen Wiesenweg weiter. Am nächsten Quersträßchen biegen wir für einen Abstecher zum **Grenzlandturm (6)**, wo Brotzeiten, Kaffee und Kuchen angeboten werden, rechts ab. Vom Turm genießen wir die Aussicht, dann geht es auf dem Sträßchen zurück und mit einer Lila-Punkt-Markierung das Sträßchen bergab zu einer Kapelle. Mit blauem Doppeldreieck und gelbem Punkt biegen wir links ab und erreichen am Waldrand das Schild zur Fischzucht Becker. Hier geht es unmarkiert rechts weiter,

Egerländer Fachwerkstil in Neualbenreuth.

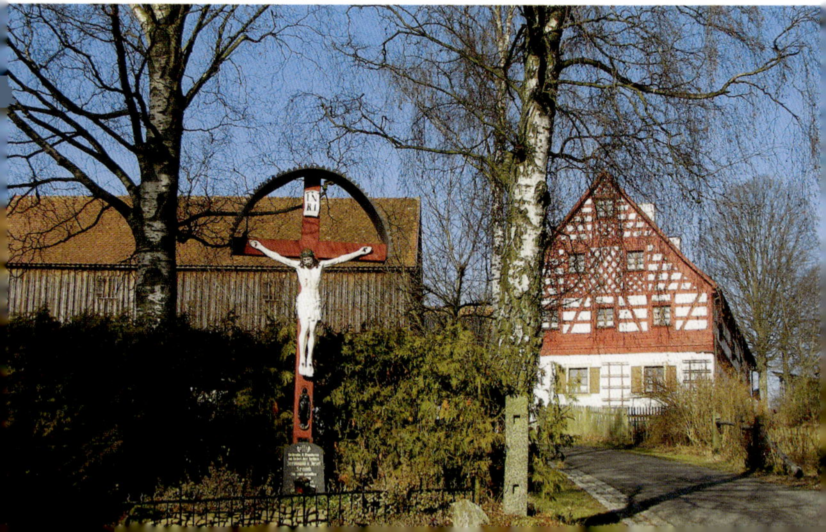

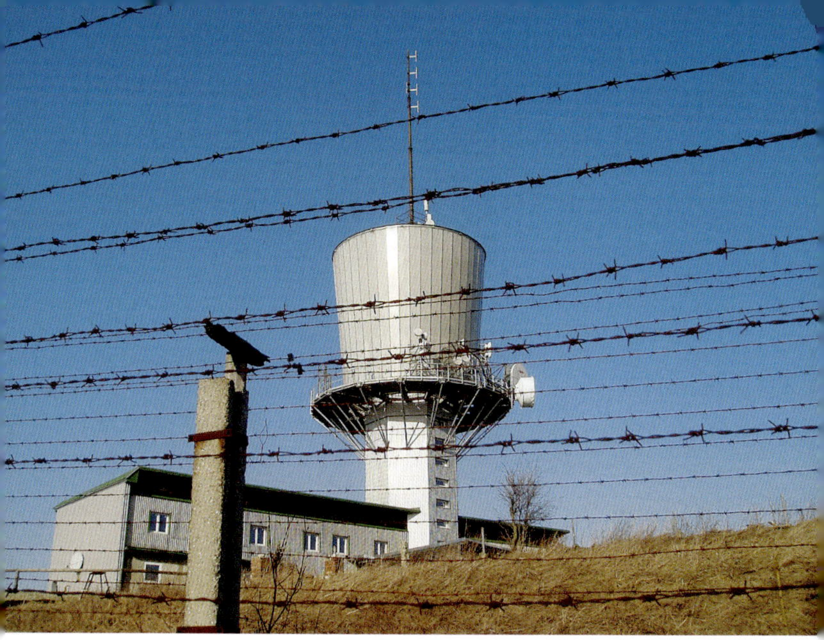

Der Gipfel des Dyleň, auch heute noch hinter Stacheldraht.

bis links an den Fischteichen eine Hütte auftaucht. Ca. 100 m geradeaus weiter befindet sich die Einkehr der **Fischzucht Becker (7)**, für den Weiterweg biegen wir vor der Hütte mit dem gelben Punkt links über den Steg und wandern auf Waldpfaden weiter. Am Waldende links und nach ca. 10 Min. rechts nach **Altmugl (8)**. Am Gasthaus Altmugler Sonne vorbei setzen wir unseren Weg unmarkiert fort und wandern das Sträßchen hinab zur Muglmühle. Hier nimmt uns das blaue Kreuz auf und wir wandern am Muglbach entlang. Bald weist ein Schild zum 100 m entfernten **Muglfall (9)**, einem kleinen Wasserfall. Wir folgen weiter dem blauen Kreuz im Tal und können etwa 10 Min. später die Tour abkürzen. Dazu steigen wir unmarkiert links zu einer Lichtung auf, gehen am Waldrand entlang und hinab zum Muglbach, den wir an geeigneter Stelle überspringen, dann hinauf zum Parkplatz (1). Einfacher ist es, auf dem markierten Weg zu bleiben und auf der Straße links zurück zum **Parkplatz (1)** zu wandern.

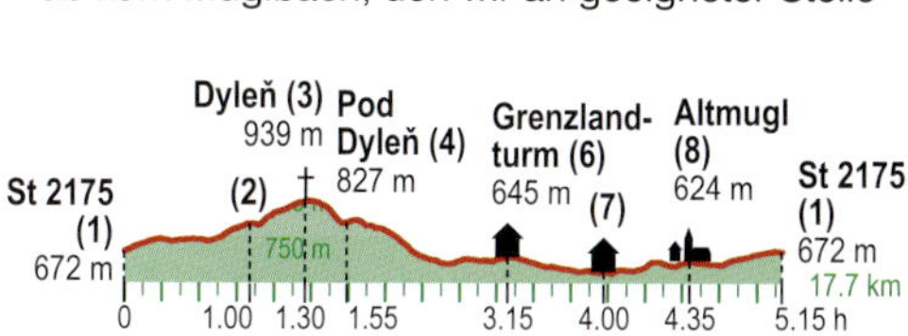

TOP **34** # Doubrava – Glanzpunkt Egerländer Fachwerkkunst

3.00 Std.

Auf den Spuren vulkanischer Aktivität über die Grenze

Zum jüngsten, vermutlich erst 100.000 Jahre alten Vulkan Železná hůrka (Eisenbühl) führt die erste Wegetappe; der Schlackenberg liegt direkt hinter der Grenze zu Tschechien in einer Senke. Am verfallenen Kyselecký hamr (Säuerlingshammer) und dem sprudelnden Sauerbrunnen (Kyselecký pramen) vorbei erreichen wir schließlich das idyllische Stabnitztal und den Ort Doubrava mit seinen entzückenden Fachwerkhäusern.

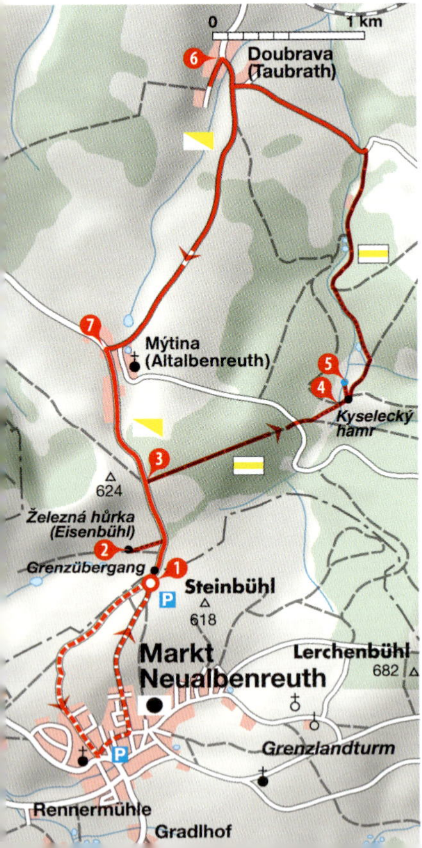

Ausgangspunkt: Neualbenreuth, Parkmöglichkeit am Grenzübergang Mýtina, 596 m, zu erreichen über die Zollstraße (Navi: 95698 Neualbenreuth, Zollstraße).
Höhenunterschied: 190 m.
Anforderungen: Rundweg, ca. 11 km; im Stabnitztal feuchte Uferpfade, sonst Wald-, Feld- und Asphaltwege.
Einkehr: Mehrere Gasthäuser in Neualbenreuth.
Variante: Starten wir die Tour vom Marktplatz in Neualbenreuth, steigen wir über die Turm-, dann links die Zollstraße zum Grenzübergang (1) hinauf. Nach dem unten beschriebenen Rundweg geht es wieder auf deutscher Seite rechts am früheren böhmischen Dorf Boden vorbei und mit schöner Aussicht hinab nach Neualbenreuth (insges. 14 km, 4 Std.).
Tipp: Freilichtmuseum in Doubrava (Di geschlossen, Tel. +420 354 593 302), Heilquellenkurbetrieb Sibyllenbad und Grenzlandturm (vgl. Wanderung 33) in Neualbenreuth.

Vom Parkplatz am **Grenzübergang (1)** mit GEOPARK-Infotafel folgen wir der gelben Markierung über die Grenze. Kurz darauf weist an einem Baum ein Pfeil mit dem Hinweis »200 m Železná hůrka« nach links. Ein Pfad führt zwischen einem Feld und einem Waldstreifen hinab zum **Vulkan Eisenbühl (2**, Železná hůrka).

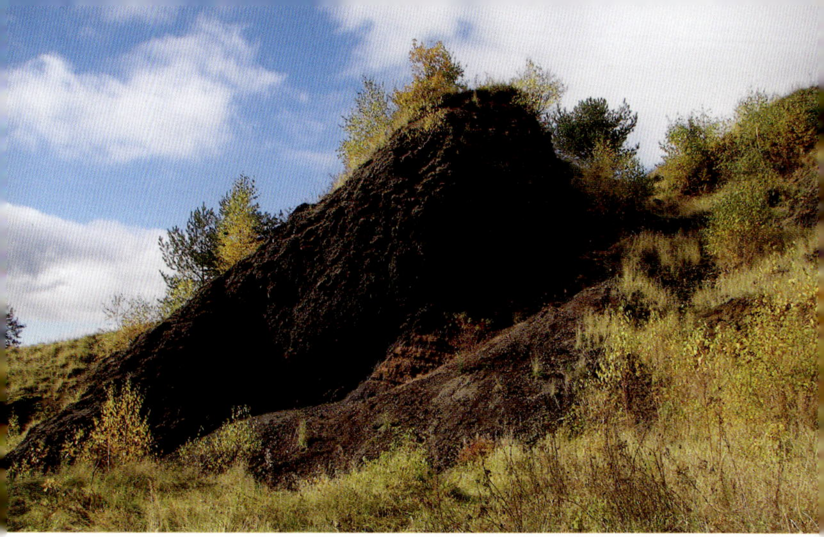

Der kleine Vulkan Eisenbühl an der deutsch-tschechischen Grenze.

Zurück am Abzweig folgen wir dem gelb markierten Weg weiter bis zur hinter einer Bergkuppe gelegenen **Kreuzung Mýtina (3)**.

Auf einem geraden Teersträßchen geht es hier rechts hinunter zum Abzweig Kyselecký hamr (Säuerlingshammer). Der gelben Markierung nach links folgend finden wir wenig später rechts vom Weg noch ein Kellergewölbe des einstigen Hammerwerks **Kyselecký hamr (4)** vor. Weiter geht es über den Stabnitzbach, dann lohnt ein Abstecher zur kräftig sprudelnden Quelle **Kyselecký pramen (5)**. Etwa 5 Min. später teilt sich der Weg. Wir gehen nach links und weiterhin gelb markiert am mäandernden Bächlein entlang. Wir durchwandern eine Weide, biegen links in einen Querweg ein und überqueren die Stabnitz. Ein Wiesenweg, gesäumt von mächtigen Bärenklaustauden, bringt uns ins Zentrum von **Doubrava** (**6**, Taubrath), wo uns gegenüber eines hübschen Egerländer Fachwerkhofs Schilder den Weg nach links zum **Freilichtmuseum Skanzen** weisen. Nach dem Besuch des Museums wählen wir für den Rückweg die weiß-gelbe Dreieckmarkierung. Auf einem von Apfelbäumen gesäumten Sträßchen geht es über **Mýtina** (**7**, Altalbenreuth) zur bekannten **Kreuzung Mýtina** und gerade zum Parkplatz am **Grenzübergang (1)**.

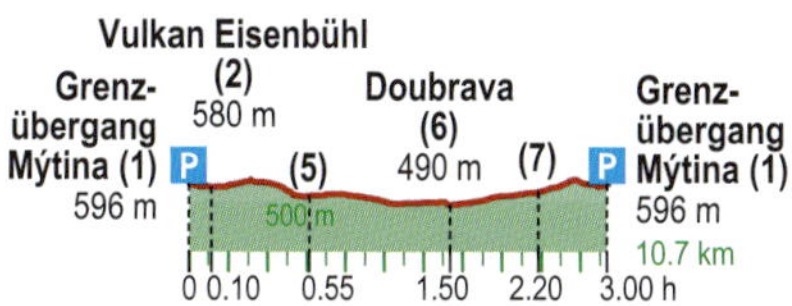

TOP **35**

Höhepunkte des Steinwalds

5.45 Std.

Felsgiganten, Oberpfalzturm und die imposante Ruine Weißenstein

Der Steinwald ist von skulpturenartigen Felsformationen und großen Kletterfelsen geprägt, die zum Teil mit Steighilfen erklommen werden können, sodass der Blick frei über die Baumwipfel hinweg schweifen kann. Seine höchste Erhebung ist die 946 m hohe Platte mit dem im Jahr 2000 erneuerten Oberpfalzturm. Einen weiteren Höhepunkt unserer Tour bildet die Ruine der auf Granitfelsen erbauten Burg Weißenstein. Über Treppenstufen sind die auf mehreren Ebenen angelegten Wohnbereiche der Burganlage sowie der Bergfried erreichbar, von dem sich erneut ein weiter Blick ins Land bietet.

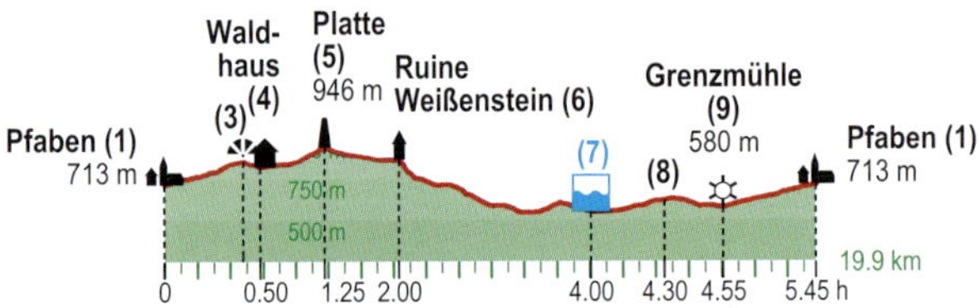

Der Zipfeltannenfelsen – ein versteinertes Fabelwesen?

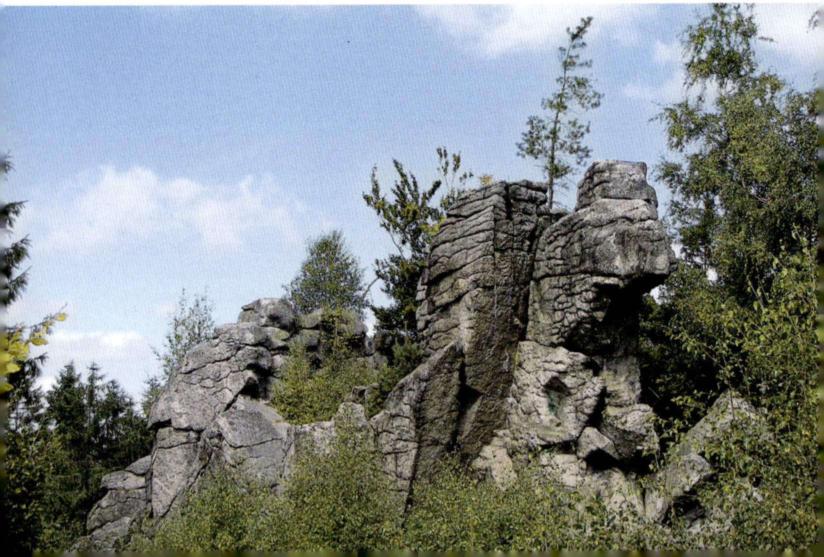

Ausgangspunkt: Pfaben, 713 m, bei Erbendorf; Parkplatz am oberen Ortsende auf der rechten Seite (Navi: 92681 Pfaben/Erbendorf).
Höhenunterschied: 600 m.
Anforderungen: Rundweg, ca. 20 km; steinige, wurzelige Waldwege, tlw. Forst- und Feldwege, Ausdauer erforderlich.
Einkehr: Waldhaus im Steinwald (Fr–So und Feiertage geöffnet, waldhaus-steinwald.de, Tel. +49 9683 9299797), Drehrestaurant im Hotel Steinwaldhaus (Tel. +49 9682 9330), Zoigl am Räuberfelsen (Termine: www.zoigl-raeuberfelsen.de) in Pfaben, mehrere Gasthäuser in Friedenfels.
Varianten: 1. Nach einem Abstecher zum Felsentor Kibitzstein kehren wir von der Ruine Weißenstein (6) zur Dreifaltigkeitskapelle zurück und biegen dort links ab. Der breite Waldweg kreuzt einen Forstweg und führt dann als Waldweg weiter bergab zu einer Gabelung. Hier weist eine blasse, rote Nordic-Walking-Markierung nach rechts, wir aber gehen noch 100 m geradeaus weiter und treffen auf den imposanten Leiterfelsen. Rechts folgen wir der Spur zum rechten Abstiegsweg und stoßen auf einen blauweiß markierten Forstweg. Wir folgen der Markierung nach Bärnhöhe (8). Dann wie unten beschrieben zurück nach Pfaben (1) (15 km, 4.30 Std.).

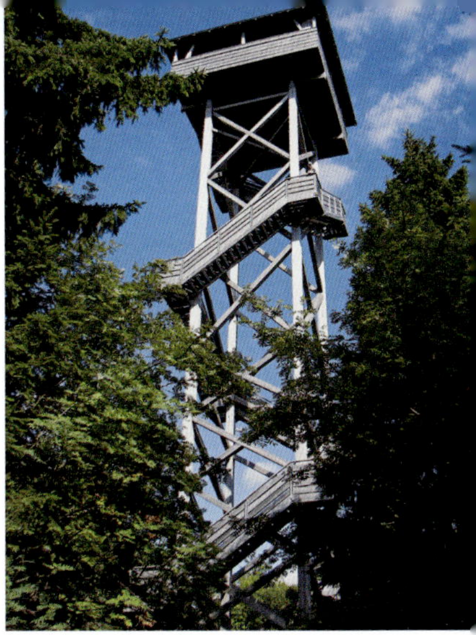

Der Oberpfalzturm.

2. Streckenwanderung nach Friedenfels (ca. 13 km, 3.45 Std.) Rückkehr nach Pfaben mit dem BAXI Linie 8302, Anmeldung unter Tel. +49 9631 7929899 (Fahrplan: www.fahrmit-tirschenreuth.de).
Tipp: Naturpark-Infostelle Grenzmühle: www.grenzmuehle.de.

Vom Parkplatz in **Pfaben (1)** gehen wir bergan zu einer großen hölzernen Wandertafel und wählen den mit blauem Rechteck markierten sowie den Waldhistorischen Lehrpfad links Richtung Oberpfalzturm. Bald taucht hinter einem Felshügel der **Zipfeltannenfelsen (2)** auf; er ist an seiner markanten Form leicht zu erkennen. Wir queren einen Forstweg und steigen von Infotafeln begleitet zum **Saubadfelsen (3)** auf, den wir nach ca. 25 Min. durch einen Abstecher nach links erreichen. Über einen Treppenaufstieg gelangt man auf die Aussichtsplattform. Zurück auf dem Weg ist wenig später das bewirtschaftete **Waldhaus (4)** am Rotwildgehege erreicht. Kurz zuvor können wir, am Abzweig zum Waldhaus, einen Abstecher geradeaus zum nahen **Palmlohmoor** und zum etwa 1 km entfernten **Reisenegger Aussichtsfelsen** unternehmen. Anschließend geht es mit blauem Rechteck weiter zu einer Kreuzung mit Unterstand, dann steigen wir zusammen mit dem Fränkischen Gebirgsweg steil hinauf zum **Oberpfalzturm** auf der 946 m hohen

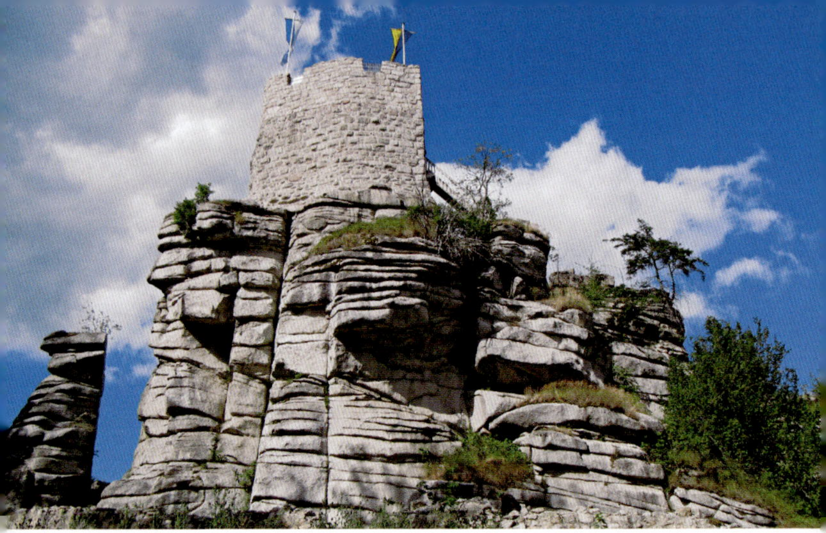

Majestätisch auf Felsen erbaut blickt die Ruine Weißenstein weit ins Land.

Platte (5). Von oben genießt man eine fantastische Aussicht auf das Fichtelgebirge im Norden und auf Oberpfälzer Wald und Böhmerwald im Osten. Unverkennbar sind die Vulkankegel Parkstein und Rauher Kulm im Süden bzw. Südwesten. Über den Bergrücken gelangen wir an Schloßfelsen und **Dreifaltigkeitskapelle** vorbei zur **Ruine Weißenstein (6)**. Über Holztreppen sind die Wohnbereiche der Burganlage zu erreichen. Ebenso der Bergfried, von dem aus sich noch einmal eine herrliche Aussicht bietet. Von der Ruine folgen wir zunächst dem blauen Dreieck Richtung Fuchsmühl. Am etwa 100 m unterhalb gelegenen Felsentor **Kibitzstein** vorbei, dann biegt der Goldsteig rechts ab (wir können ihm auf breitem Forstweg folgen). Schöner, allerdings derzeit (2021) auch unwegsamer, geht es mit dem blauen Dreieck über diesen Forstweg hinweg und auf einem Pfad zu einem Querweg. Hier gehen wir ohne Markierung nach rechts. Äste von Waldarbeiten liegen am Boden, dann beschreibt der Waldweg eine Rechtskurve (und steigt wieder hinauf zum Goldsteig), doch wir gehen auf einem einfachen, unwegsamen Waldweg geradeaus und treffen nach etwa 10 Min. auf den Goldsteig, wo wir links abbiegen. Über den Wanderparkplatz Zimmerplatz und wieder in den Wald. Ein Stück am Bächlein entlang, dann rechts und an einem ehemaligen Skihang vorbei. Am **Schusterberg** können wir links mit dem Goldsteig nach Friedenfels absteigen (Einkehrmöglichkeiten, Rückfahrt mit dem Baxi). Der Rückweg folgt dem Südweg (schwarzes S auf gelbem Grund) nach rechts. Wir folgen dem Kreuzweg bergan zur Kapelle, dann rechts hinab zum **Frau-**

enreuther Weiher (7). Am Ortseingang gegenüber von Haus Nr. 60 unmarkiert rechts zum Wehr des Weihers und den Uferpfad entlang. Bänke und Buchten laden zum Verweilen und Baden ein. Der Uferpfad geht über in eine Wiese und stößt wenig später auf einen Querweg. Links zur Kreuzung und dort mit dem Südweg rechts bis nach **Bärnhöhe (8)**. An den ersten Höfen vorbei zu einer Straße. Rechts und an der nächsten Gabelung unmarkiert links zu den Häusern Bärnhöhe 8–10. Nach Haus Nr. 9 treffen wir auf eine blau-weiße Schrägeck-Markierung und folgen ihr links auf den Wald zu. Den Waldweg hinab zur Straße, dort kurz links und dann gleich wieder rechts zur **Grenzmühle (9)** mit Naturpark-Infostelle. Mit blauem Längsbalken wandern wir am Abzweig der blauen Raute vorbei und 100 m weiter geradeaus (roter Pfeil) in einen Waldweg. Kurz darauf rechts bergan und 10 Min. später an der zweiten Lichtung den Querweg rechts zur Straße. Nun mit blauem Längsbalken über diese hinweg zur Steinwaldkirche und zurück nach **Pfaben (1)**.

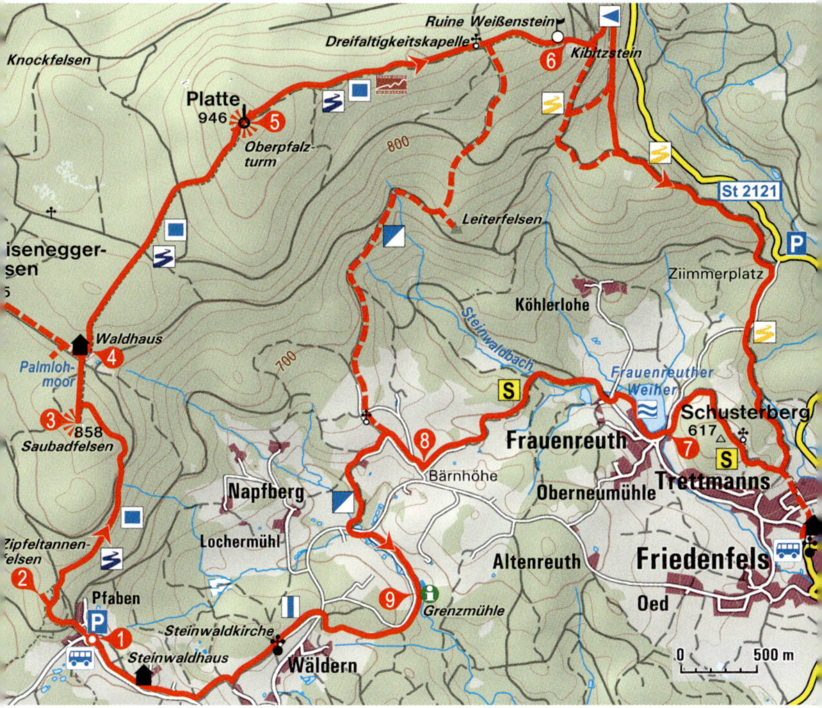

36

Vulkantour durch das Kemnather Land

5.45 Std.

Aussichtsreiche Vulkankegel und ein geologischer Lehrpfad

Die Basaltkegel Armesberg, Waldecker Schloßberg und Anzenberg beherrschen gemeinsam mit dem Rauhen Kulm das geologisch interessante Kemnather Land. Burgruinen und Wallfahrtskirchen thronen heute auf den einstigen Vulkanschloten. Zahlreiche Geostationen veranschaulichen geologische Phänomene und Besonderheiten von Flora und Fauna.

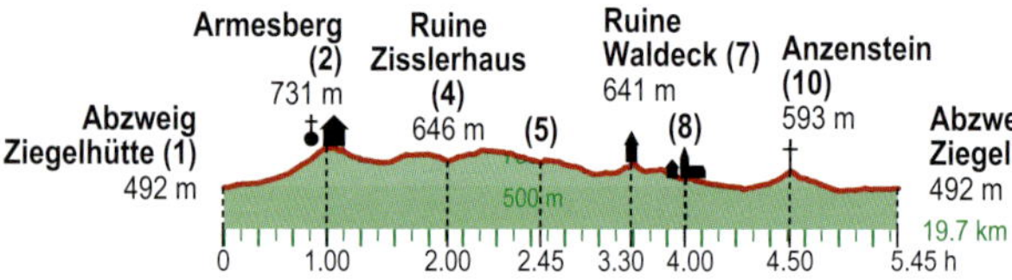

Ausgangspunkt: Abzweig Ziegelhütte, 492 m. Zufahrt: Von Eisersdorf bei Kemnath ca. 1,5 km Richtung Neusteinreuth; Parkmöglichkeit in dem mit GEO-Erlebnisweg beschilderten Waldweg auf der linken Seite (Navi: 95478 Eisersdorf/Kemnath).
Höhenunterschied: 580 m.
Anforderungen: Rundwanderung, ca. 20 km; gute Wege und Pfade, einige Anstiege erfordern etwas Ausdauer.
Einkehr: Gaststätte Mesnerhaus auf dem Armesberg (Mo–Sa nach Anmeldung für Gruppen, So 11–20 Uhr geöffnet, Tel. +49 9234 6611, https://mesnerhausarmesberg.de) sowie in Waldeck und Schönreuth.
Hinweis: Die Tour folgt in weiten Teilen dem Hautptweg (blaue Pfeile) des »GEO-Erlebniswegs Kemnather Land«. An den jeweiligen Geostationen befinden sich Infotafeln in deutscher, tschechischer und englischer Sprache. Ein Infoflyer ist in den Infozentren des GEOPARKS Bayern-Böhmen erhältlich.
Tipp: Kemnather Karpfenweg (2,8 km).

Wir starten unsere Wanderung nahe des **Abzweigs Ziegelhütte (1)** am Wegweiser »GEO-Erlebnisweg-Hauptweg« und der Markierung Nr. 3. Zunächst geht es durch ein Waldstück zur **Geostation 3.** Wir nehmen den Feldweg nach rechts, queren eine Straße und steigen hinauf zu einem Wasserhäuschen. Auf dem Schotterweg nach links zur **Geostation 4**. Sie erklärt die »Fränkische Linie«. Weiter geht es bergan, gut 5 Min. später links und gleich darauf rechts, zusammen mit dem blauen Kreuz, in einen immer schmaler werdenden Waldweg. Über ein Bächlein mit **Geostation 5** auf Pfaden durch den Wald, dann gerade hinauf zum Aussichtspunkt mit **Geostation 6**. Beim Blick zurück erkennen wir die Vulkankegel Waldecker Schloßberg, Anzenstein und Rauher Kulm. Kurz darauf ignorieren wir zunächst den Abzweig rechts hinunter nach Godas und wandern weiter bergan. Vor der schon zur Einkehr lockenden Gaststätte Mesnerhaus steigen wir links, an **Geostation 7** vorbei, die Stufen hinauf zur Wallfahrtskirche auf dem

Armesberg (2). Gegenüber lohnt der Abstecher zur **Geostation 9** mit Blick über die Basaltblockhalden. Wir steigen auf der Zufahrtsstraße ab und gehen geradeaus zur **Geostation 8**. Nach der Einkehr im Mesnerhaus laufen wir zum zuvor ausgelassenen Weg nach Godas. Der Weg biegt links zur Straße ab und folgt dieser rechts bergab bis zum ersten Abzweig nach **Godas**. Hier links in den Ort hinein und am nächsten Abzweig rechts zum hölzernen **Glockenturm (3)** und geradeaus den Berg hinauf zur **Geostation 10**, einem Lesesteinhaufen.

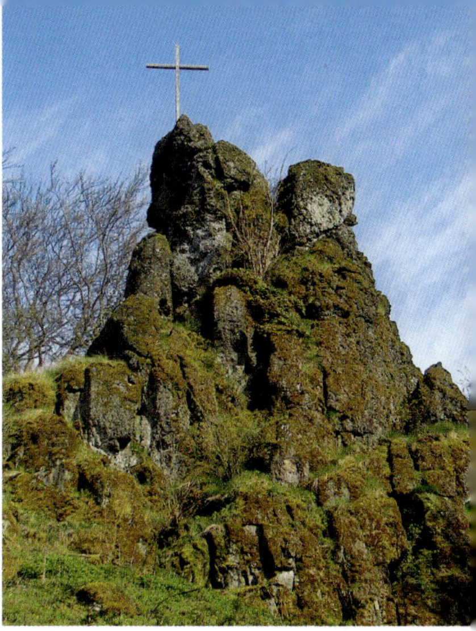

Der Anzenstein ist ein erstarrter Magmaschlot unweit von Schönreuth.

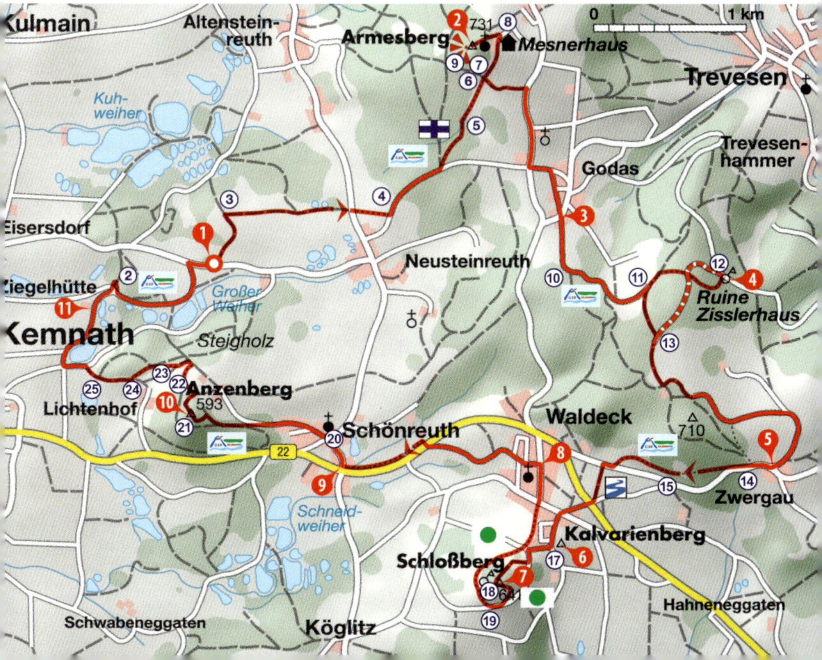

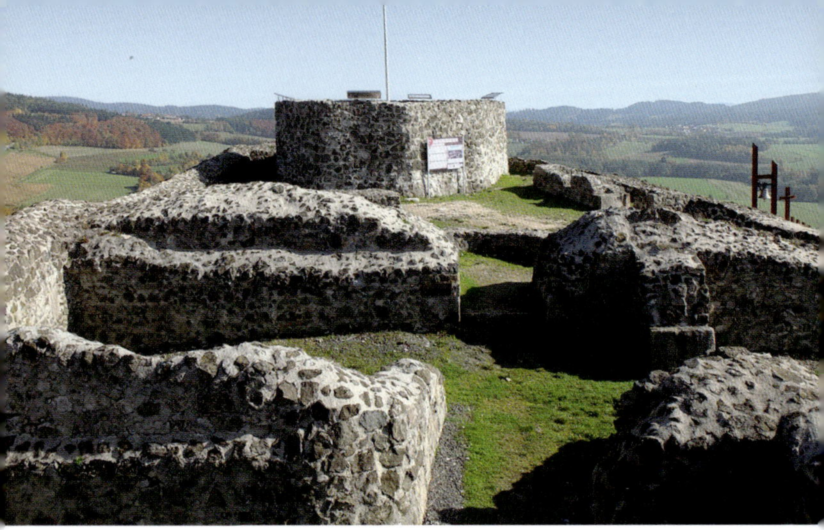

Die restaurierte Burgruine auf den Basaltfelsen des Waldecker Schloßbergs.

Nach links geht es zur **Geostation 11** am Aussichtspunkt Zislarhut. Wer abkürzen möchte, kann hier nach rechts gehen, alle anderen folgen dem Lehrpfad links hinab. Kurz darauf geht es auf einem Grasweg rechts zu einem Forstweg. Wir überqueren diesen und biegen in den schräg rechts versetzt mündenden, einfachen Waldweg, der uns hinab zur **Ruine Zisslerhaus (4)** mit **Geostation 12** führt (alternativ kann man auch der Markierung nach links auf dem Forstweg folgen). Anschließend kehren wir auf demselben Weg zur **Geostation 11** zurück und halten uns dort links am Waldrand entlang. Alternativ können wir auch nur bis zum Forstweg ansteigen und auf diesem, der Markierung folgend, nach links gehen. Bei **Geostation 13**, die das tiefe Tal der Fichtelnaab beschreibt, treffen beide Wege wieder zusammen. Nun immer am Waldrand entlang, an einer Lärchenreihe vorbei und dann im Bogen hinab nach **Zwergau (5)**. Nach der Kapelle rechts zum Waldrand mit **Geostation 14**. Nun ein kurzes Stück auf der Straße abwärts, dann biegen wir rechts in einen Waldweg ein. Es folgt ein tief eingeschnittener Hohlweg und an **Geostation 15** öffnet sich der Blick vom Kührangen. An einem Wegkreuz geht es links hinab, an der Asphaltstraße rechts, dann auch mit dem blauen S links einen Grasweg zur Bundesstraße, die wir geradeaus vorsichtig queren. An der Infotafel zum GEO-Erlebnisweg vorbei erreichen wir den kleinen Vulkan **Waldecker Kalvarienberg (6)** und die **Geostation 17**. Ein kurzer, steiler Aufstieg ist möglich. Auf unserem Weg zum Schloßberg passieren wir den alten Friedhof von Waldeck, zweigen dort nach links und steigen dann rechts hinauf zur **Ruine Waldeck (7)** mit **Geostation 18**. Die restaurierten Mauern auf den Basaltfelsen lassen die einstige Pracht der Burganlage erahnen. Rastplätze mit herrlicher Aussicht laden zu einer Pause ein. Anschließend gehen wir durch das Tor hinunter zu einem Asphaltweg. **Geostation 19**, am Standort von Alt-Waldeck, macht auf die wärmeliebende Pflanzenwelt aufmerksam. Rechts und kurz darauf mit dem grünen Punkt erneut rechts in einen Grasweg. Oberhalb von Waldeck passieren wir alte Kelleranlagen und biegen vor dem ersten Haus links in einen breiten, gepflasterten Weg ein. Ein Fußweg führt hier in den Ort **Waldeck (8)** hinab. Wir gehen am Unteren Markt entlang zur Kirche, dann links die »Alte Straße« abwärts. An der Schule vorbei geradeaus durch die Siedlung und vor einem Spielplatz auf einem Feldweg rechts zur Bundesstraße. Auf dem straßenbegleitenden Radweg weiter bis **Schönreuth (9)**, dann mit dem GEO-Erlebnisweg rechts in den Ort. An der nächsten Gabelung bei **Geostation 20** halb links, oberhalb der Kirche vorbei und am Siedlungsende links in einen Waldweg hinauf zu **Geostation 21**. Ca. 30 m links von der Tafel führt ein steiler Weg hinauf zum spitz emporragenden **Anzenstein (10)**, einem Magmahärtling. Eine Aussichtsbank gewährt einen tollen Blick auf die Stadt Kemnath und den Rauhen Kulm. Auf der gegenüberliegenden Seite steigen wir steil bergab und folgen links einem Pfad über eine Wiese zu einer großen Ulme, **Geostation 22**. Hier rechts und dann nach links erreichen wir den Waldrand. Dort nach wenigen Metern rechts in den Wald und dann links wieder zum Waldrand. Geradeaus und im Wald rechts zu **Geostation 23** in einem Steinbruch. Erneut am Waldrand passieren wir eine Bank, schwenken zu dem Grasweg vor der Bank und erreichen **Geostation 24** an einer Altstraße. Kurz darauf treffen wir am Luderweiher auf **Geostation 25**. Links am Weiher entlang, dann rechts, kurz darauf verlassen wir den GEO-Erlebnisweg und wandern geradeaus auf den Hof **Ziegelhütte (11)** zu. Am Querweg nehmen wir den Geo-Erlebnisweg wieder auf, der uns erst geradeaus, dann rechts zu **Geostation 2** und wieder zurück zum Querweg führt (nicht den grünen Pfeilen geradeaus folgen). Dort gehen wir links zur Straße und rechts zum Ausgangpunkt beim **Abzweig Ziegelhütte (1)**.

Sonnenuntergang am Armesberg mit Blick zum Vulkankegel Rauher Kulm.

TOP **37** # Zum Vulkan Rauher Kulm, 681 m

3.30 Std.

Über Basaltblockhalden zum Aussichtsturm auf dem Rauhen Kulm

Kaum zu glauben: In der Oberpfalz gibt es über hundert Vulkane. Zu den imposantesten gehört zweifelsfrei der Rauhe Kulm. Vor rund 21 Mio. Jahren kam es zu explosionsartigen Eruptionen, als heißes Magma auf Grundwasser stieß. Das Magma erstarrte zu einem Basaltschlot, der erst durch die Verwitterung der umliegenden Gesteinsschichten hervortrat. Die freigelegten Basaltsäulen zerbrachen und hinterließen ein Trümmerfeld, durch das wir uns bei dieser Wanderung auf den Gipfel des Rauhen Kulm mühen. Wo heute ein Aussichtsturm den Gipfel krönt, stand einst eine Burg, die vermutlich zur Verteidigung gegen die Ungarn um 950 errichtet wurde. Vorchristliche Funde rund um den Rauhen Kulm zeugen von einer frühen Besiedelung.

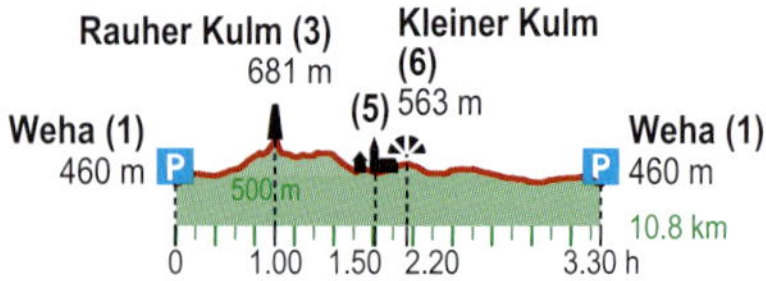

Ausgangspunkt: Weha, 460 m, Zufahrt: Über Kastl und Mühlhof nach Weha, dort am kleinen Platz mit Kreuz links, Parkplätze vor dem Dorfweiher links (Navi: 95506 Weha/Kastl bei Kemnath).

Höhenunterschied: 380 m.

Anforderungen: Rundweg, ca. 11 km; Pfade, Wald- und Wiesenwege, An- und Abstieg über Basaltblockhalden erfordern festes Schuhwerk.

Einkehr: Mehrere in Neustadt am Kulm.

Tipps: Infozentrum Rauher Kulm und Ausstellung Archäologie in Neustadt am Kulm (geöffnet April–Okt. den 1. und 2. So im Monat 14–17 Uhr).

Vom Parkplatz in **Weha (1)** folgen wir dem roten Schrägkreuz des Main-Mies-Wegs und dem blauen Balken Richtung Rauher Kulm. Nach dem Weiher könnte man mit dem Schrägkreuz geradeaus direkt den Rauhen Kulm ansteuern. Abenteuerlustige, die den Basaltsteinbruch Kühhübel erforschen wollen oder auf bequemerem Weg den Rauhen Kulm erklimmen möchten, gehen links. Der blau markierte Weg führt zwischen den Weihern bergan, schwenkt rechts zum Waldrand und führt links an diesem entlang. Während

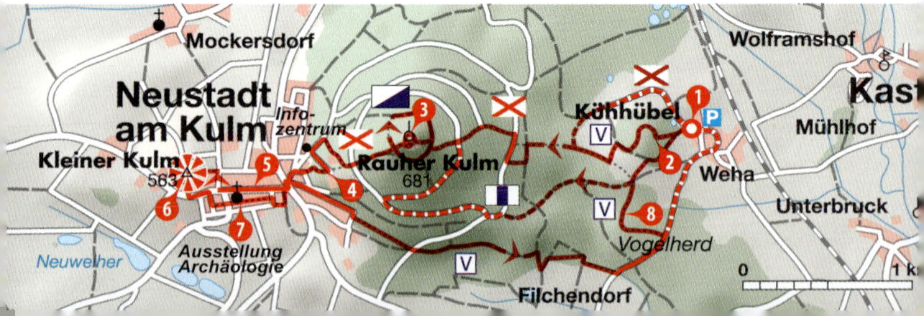

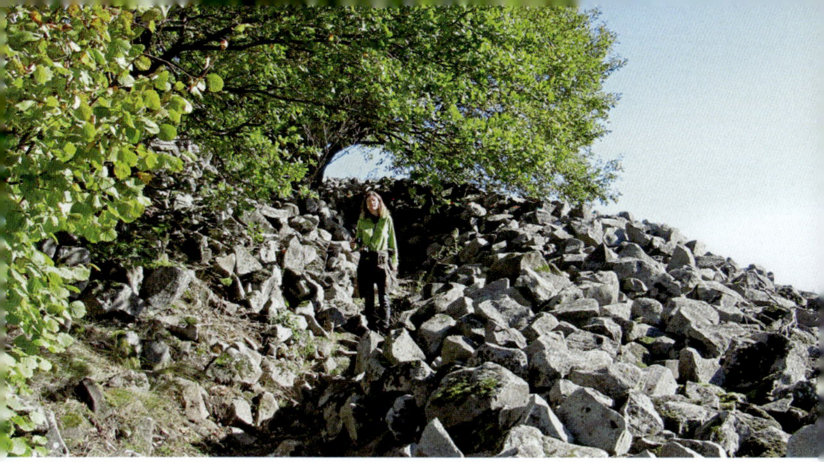

Der Wanderweg führt mitten durch die Bastaltblockhalden des Rauhen Kulm.

der blaue Balken geradeaus und dann gemütlich auf dem Wehaer Weg den Rauhen Kulm hinaufsteigt, führt uns nach wenigen Metern das blaue V, eine alte Markierung, rechts senkrecht den Berg hinauf. Vom Rand des **Kühhübels (2)**, eines Vulkans, der ab 1860 abgebaut wurde, blicken wir in die Tiefe. Dann hangeln wir uns rechts vorsichtig von Markierung zu Markierung weglos am Rand des Steinbruchs entlang zur Westseite. Vor einem Zaun leitet uns die Markierung rechts aus dem Wald und abermals rechts zur Waldecke. Ein Feldweg führt uns hier links zu einem Querweg, dem wir nach rechts folgen. Kurz darauf vereinigt sich der mit dem roten Schrägkreuz markierte Weg mit unserem, wir gehen weiter geradeaus in den Wald. Am Querweg geht es kurz links, dann rechts einen Pfad zu einem Forstweg empor. Auf diesem knapp 150 m nach rechts, dann wieder links und auf einem Grasweg bergan. Der Weg mündet in einen hier beginnenden Forstweg. Gegenüber steigen wir mit dem Schrägkreuz links auf einem Pfad den Wald aufwärts zu einem Sendemast. Hier stößt auch der mit blauem Balken markierte Weg hinzu. Geradeaus geht es kurz darauf durch eine Öffnung im **Ringwall**, dann führt unser Weg durch die Basaltblockhalden bergan. Zum Aussichtsturm auf dem **Rauhen Kulm (3)** weist uns ein Schild geradeaus über eine Wegkreuzung. Nach 110 Treppenstufen genießen wir von der Aussichtsplattform eine herrliche Rundsicht. Eine Tafel am Fuß des Turms beschreibt die einstige Burg und die Entstehung der Ringwälle. Auf der Nordseite, links vom Eingang des Turms, führt ein markierter Pfad im Rechtsbogen wieder zurück zur beschilderten Wegkreuzung. Dort folgen wir nun gerade dem roten Schrägkreuz durch ein Blockhaldenmeer aus Basalt hinab zu einem überdachten Rastplatz. Infotafeln berichten über die Entstehung

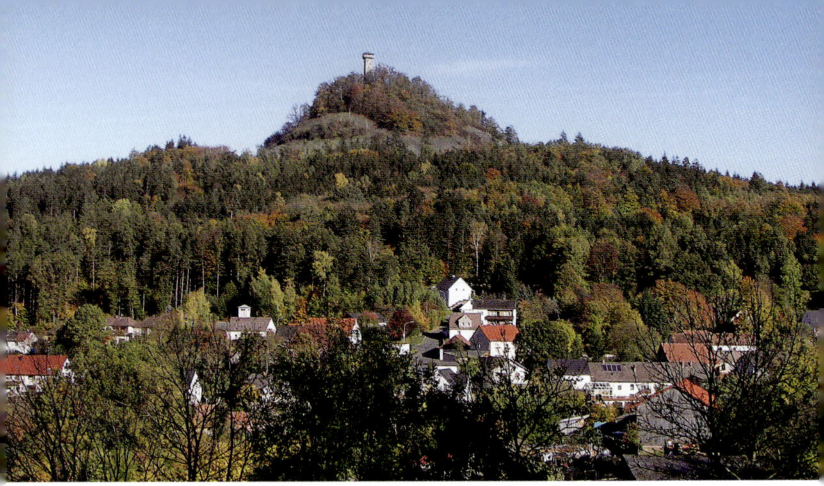

Der Rauhe Kulm von seinem kleinen Bruder aus gesehen.

des Vulkans und den besonderen Lebensraum für Pflanzen. Kurz darauf erreichen wir einen Abzweig am Ringwall. Geradeaus könnten wir mit dem Schrägkreuz auf kürzestem Weg nach Neustadt am Kulm laufen, lohnend ist zuvor eine Umrundung des Basaltkegels. Dazu folgen wir dem blau-weißen Dreieck nach rechts und nach knapp 10 Min. nicht links bergab, sondern ohne Markierung geradeaus zwischen den Wällen hindurch zum Rand eines 1906 aufgelassenen Steinbruchs mit Infotafel. Hinter dem Steinbruch führen Stufen hinauf zu unserem markierten Aufstiegsweg. Wir gehen links und dann ohne Markierung nicht links durch den **Ringwall**, sondern rechts an den archäologischen Ausgrabungen auf einem Pfad vorbei. Dieser leitet uns etwas unterhalb des Basaltschotters weiter um den Berg. Wir queren den Ringwall nach links, dann wird der Weg breiter. Hier heißt es aufgepasst: Am Beginn des breiten Weges biegt ein unscheinbarer Pfad nach rechts ab und schlängelt sich durch den Wald zum Abzweig am Ringwall, wo wir nun links dem roten Schrägkreuz folgen. Ein Pfad führt uns bald rechts zum Parkplatz P2 und zum **Infozentrum**. Von dort steigen wir den kurzen Asphaltweg zum Sandberg hinauf zu einem Parkplatz. Dort geht es rechts durch den Wald hinab. Wir halten uns einmal rechts und entdecken am Waldrand zu unserer Linken frei zugängliche, beleuchtete **Felsenkeller (4)**. Ab 1712 entstanden 15 in den Sandstein gehauene Keller, die anfangs zur Bierlagerung und später zur Lagerung von Rüben und Kartoffeln genutzt wurden. Im Krieg dienten sie als Luftschutzkeller, heute sind sie wichtiger Rückzugsort für bedrohte Fledermausarten. Über eine Ampelkreuzung wandern wir hinab zum Marktplatz von **Neustadt am Kulm (5)**. Auffallend sind die breiten Tore an jedem Haus, die den Bauern früher als Zufahrt zu ihren Hinterhöfen dienten. Im oberen Drittel des Marktplatzes gehen wir mit dem Schrägkeuz die Straße Badthürl nach rechts und kurz darauf links ein paar Stufen empor. Vor einem Wasserhaus weist uns ein Schild links den Weg zum **Kleinen Kulm (6)**. Am nachfolgenden Abzweig gehen wir erneut links und erklimmen dann im Linksbogen den aussichtsreichen Gipfel, auf dem sich bis ins 16. Jh. ebenfalls eine Burg befand. Eine GEOPARK-Infotafel steht unterhalb vor der Gesteinswand. Wir steigen auf gleichem Weg ab, gehen dann aber die Kleiner-Kulm-Straße links hinab und abermals links zum Marktplatz. Vor dem Spielplatz gleich wieder rechts und in die Pfarrgasse, dann links zur evangelisch-lutherischen **Stadtkirche (7)** in der Kirchgasse (Schlüssel, falls geschlossen, im Haus »Neues Tor 4«). Die hübsche Barockkirche stammt ursprünglich aus dem 15. Jh., wurde aber im Dreißigjährigen Krieg mitsamt der Stadt zerstört. Erst Anfang des 18. Jh. baute man sie im barocken Stil auf. Die Ausstellung zur Archäologie am Rauhen Kulm befindet sich rechts neben der Kirche. Geradeaus weiter und dann rechts durch ein ehemaliges Stadtmauertor. Hinter dem Tor links zur Ampelkreuzung. Wir überqueren die Straße und gehen auf der anderen Seite erst den Brunnröhrenweg, dann rechts den Grünlohweg entlang. Am Siedlungsende geradeaus erst am Waldrand entlang, dann in den Wald. Es geht über einen Forstweg hinweg; dann ist unser Weg sporadisch mit blauem V markiert. Auf dem asphaltierten Querweg ca. 50 m nach rechts, dann auf einem Wiesenweg links und auf einem Waldweg weiter. Schließlich führt uns ein Querweg rechts aus dem Wald. Wir folgen noch kurz dem Waldrand. Am nächsten Abzweig biegen wir links auf einem Schotterweg erneut in den Wald. Am höchsten Punkt zweigt das V nach links ab und führt uns zum ehemaligen Basaltsteinbruch Vogelherd, während der Schotterweg geradeaus direkt zurück zum Ausgangspunkt führt. Etwa 3 Min. nach dem Abzweig passieren wir die Ausläufer des zugewachsenen Steinbruchs, halten uns rechts und gehen im Rechtsbogen um ihn herum. Ein markierter Abstecher führt uns rechts an den Rand des Steinbruchs **Vogelherd (8)**, wo wir über die gesamte Länge seines mit einem grünen Algenteppich überzogenen Grundwassers blicken können. Anschließend setzen wir unseren Weg nach rechts fort. Am Waldrand folgen wir dem blauen Balken linksversetzt auf den Kühhübel zu und rechts zurück nach **Weha (1)**.

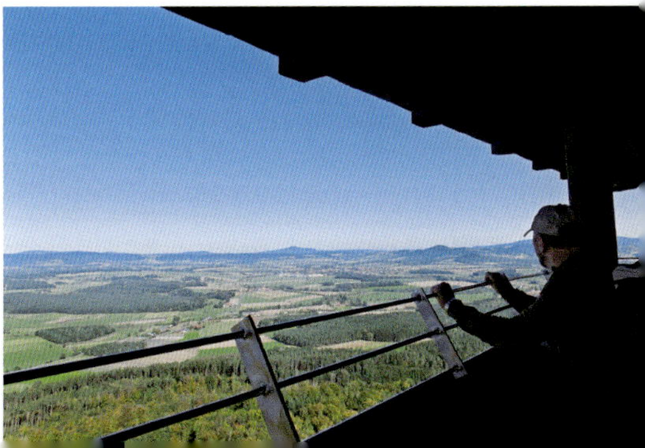

Blick vom Aussichtsturm auf dem Rauhen Kulm.

38 Kloster Speinshart und die Wallfahrtskirche St. Barbara

2.00 Std.

Von der barocken Klosterkirche zur Kirchenruine von St. Barbara

Das Prämonstratenser-Kloster Speinshart wurde 1145 gegründet, um 1700 erhielt es eine neue, reich dekorierte Klosterkirche nach Plänen von Wolfgang Dientzenhofer. Nach der Säkularisierung 1803 entstand aus den vormaligen Ökonomiegebäuden ein Klosterdorf, das heute als bedeutsames Baudenkmal gilt. Auf unserem Weg von dort zur Kirchenruine Barbaraberg, einst Sommerresidenz der Äbte, begegnen uns überlebensgroße, aus Stein gehauene Statuen. Es handelt sich um Volksheilige aus dem 18 Jh., die von der Abtei Speinshart einst an markanten Punkten im Wegenetz rund um das Kloster aufgestellt wurden. Die Wallfahrtskirche St. Barbara aus dem Jahr 1759 wurde nach der Säkularisierung dem Verfall preisgegeben; von ihr sind nur die schmucke Barockfassade und eine Kapelle erhalten.

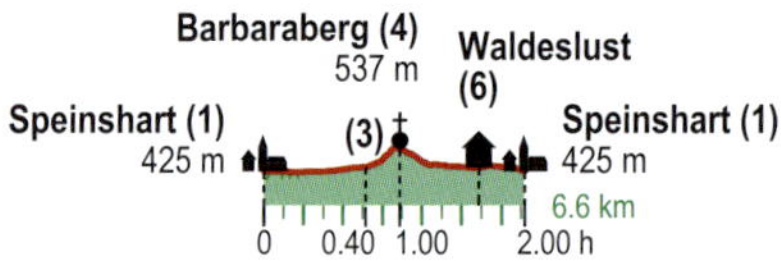

Ausgangspunkt: Speinshart, 425 m, Parkplatz nördl. des Klosters (Navi: 92676 Speinshart, Gereon-Motyka-Siedlung).
Höhenunterschied: 150 m.
Anforderungen: Kurze Rundwanderung, ca. 6,5 km; meist auf Wald-, Wiesen- und Feldwegen, kurzer kräftiger Anstieg auf den Barbaraberg.
Einkehr: Gasthaus Waldeslust (Anmeldung: Tel. +49 9645 1254) am Campingplatz Süßenweiher, Klostergasthof Speinshart (Mo Ruhetag, Tel. +49 9645 60193701).
Tipp: Kloster Speinshart (Info zur Kirchenführung: Tel. +49 9645 60193302; Info zu Konzertterminen und Ausstellungen: www.kloster-speinshart.de, Tel. +49 9645 60193601), Wurzelmuseum in Tremmersdorf (Info und Anmeldung: Tel. +49 9645 1288). Vogelfreistätte Großer Rußweiher in Eschenbach (Zufahrt: Von Speinshart nach Tremmersdorf, dort rechts Richtung Kirchenthumbach und an der nächsten Kreuzung links Richtung Eschenbach, nach 2 km – vor Großkotzenreuth – rechts zum Parkplatz mit Infotafel. Wanderung um den Großen Rußweiher (4 km, ca. 1 Std., mit Paulus- und Rußlohweiher 5,5 km, ca. 1.30 Std.).
Variante: Wanderung auf dem alten Wallfahrtsweg von Speinshart zum Barbaraberg (3 km, 1 Std., einfach). Wir verlassen wie unten beschrieben das Kloster, wandern zum Wald und gehen links. Wir bleiben am Waldrand und gehen erst am Waldende rechts. Nun immer geradeaus an den Heiligenfiguren der Katharina von Alexandrien und Margaretha vorbei, dann den Kreuzweg hinauf zur 2. Patronin der alten Wallfahrtskirche auf dem Barbaraberg, der hl. Maria Magdalena, und zur Kirchenruine.

Die Heilige Maria Immaculata, eine der lebensgroßen Heiligenfiguren von Speinshart.

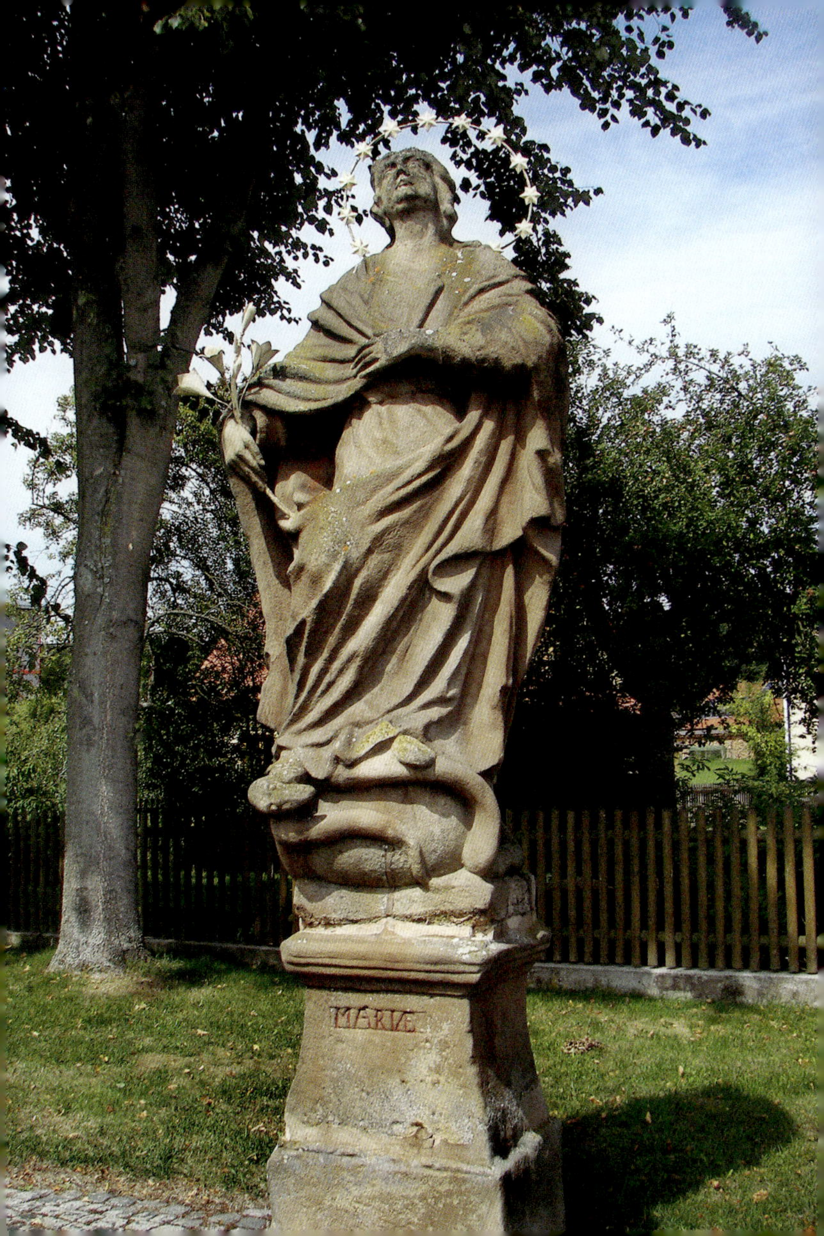
MARIE

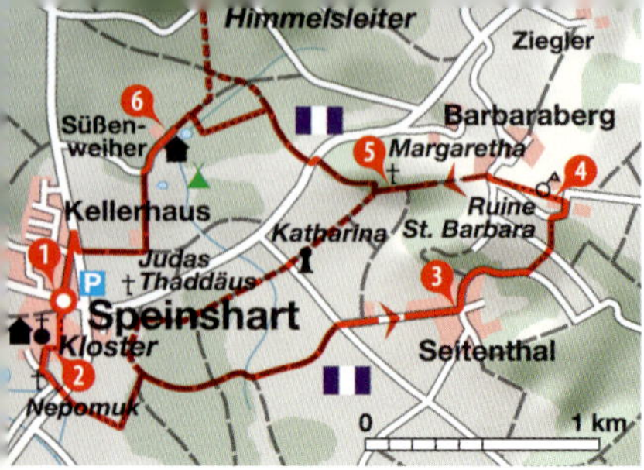

Vom Parkplatz in **Speinshart (1)** beim Bildnis der Heiligen Maria Immaculata gehen wir durch das Eingangstor in den Klosterhof und zur sehenswerten **Klosterkirche (2)**. Nach der Besichtigung geht es an der Kirche vorbei, eine Allee entlang und zu einer weiteren Sandsteinfigur, dem Brückenheiligen Johannes Nepomuk. Die gesamte Wanderung ist sporadisch blau-weiß-blau markiert. Wir überqueren die Straße und gehen einen Feldweg entlang zu einer Waldecke und links am Waldrand entlang, bis rechts ein Forstweg in den Wald hineinführt. Wir folgen diesem und halten nach dem Waldstück auf den vor uns liegenden Ort zu. In **Seitenthal (3)** zweigen wir am Wegweiser nach Barbaraberg links ab. Kurz nach dem Ortsschild von Seitenthal steigen wir einen Wiesenweg links hinauf zu einer Waldecke mit Aussichtsbank. Zwischen Streuobstwiese und Waldrand weiter aufwärts und schließlich ein paar Stufen hinauf zum Ortseingang von **Barbaraberg (4)**. Wir wenden uns nach rechts und stehen kurz

Nur noch eine Fassade: die Kirchenruine St. Barbara auf dem Barbaraberg.

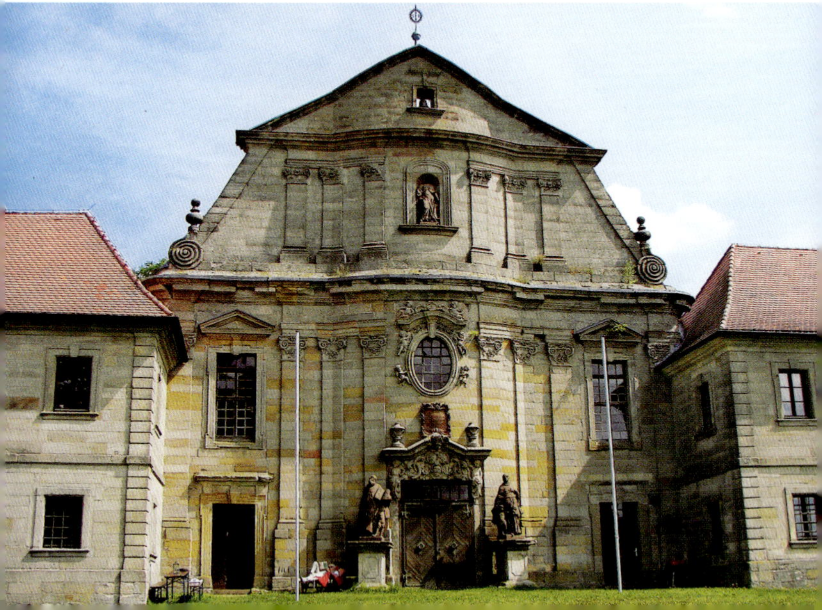

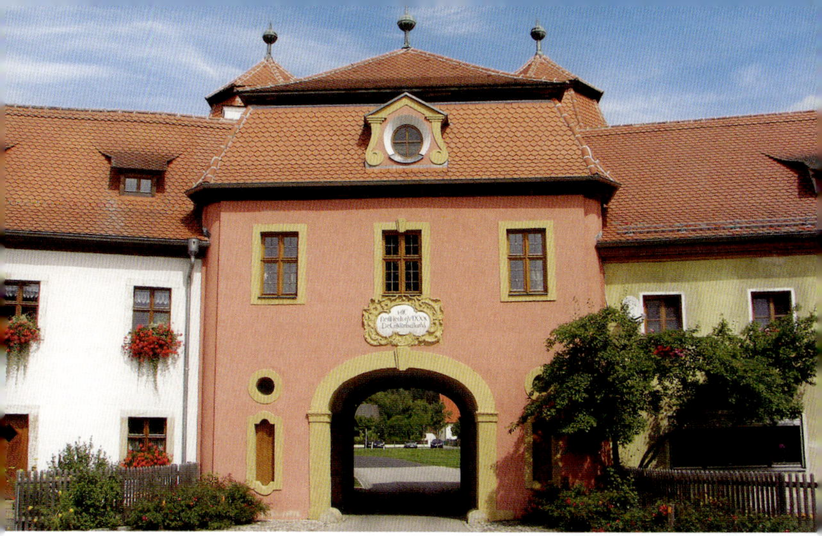

Das Nordtor des Klosterdorfes Speinshart ist im barocken Stil erbaut.

darauf auf der Rückseite der Kirchenruine. Eine Tafel des GEOPARKS Bayern-Böhmen informiert über die archäologischen Untersuchungen eines slawischen Gräberfeldes aus dem 10. Jh. Links vorbei zur immer noch eindrucksvollen Vorderseite. Die Kapelle, die sich hinter dem Hauptportal verbirgt, kann besichtigt werden. Anschließend steigen wir mit herrlicher Aussicht den historischen Kreuzweg und ein Stück auf der Straße hinab. In der Rechtskurve geradeaus die Stufen hinunter und auf einen Wald zu. Durch den Wald und kurz nach dem **Bildnis der heiligen Margaretha (5)** an der nächsten Waldecke weglos dem Waldrand nach rechts folgen. Auf dem Querweg kurz darauf links und am inneren Waldrand entlang zu einer Straße, die wir einige Meter nach links versetzt queren. Nun geht es gerade in den Wald hinein. An einer Gabelung mit einem Verbotsschild für Kraftfahrzeuge halten wir uns links und gehen an den Weihern vorbei. Für einen Abstecher zur »Himmelsleiter« wandern wir an der Gabelung geradeaus weiter und am Forstweg nach rechts. Nach ca. 250 m geradeaus über einen Querweg hinweg steigt ein schmaler und überaus steiler Pfad, die »Himmelsleiter«, hinauf, leider ist die Aussicht bereits verwachsen. Wir gehen den Forstweg zurück und geradeaus an den Weihern vorbei. Der Hauptweg biegt ein und wir erreichen das **Gasthaus Waldeslust (6)**. Auf dem Sträßchen geht es am Campingplatz vorbei und vor der Rechtskurve an der Waldecke den Wiesenweg geradeaus am Waldrand entlang. Hinter den Scheunen zweigen wir rechts zur Straße ab, gehen kurz rechts und dann links durch den Ort zum Parkplatz am Kloster **Speinshart (1)**.

39 *Zum Basaltkegel Hoher Parkstein*

3.45 Std.

Durch lichten Kiefernwald zum schönsten Basaltkegel Europas

Weithin sichtbar erhebt sich der Basaltkegel von Parkstein mit seiner 38 m hohen Steilwand. Vor 24 Millionen Jahren hat vulkanische Aktivität dieses Meisterwerk geschaffen, aus dem fünf- bis siebeneckige Basaltsäulen eindrucksvoll hervorragen. Doch Parkstein hat nicht nur eine geologische, sondern auch eine musikalische Vergangenheit: 1822 wurde hier Franz Strauss geboren, einer der besten Hornisten seiner Zeit und Vater des Komponisten Richard Strauss. Von der historischen Bedeutung der Stadt zeugen die Überreste der mächtigen Burg, die wir auf dem Basaltkegel entdecken werden.

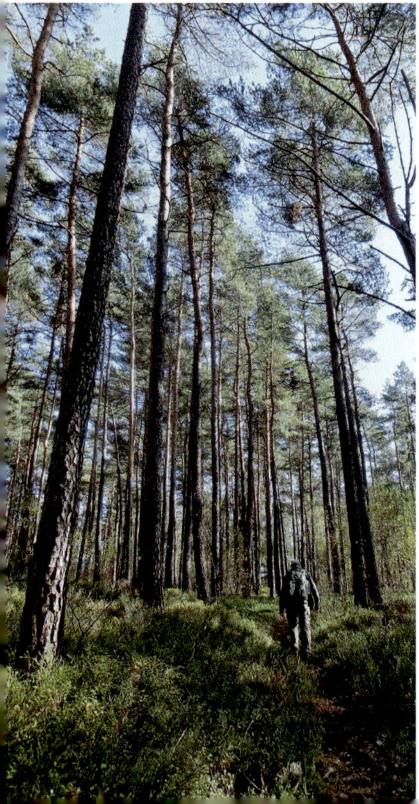

Ausgangspunkt: Schwand, 482 m, Parkmöglichkeit im Ort (Navi: 92711 Schwand/Parkstein).
Höhenunterschied: 270 m.
Anforderungen: Runde, ca. 12,5 km; meist auf Feld- und Waldwegen; Rückweg erfordert etwas Orientierungssinn.
Einkehr: Mehrere Gaststätten in Parkstein.
Variante: An der Gabelung (6) bietet sich ein etwas wilder Weg an, der weniger auf Asphalt verläuft. Dazu folgen wir der Markierung 1 nach rechts und biegen unmarkiert in den nächsten Feldweg nach links. Im Wald halten wir uns links und wenig später geht es rechts auf einer Brücke über den Schwarzenmoosbach. Am Waldrand folgen wir diesem nach links und schwenken nach einem umzäunten Wasserschacht links zu einem Weg, der uns zur Straße leitet. Nach rechts setzt sich die Tour fort.
Tipps: Vulkanmuseum mit einem stündlich ausbrechenden Vulkan, Schloßgasse 5–7 (www.vulkanerlebnis-parkstein.de, Tel. +49 9602 6163910). Geführte Geotour: Treffpunkt vor der Basaltwand Hoher Parkstein um 14 Uhr (Termine: Geschäftsstelle GEOPARK Bayern-Böhmen, Marktplatz 1, Mo–Fr 9–12 Uhr, www.geopark-bayern.de, Tel. +49 9602 9398166). Badesee bei Schwand.

Lichter Kiefernwald auf dem Weg nach Parkstein.

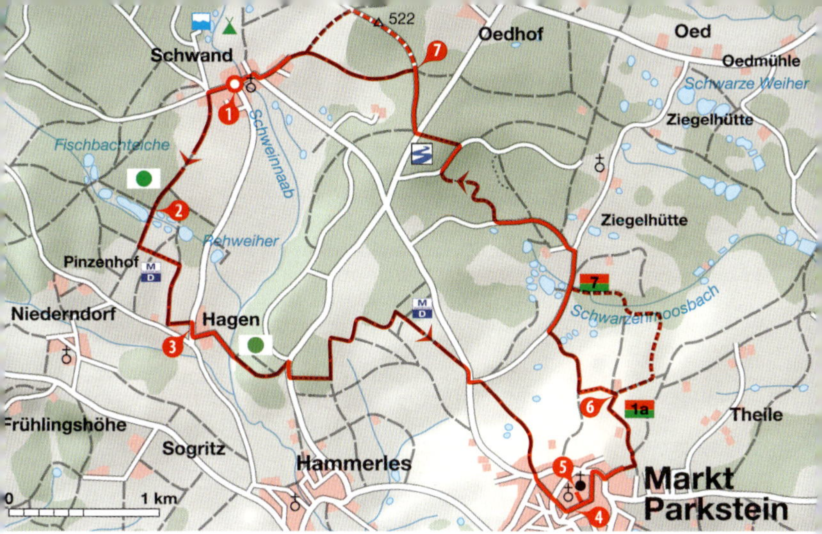

Vom Ortszentrum von **Schwand (1)** gehen wir Richtung Westen, bis ein Schild zum Campingplatz mit Badesee nach rechts weist. Für einen Abstecher dorthin benötigt man etwa 10 Min. Wir aber wenden uns nach links und wandern mit der gelegentlich auftauchenden grünen Punktmarkierung eine Pferdekoppel entlang. An einer Gabelung gehen wir rechts auf den Wald zu und geradeaus hinab zu den **Fischbachteichen (2)**. Gerade durch die Teichanlage und auf der gegenüberliegenden Seite bergan. An der Waldecke biegen wir zusammen mit dem Main-Donau-Weg links ab und halten uns am nächsten Querweg rechts. Ein Grasweg leitet uns vor einem umzäunten Grundstück links nach **Hagen (3)**. Vor dem Reiterhof geht es rechts und kurz darauf verlassen wir mit dem Main-Donau-Weg nach links den Ort. Über die Schweinnaab hinweg, dann folgen wir dem grünen Punkt einen steilen Pfad hinauf in den lichten Kiefernwald. An einer Lichtung halten wir uns links und erreichen ein Sträßchen. Auf diesem gehen wir wenige Meter nach rechts, um dann links dem Schild »Parkstein, 3 km« wieder in den Wald zu folgen. Mit dem grünen Punkt wandern wir gerade durch den Wald und am Waldrand ohne Markierung links zur Waldecke. Nun folgen wir dem Main-Donau-Weg nach rechts und wenig später links zum Waldrand. Auf Graswegen geht es links um die Waldecke und dann rechts mit freiem Blick auf den kegelförmigen Parkstein zur Straße, die wir rechts versetzt queren. Auf einem Schotterweg steigen wir dann rechts hin-

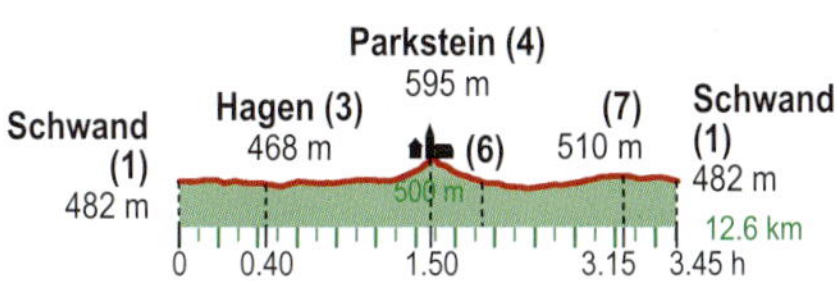

auf zum Ortseingang von **Parkstein**. Geradeaus leiten uns Klostergasse und Richard-Strauss-Straße, vorbei an Vulkanmuseum und Strauss-Denkmal, auf dem kürzesten Weg zur Basaltwand **Hoher Parkstein (4)**. Beeindruckend sind die hoch aufragenden Basaltsäulen, einzigartige Gebilde aus erkaltetem Magma. Über einen Treppenweg zur Rechten gelangt man durch das Säulenfeld hindurch zu den trutzigen Überresten der einstmals bedeutsamen Burganlage und zur **Vierzehn-Nothelfer-Kirche (5)** auf dem **Basaltkegel**. Hier bietet sich ein fantastischer Ausblick auf den Oberpfälzer Wald und Böhmerwald. Zurück am Fuß der Basaltwand gehen wir links an den Gasthöfen Bergstüberl und Parksteiner Hof vorbei. Hinter dem Hotel links lohnt ein Abstecher in die Kapuzinergasse zu den Historischen Vulkankellern. Im Anschluss wandern wir mit den Wanderwegen 1 und 1a die Neustädter Straße nach rechts und hinter Haus Nr. 3 links hinab an Obstbäumen vorbei, dann links einen Feldweg entlang. Gut markiert geht es bald rechts durch einen tief eingeschnittenen Hohlweg zu einer **Gabelung (6)**, wo sich Wanderweg 1 und 1a teilen. Hier führt eine schöne, aber unmarkierte Variante nach rechts (Ww1). Der Hauptweg folgt der 1a nach links, im Linksbogen den Wiesenweg hinab und links oberhalb einer Böschung entlang. Am Ende der Böschung geradeaus, bis wir auf einen Querweg stoßen und rechts abbiegen. An Fischweihern vorbei gelangen wir zu einem Sträßchen und gehen mit Wanderweg 7 nach rechts, über den Schwarzenmoosbach und vor einem Wäldchen nach links. Die 7 führt uns rechts in den Wald und knappe 10 Min. später biegen wir mit dem blauen S (auch Grün-weiß) rechts ab und laufen im Zickzack durch den Wald. Am Forstweg kurz rechts, dann leitet uns ein Pfad hinauf zu einer Straße. Über diese hinweg geht es auf einem Forstweg weiter. An einem **Wasserschacht (7)** biegen wir ohne Markierung links in einen einfachen Waldweg, folgen dem Waldrand nach rechts und wandern hinab zu unserem Ausgangspunkt in **Schwand (1)**. Alternativ können wir am **Wasserschacht (7)** auch auf dem Forstweg bleiben, bis sich zur Linken der Wald lichtet. Dann biegen wir links in den nächsten Feldweg und wandern an einem Wäldchen vorbei hinab nach **Schwand (1)**, wo sich neben der Dorfkapelle ein sehenswertes Arma-Christi-Kreuz befindet.

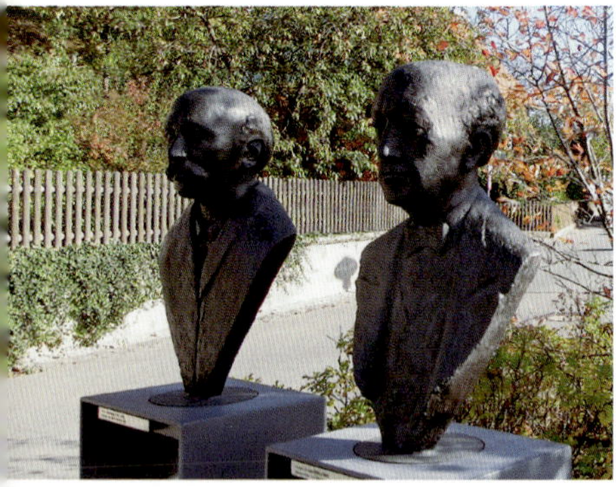

Links: Büsten des Komponisten Richard Strauss und seines Vaters Franz Josef Strauß.
Rechts: Die Basaltwand Hoher Parkstein – ein einzigartiges Geotop.

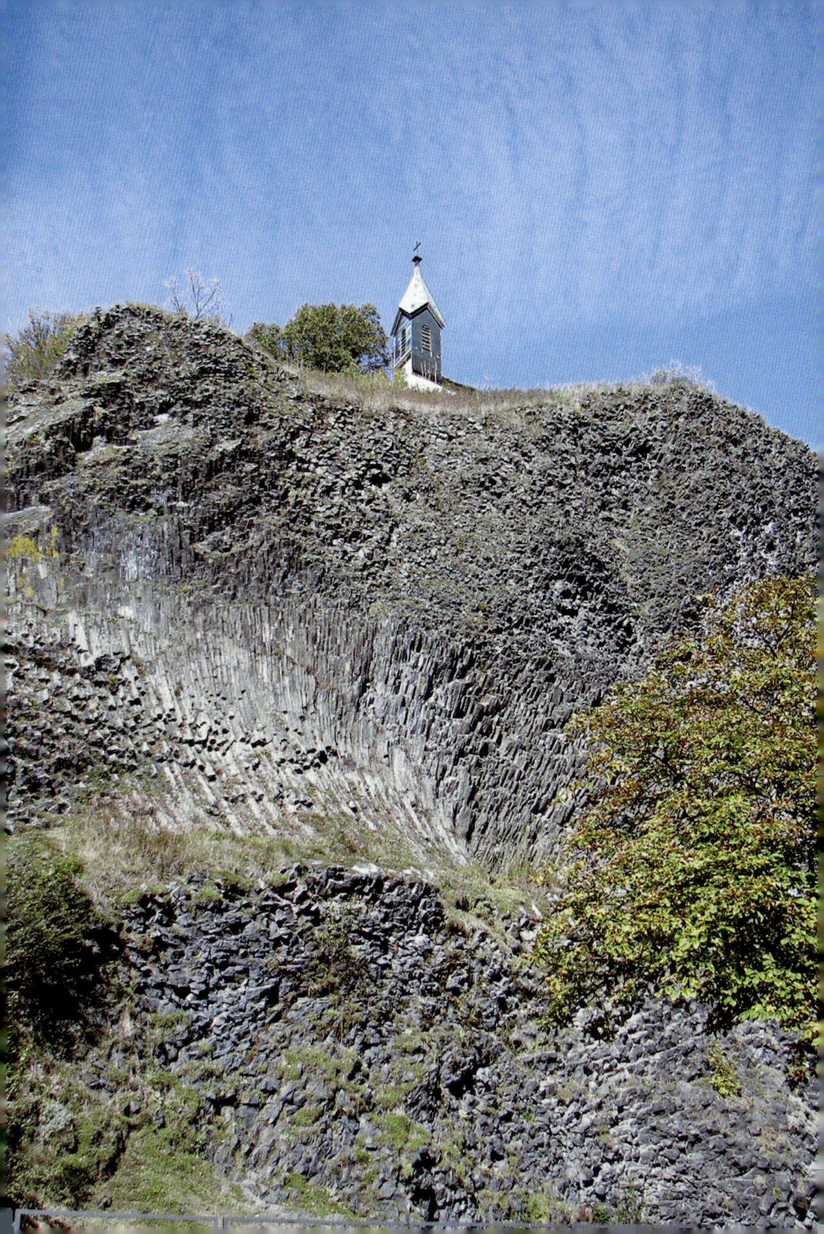

40 Zum Rödlaser Aussichtsturm, 570 m

4.30 Std.

Über den Kohlbühl zum Aussichtsturm

Auf dem Klingenbacher Erlebnisweg starten wir unsere hüglige Rundtour. Ziel ist der markante, 32 m hohe Rödlaser Aussichtsturm mit seinen drei auf unterschiedlichen Ebenen angebrachten Aussichtsplattformen. Unterwegs bietet sich bereits vom Schwammerl am Kohlbühl eine tolle Fernsicht.

Ausgangspunkt: Kohlberg, 482 m, Parkplätze am Marktplatz (Navi: 92702 Kohlberg, Marktplatz).
Höhenunterschied: 390 m.
Anforderungen: Rundweg, ca. 15,5 km; überwiegend Feldwege, Waldwege am Kohlbühl, mehrere An- und Abstiege.
Einkehr: Rödlaser Berghütte (Stand 2021: geschlossen, s. a. www.massenricht.de), Gasthof Frieser (Mo Ruhetag, s. a. www.gasthof-frieser.de) und Zoiglstube Binnerlindl (www.zoigl-stubn-kohlberg.de) in Kohlberg.
Tipp: Skifahren, »Sandboarden« und Rodeln auf dem Sommerskiberg Monte Kaolino im nahen Hirschau (www.montekaolino.eu); Dünenbad am Fuß des Skibergs; Waldhochseilgarten mit fünf Parcours.

Wir gehen über den Marktplatz von **Kohlberg (1)** zur oberen Kirche und biegen dort links zum Naturerlebnisweg ab. An der Infotafel vorbei geradeaus auf das Klingenbachtal zu. Die Streuobstzeile entlang und über den Klingenbach. Es geht an einem Weiher vorbei, durch den Wald und dann einen Schotterweg hinauf. Am Waldrand rechts zum **Panorama-Aussichtspunkt (2)**. Wir biegen um die Waldecke und gehen mit Wanderweg Nr. 3 links einen Waldweg bergan. Der Weg mündet in einen Forstweg, der mit rotem Schrägkreuz, dem Wallenstein-Tilly-Weg, markiert ist. Hier gehen wir rechts, biegen aber gleich darauf an der Gabelung links in Weg Nr. 2 ein. An der »Alten Buche« haben wir die Höhe erreicht und gehen rechts hinab und links zum **Aus-**

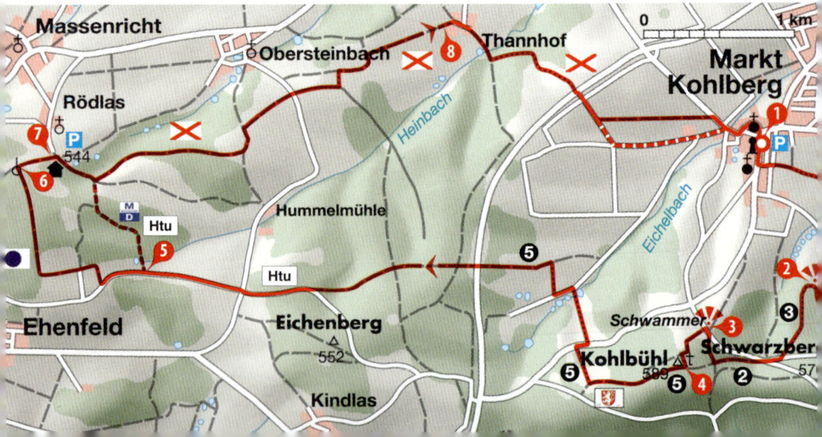

sichtspunkt **»Schwammerl« (3)**. Dort folgen wir dem roten Wappen (Wanderweg Goldene Straße) links am Waldrand entlang. Im Wald geradeaus zum **Gipfelkreuz des Kohlbühl (4)** ansteigen und kurz darauf zusammen mit der 5 rechts abbiegen. Wir folgen der Hohen Straße, einer Altstraße zwischen Luhe und Sulzbach. Am Abzweig mit der Nr. 5 rechts hinab zur Straße, die wir rechts versetzt queren. Nun geht es hinab ins Eichelbachtal, auf dem Asphaltsträßchen unmarkiert links und nach ca. 150 m rechts den Grasweg entlang. Links wieder mit der Nr. 5 bergan, über die Umgehungsstraße und gerade in den Wald. An der Kreuzung ohne Markierung geradeaus auf dem Grasweg weiter. Wir passieren ein Steinkreuz, dann treffen wir auf einen Forstweg und folgen dem Hirschauer Turmweg geradeaus aus dem Wald zu einer Kreuzung. Dort geht es zusammen mit dem Main-Donau-Weg geradeaus das Sträßchen entlang. Nach 10 Min. können wir an einem **Abzweig (5)** rechts den Markierungen zu Rödlaser Berghütte und Aussichtsturm folgen. Schöner ist es, wenn wir der Straße noch um die Linkskurve folgen und unmittelbar darauf scharf rechts in einen Grasweg abbiegen. Am Waldrand links und den nächsten Schotterweg links versetzt queren. Der blaue Punkt leitet uns nun mit toller Fernsicht zum Waldrand und rechts in den Wald. Auf der Anhöhe beschreibt der Weg einen Linksschwenk und gleich darauf biegt ein unmarkierter Pfad nach rechts ab direkt zum **Rödlaser Aussichtsturm (6)**. Nach rechts ist es nicht weit zur **Rödlaser Berghütte (7)**. Der Rückweg folgt dem roten Schrägkreuz rechts an einem Gehege entlang und biegt dann links ab. Nach einem Waldstück wandern wir mit Fernsicht leicht abwärts über Feldwege zu einem **Rastplatz (8)** mit Gästebuch kurz vor Thannhof. Nach dem Ort durchqueren wir das Heinbachtal und erreichen bald die Umgehungsstraße. Unmarkiert über die Straße und nach etwa 200 m auf einem Wiesenweg links. Alternativ (falls die Wiese ungemäht ist) gehen wir geradeaus weiter und an der nächsten Kreuzung links. In **Kohlberg** wandern wir rechts an zwei Felsenkellern vorbei und rechts über die Stufen hinauf zum **Marktplatz (1)**.

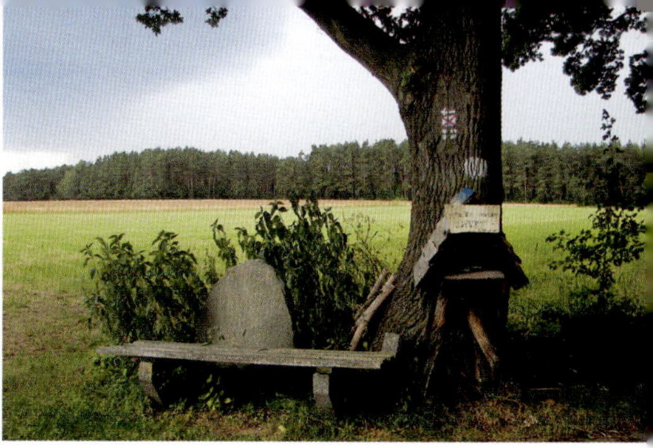

Rastbank mit Gästebuch bei Thannhof.

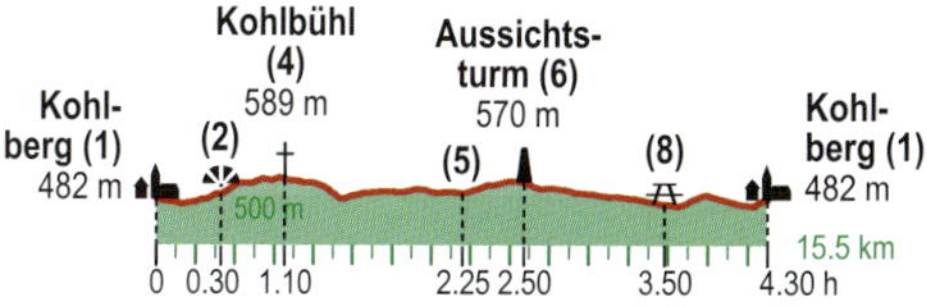

41 Kehlkapelle und Wallfahrtskirche auf dem Mausberg

2.45 Std.

Rundweg mit Ausblick und eine aus Stein gemeißelte Kapelle

Die 1749 pyramidenförmig aus einem Sandstein gehauene Kehlkapelle war einst ein nicht unbedeutender Wallfahrtsort, geriet aber im Ersten Weltkrieg in Vergessenheit. Mitte der 1920er-Jahre wurde sie wieder hergerichtet; sie ist bis heute ein interessantes Ausflugsziel. Eine weitere Etappe auf unserer aussichtsreichen Wanderung ist die Marienwallfahrtskirche auf dem Mausberg. Hier findet alljährlich Anfang September das traditionsreiche Mausbergfest statt.

Ausgangspunkt: Höhengau, 479 m, Parkplatz neben dem Kirchlein. Zufahrt: Von Hirschau Richtung Amberg bis Steiningloh, dort rechts nach Höhengau (Navi: 92256 Höhengau/Hahnbach).
Höhenunterschied: 230 m.
Anforderungen: Kleine Runde, 9 km; meist Wald- und Feldwege.
Einkehr: Zur Blauen Traube (Mo bis Sa ab 17 Uhr und nach Absprache, Tel. +49 99622 2155), Sportgaststätte (kleine Speisen, Mo, Do, Fr 15–22, Sa 14–22, So 10–20 Uhr, Tel. +49 9622 4480) in Gebenbach.
Tipp: Badeweiher in Atzmannsricht.

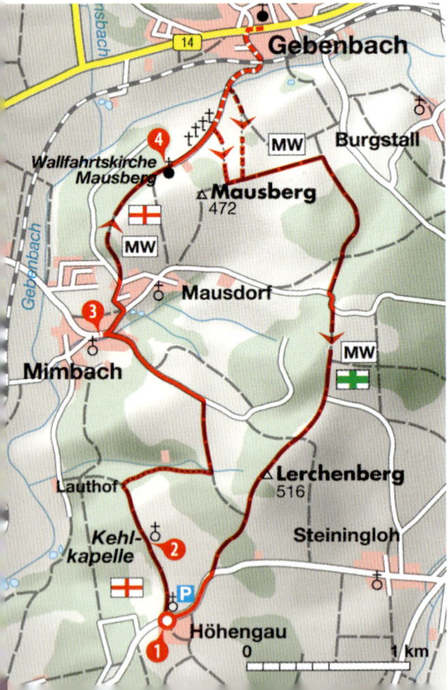

Vom Parkplatz in **Höhengau (1)** gehen wir unterhalb des Kirchleins mit rotem Kreuz rechts auf den Wald zu. Auf nahezu ebenem Weg ist die pyramidenförmige **Kehlkapelle (2)** schnell erreicht. An interessanten, von Bäumen überwachsenen Felsen vorbei gelangen wir zu einer Brücke, die wir queren. Nun biegen wir auf unmarkiertem Weg rechts ab und folgen dem Schild Richtung Mimbach auf einem Pfad über zwei weitere Brücken aufwärts. Auf der Anhöhe links und mit freiem Blick hinab nach **Mimbach (3)**. Im Ortszentrum wenden wir uns nach rechts und zweigen in Mausdorf mit dem roten Kreuz und dem Mausberg-Wallfahrtsweg links ab. Nach dem Siedlungsende wandern wir durch das »Mühlholz« zur **Wallfahrtskirche auf dem Mausberg (4)**. Klappen an der Tür ermöglichen einen einge-

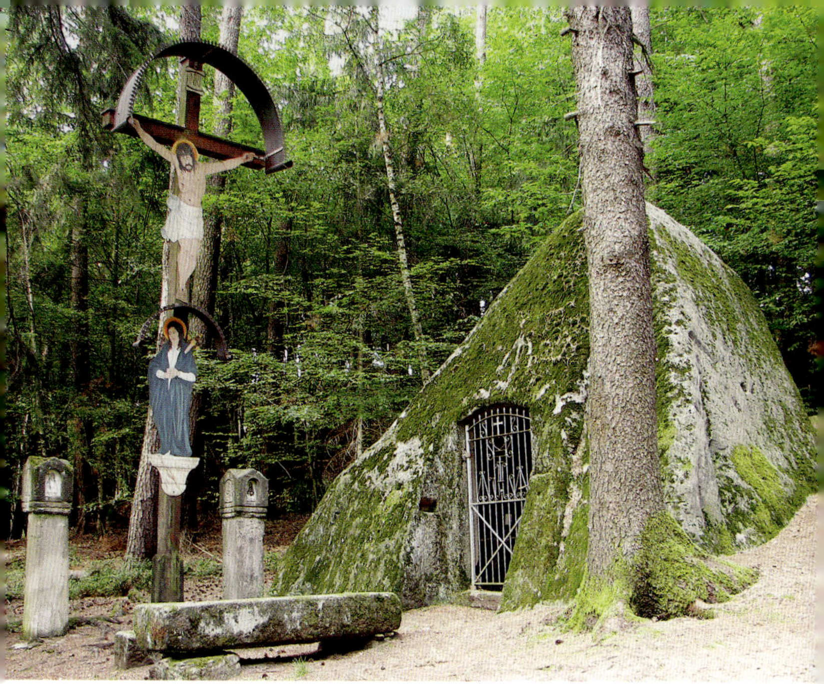

Dick in Moos gehüllt – die aus einem Felsen gehauene Kehlkapelle.

schränkten Blick in das Innere der Kirche. Wir steigen den Kreuzweg hinab und biegen an der ersten Station rechts in den Wiesenweg ein. Wer einkehren möchte, folgt dem roten Kreuz gerade auf dem Sträßchen über Bach und Gleise hinweg nach **Gebenbach**; zurück geht es auf gleichem Weg bis zum Bach, dann links hinauf zur Anhöhe (zusätzlich 2,5 km, 40 Min.). Der Wiesenweg mündet auf der Anhöhe in einen Feldweg. Wir gehen links und kurz darauf stößt der Aufstiegsweg von Gebenbach dazu. Mit Blick auf Gebenbach geht es auf der Anhöhe entlang, bis der Weg an einem Querweg rechts mit dem Mausberg-Wallfahrtsweg in den Wald aufsteigt. Am oberen Waldrand geht es nun auch mit grünem Kreuz markiert rechts. Mit Blick bis zum Sandskiberg Monte Kaolino folgen wir dem Höhenweg am Waldrand entlang. An der Straße wenden wir uns nach rechts und erreichen in wenigen Minuten **Höhengau (1)**.

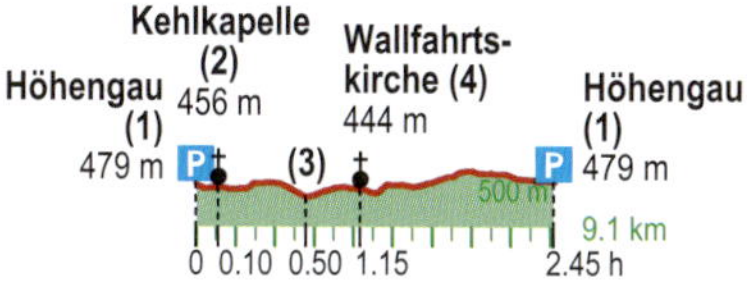

42 Von Nabburg zum Eixlberg, 517 m

3.15 Std.

Höhenwanderung über dem Naabtal

Wir beginnen diese Wanderung mit einem herrlichen Spaziergang entlang der Stadtmauer von Nabburg. Durch das Obertor geht es in den historischen Stadtkern mit mehreren Museen, den wir ausgiebig besichtigen. Anschließend führt uns ein reizvoller Wanderweg über die hügeligen Höhen des Naabtals zur schon bald über den Baumwipfeln sichtbaren Wallfahrtskirche St. Barbara auf dem Eixlberg.

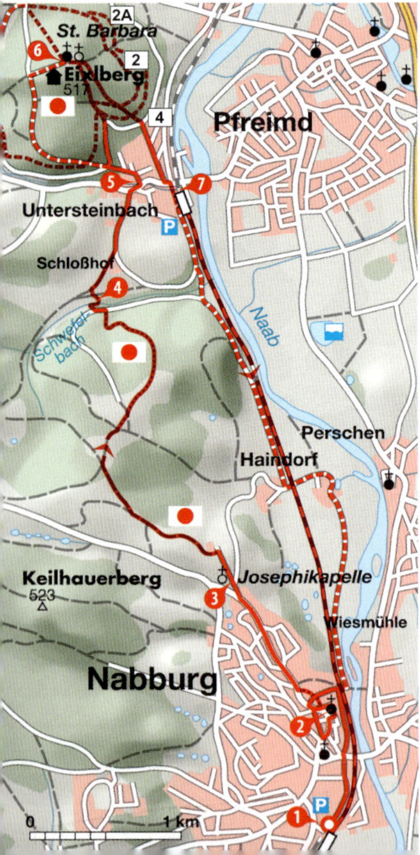

Ausgangspunkt: Nabburg, 368 m, Parkmöglichkeit am Bahnhof (Navi: 92507 Nabburg, Austraße).
Endpunkt: Bahnhof Pfreimd, 372 m, in Untersteinbach. Rückkehr mit dem Zug: täglich stündlich (www.bahn.de).
Höhenunterschied: 340 m.
Anforderungen: Hügelige Streckentour, ca. 10 km; Feld und Waldwege.
Einkehr: Mehrere Gasthäuser in Nabburg, Emmausklause auf dem Eixlberg (Brotzeiten, Kuchen, Sa u. So ab 14 Uhr geöffnet).
Varianten: 1. Erfolgt der Rückweg vom Eixlberg (6) auf gleichem Weg, startet man am besten im Zentrum von Nabburg. 2. Vom Bahnhof Pfreimd kann man auch auf dem asphaltierten Naabtalradweg zurückwandern; kurz vor Nabburg geht es rechts über die Gleise und auf dem Fußweg hinter dem Fahrradparkplatz auf halber Höhe weiter, dann rechts und über die Straße zum Bahnhof Nabburg (insges. ca. 15 km, 4.30 Std.).
3. Schön sind die mit 2 und 2A markierten Pfade rund um den Eixlberg, die beliebig kombinierbar sind.
Tipps: Museum Schmidt-Haus (So 14–17 Uhr), Stadtmuseum Zehentstadel (April–Okt. Di–So 14–17 Uhr, Nov.–März Fr–So 14–17 Uhr, Tel. +49 9433 204639), Stadtführungen: Tel. +49 9433 1826, www.nabburg.de; Freilandmuseum Oberpfalz (April–Okt. Di–So 9–18 Uhr in Neusath, Sa, So und Feiertage 9–18 Uhr in Perschen, Tel. +49 9433 24420, www.freilandmuseum-oberpfalz.de).

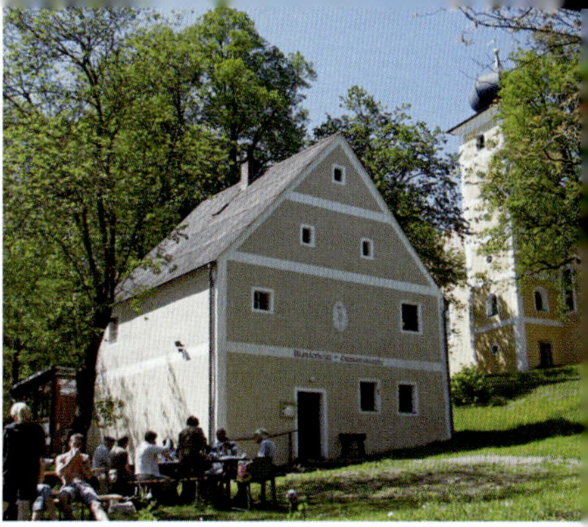

Biergartenbetrieb an der Emmausklause auf dem Eixlberg.

Vom **Bahnhof Nabburg (1)** gehen wir an der Bahn entlang Richtung Stadtzentrum. An der Kreuzung queren wir die Straße schräg nach links und gehen mit weiß-grün-weißer Markierung rechts die Stufen hinauf zum Abzweig Zwingerrundweg. Auf dem Rundweg rechts an der Stadtmauer entlang. Wir ignorieren den Fußgängersteg über den Stadtgraben und gehen geradeaus an der Rückseite des Pflegschlosses vorbei. An der Straße wenden wir uns nach links und gehen durch das **Obertor**. Nach dem Tourismuszentrum biegen wir links ab zur Stadtpfarrkirche, dann ins **Zentrum von Nabburg (2)** und zum bunt bemalten Haus des Künstlers Karl Schmidt (heute Museum). Vor dem unteren Tor, dem Mähntor, geht es rechts in die Schmiedgasse und am Stadtmuseum vorbei, dann geradeaus in den Innenhof des Pflegschlosses. Im Schlosshof rechts durch den Obstgarten und durch das kleine Tor. Jetzt gehen wir über den Steg zum Parkplatz und wandern bald mit roter Punktmarkierung die Straße bergauf. Am Siedlungsende rechts und dann links an der **Josephikapelle (3)** vorbei. Es öffnet sich die Aussicht über das Naabtal und etwa 20 Min. nach der Kapelle biegt ein markierter Weg zu Kulm und Hallerdenkmal in den Wald ab. Wir folgen jedoch dem roten Punkt zur nächsten Waldecke und gehen einem Grasweg schräg nach links. Wenig später steigen wir steil bergab, bis wir im Tal einen breiten Forstweg erreichen. Kurz links, dann rechts einen Pfad hinab zum **Schwefelbach (4)**. Über den Steg, die Stufen hinauf, links und auf dem Querweg rechts nach **Untersteinbach (5)**. Über den Kulmbach, links und gleich wieder links bergan zu einer Forstwegkreuzung. Ein bequemer Aufstieg auf den Eixlberg führt mit dem roten Punkt geradeaus auf einem Forstweg bergan. Schöner und kürzer ist unser Aufstieg auf dem mit 1 markierten Forstweg nach rechts. In der nächsten scharfen Rechtskurve folgen wir Wanderweg 2 nach links und steigen einen steilen Waldweg zur **Wallfahrtskirche St. Barbara** und zur **Emmausklause** auf dem **Eixlberg (6)** auf. Unterwegs biegen mehrere herrliche Rundwege um den Berg ab. Nach einer Einkehr steigen wir auf Wanderweg 4 zum **Bahnhof Pfreimd (7)** in Untersteinbach ab, von wo uns die Oberpfalzbahn zurück nach **Nabburg (1)** bringt.

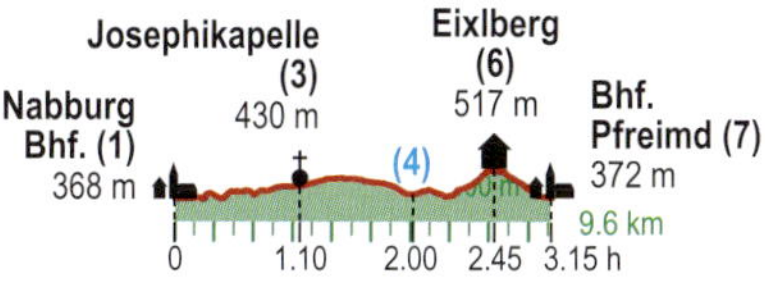

TOP

43 Zum Ausflugsziel Ruine Lichtenegg

4.15 Std.

Faszination im Orchideenwald

Bei dieser Wanderung werden wir das nur wenige Kilometer südwestlich von Sulzbach-Rosenberg gelegene Birgland entdecken. Von der restaurierten Burgruine Lichtenegg aus bietet sich eine herrliche Aussicht auf die umliegende Landschaft. Im Orchideen-Zauberwald begegnen wir neben interessanten Felsformationen und Kletterfelsen wie Hohem Fels, Hänsel und Gretel und Türkenfelsen auch zahlreichen Orchideenarten, die im Mai und Juni blühen. Eine Besonderheit ist der vom Aussterben bedrohte und deshalb geschützte Frauenschuh. Auch wenn die Pflanzen zahlreich erscheinen: Bitte bleiben Sie auf dem Weg und zertreten oder pflücken Sie die Pflanzen nicht!

Ausgangspunkt: Höfling, 530 m, Parkmöglichkeit am Ortsrand. Zufahrt: Von Sulzbach-Rosenberg auf der St 2164 Richtung Lauterbach bis zum Abzeig Aichazandt. Hier rechts und über Hackern nach Höfling. In Höfling an der Bushaltestelle rechts zum Ortsrand (Navi: 92262 Höfling/Birgland).
Höhenunterschied: 430 m.
Anforderungen: Rundweg, ca. 14,5 km; oft steile und teilweise rutschige, wurzelige Pfade, sonst Wald- und Feldwege, kurze Abschnitte auf Asphalt.

Einkehr: Alter Schloss-Wirt in Lichtenegg (aktuelle Infos unter: www.lichtenegg.homepage.t-online.de, Tel. +49 9663 2616), Gasthaus Lauerer in Sunzendorf (Mo Ruhetag, Tel. +49 9666 276).
Variante: Eine etwas kürzere Runde startet in Sunzendorf (9). Gegenüber dem Abzweig nach Dollmannsberg geht es mit roter Punktmarkierung bergan. Bald treffen wir auf den mit rotem Kreuz markierten Wanderweg nach Lichtenegg und bringen die Runde auf der Hauptroute zu Ende (10 km, ca. 3.00 Std., 330 Hm).

Von **Höfling (1)** folgen wir der Markierung Nr. 3 den Asphaltweg bergan und biegen nach 150 m vor einer Linkskurve rechts in einen unmarkierten Waldweg. Der Weg führt bald kräftig bergab. Links tauchen hohe Felsen auf, und der mit rotem Kreuz markierte Erzweg, dem wir nun bis nach Lichtenegg fol-

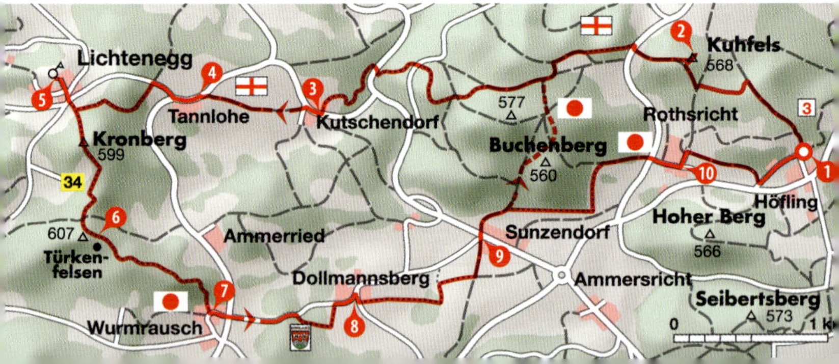

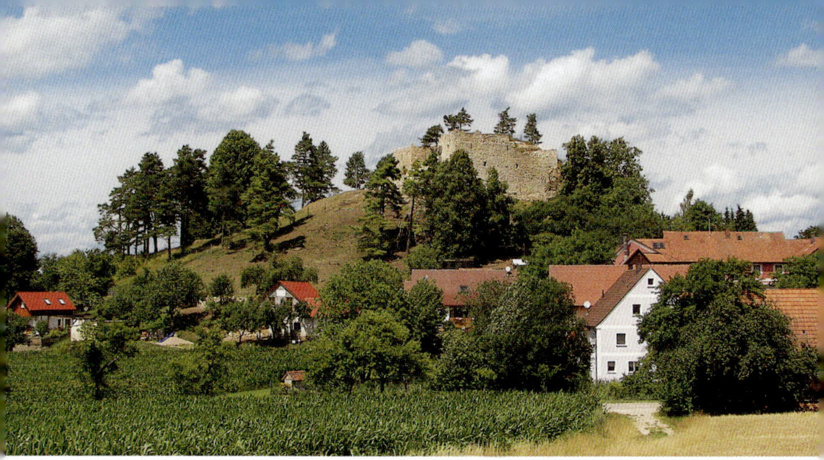

Beliebtes Wanderziel – Ruine Lichtenegg mit der Gastwirtschaft Alter Schloss-Wirt.

gen, leitet uns links mitten hindurch. Die Felsen verschwinden und wenig später können wir einen Abstecher geradeaus zum **Kuhfels (2)** mit der Kuhfelshütte wagen. Unser Weiterweg steigt ab, quert im spitzen Winkel eine Straße und führt wieder in den Wald. An einer Lichtung gerade auf dem Forstweg weiter und vorbei am Abzweig nach Sunzendorf, an dem die Variante hinzustößt. Wenig später passieren wir zwei ehemalige Munitionsbunker, dann geht es links über zwei Forstwege hinweg und hinauf zum durchlöcherten »Weißen Fels«. Im Rechtsbogen hinab, dann wird links haltend ein Forstweg gequert und über eine Straße hinweg der kleine Ort **Kutschendorf (3)** erreicht. Dort rechts und geradeaus auf einem Feldweg über eine Anhöhe nach **Tannlohe (4)**. Auf der Straße geht es links an den Häusern vorbei, dann rechts Richtung Lichtenegg. Wenig später biegen wir links in den Wald, passieren eine Lichtung und genießen vom Waldrand einen ersten Blick auf **Lichtenegg (5)**. Der Aufstieg zur Ruine erfolgt durch den Biergarten des **Alten Schloss-Wirts**. Auf gleichem Weg geht es nach Besichtigung und Einkehr zurück zum Waldrand und dort auf dem Orchideenweg Nr. 34 weiter. Steil wandern wir auf Wurzelpfaden auf und ab. Nach einer Lichtung im Tal steigen wir steil hinauf zur Felsgruppe **Hoher Fels**. An den beliebten Kletterfelsen vorbei führt unser Pfad auf einem Grat weiter zu den beiden kleinen Felsen Hänsel und Gretel. Dahinter geht es in einer S-Kurve hinab und gleich wieder links bergan

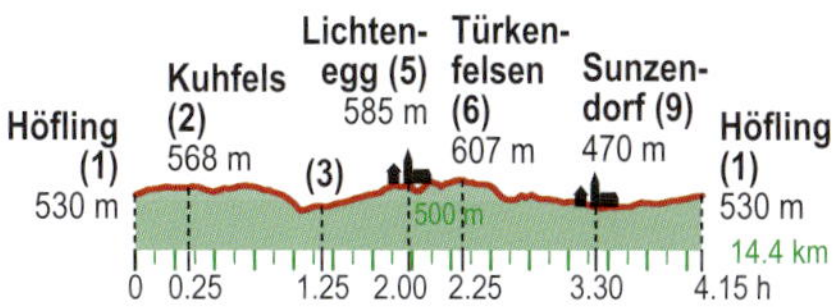

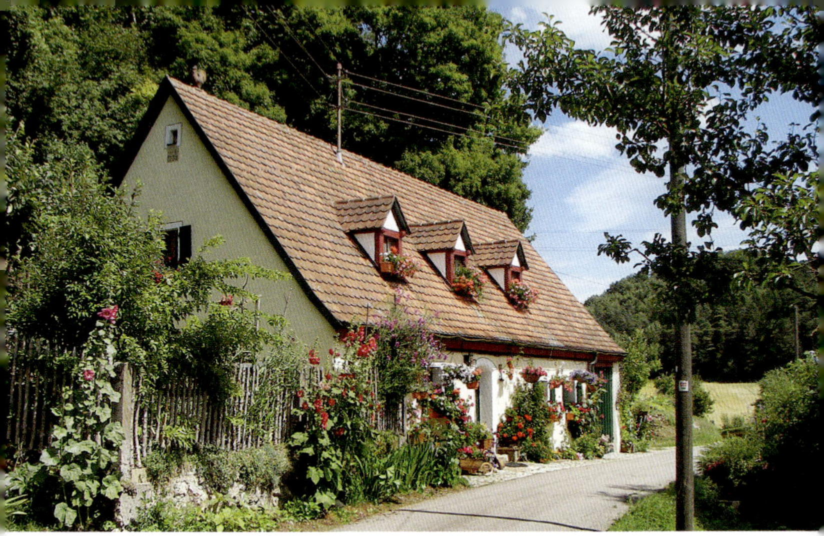

Blumenreich geschmücktes Bauernhaus im Birgland.

zum **Türkenfelsen (6)** mit seinen vielen Spalten und Löchern. An der Felswand entlang und an zahlreichen Frauenschuhen vorbei folgen wir dem Höhenweg, bis der Weg rechts steil absteigt und mit dem roten Punkt rechts nach **Wurmrausch (7)** führt. Im Ort links und auf dem Birgland-Wanderweg nach **Dollmannsberg (8)**. Dort wenden wir uns unmarkiert nach rechts und wandern gleich darauf auf dem Wiesenweg links bergab. Nach dem Wäldchen kurz links, dann nach dem Baumstreifen rechts auf dem Wiesenweg zu einem Feldweg, der uns links nach **Sunzendorf (9)** leitet. Rechts im Ort lockt das Gasthaus Lauerer. Geradeaus wandern wir mit dem roten Punkt zum Waldrand und an diesem entlang. Die Markierung biegt in den Wald, wir aber gehen am Waldrand weiter. An der nächsten Waldecke stößt der rote Punkt wieder hinzu und wir folgen ihm links nach **Rothsricht (10)**. Vor Haus Nr. 6 nehmen wir den unmarkierten Feldweg nach rechts und biegen kurz vor **Höfling** links in den Asphaltweg zurück zum Ausgangspunkt **(1)**.

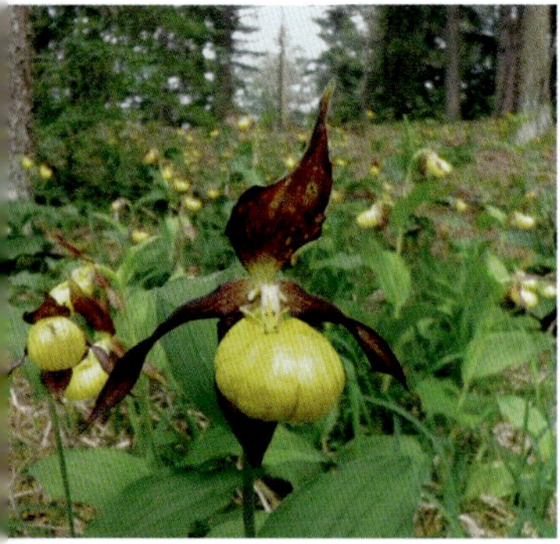

Der geschützte Frauenschuh.

5.00 Std.

Von Schmidmühlen zur Ruine Roßstein

44

Unterwegs auf lauschigen Pfaden – geschickt wie ein Moriskentänzer?

Ausgangspunkt dieser Wanderung ist der Erasmus-Grasser-Brunnen vor dem Oberen Schloss in Schmidmühlen. Der tanzende Hochzeiter auf dem Brunnen erinnert an den berühmten Bildhauer und Schnitzer, der um 1450 hier geboren wurde. Weltbekannt sind die Moriskentänzer, die Grasser 1480 für das Münchner Rathaus gefertigt hat. Zu dieser Zeit war Burg Roßstein, Ziel unserer Route, noch bewohnt. Seit Mitte des 16. Jahrhunderts aber ist sie dem Verfall preisgegeben und thront heute als Ruine in tiefer Waldeinsamkeit über dem Taubenbach.

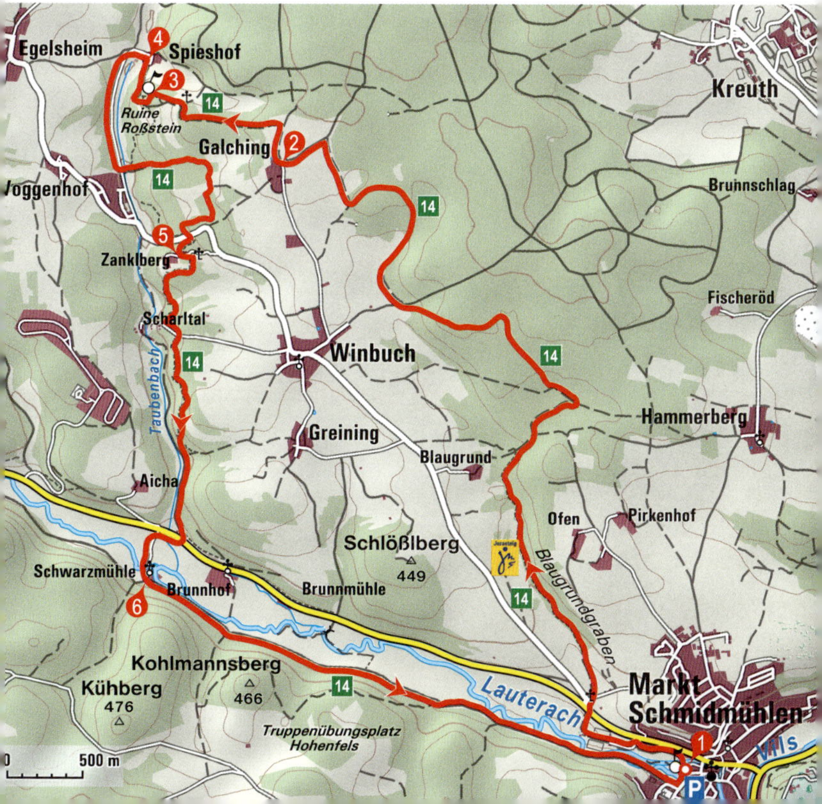

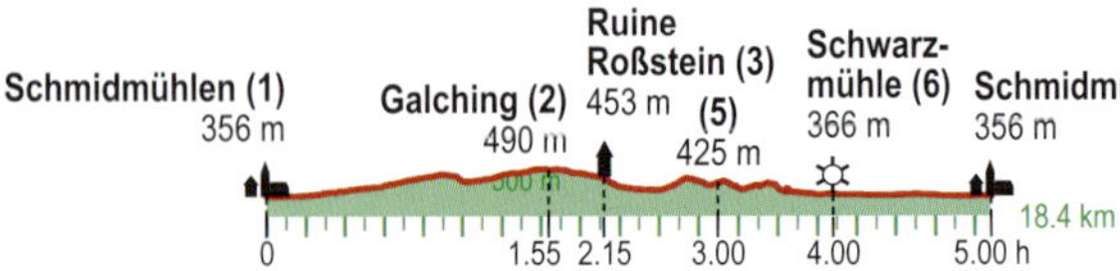

Ausgangspunkt: Schmidmühlen, 356 m, Parkplatz im Innenhof des Oberen Schlosses (Navi: 92287 Schmidmühlen, Rathausstraße).
Höhenunterschied: 270 m.
Anforderungen: Großer Rundweg, ca. 18 km; überwiegend Pfade sowie Wald- und Feldwege, ab Spieshof etwa 1 km auf einem Asphaltsträßchen, kurzer Abschnitt weglos neben Steinmauer. Ausdauer erforderlich.
Tipp: Heimatmuseum Oberes Schloss und Skulpturenweg in Schmidmühlen.
Einkehr: Gasthäuser in Schmidmühlen.

Von der Rückseite des Schlosses in **Schmidmühlen (1)** folgen wir dem Wanderweg 14 und dem Jurasteig über das Wehr und entlang der Lauterach. Zwischen Fußballplätzen hindurch und rechts zur Straße, die hier nach Winbuch abzweigt. Mit der 14 und dem Jurasteig wandern wir in den Blaugrundgraben. Auf schönen Waldpfaden erreichen wir nach rund 40 Min. einen Abzweig. Beide Markierungen weisen uns hier nach links. Kurz darauf gabelt sich der Weg; wir folgen Nr. 14 nach rechts. An einem Querweg geht es nach links, dann verlässt der nun abfallende Weg den Wald. Wir wandern rechts am Waldrand entlang. An einer Gabelung gehen wir geradewegs wieder in den Wald. An der nächsten Kreuzung folgen wir der 14 auf einem grasigen Weg links bergan, der uns in einer Linkskurve aus dem Wald führt. Die Ortschaft **Galching (2)** erreichen wir, indem wir rechts an einer Waldschneise vorbei und auf dem nächsten Querweg links gehen. Im Ort biegen wir vor der Linkskurve rechts ab und nehmen den nächsten Feldweg nach links. Leicht abfallend geht es durch den Wald, am Waldrand mit weiteren Markierungen nach links und über einen Bergrücken hinweg

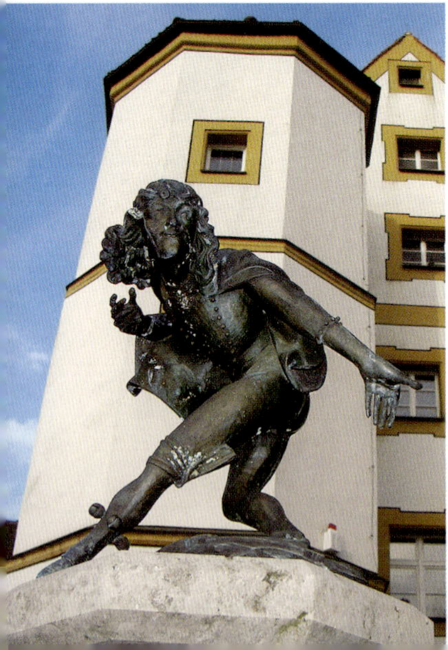

Moriskentänzer auf dem Erasmus-Grasser-Brunnen in Schmidmühlen.

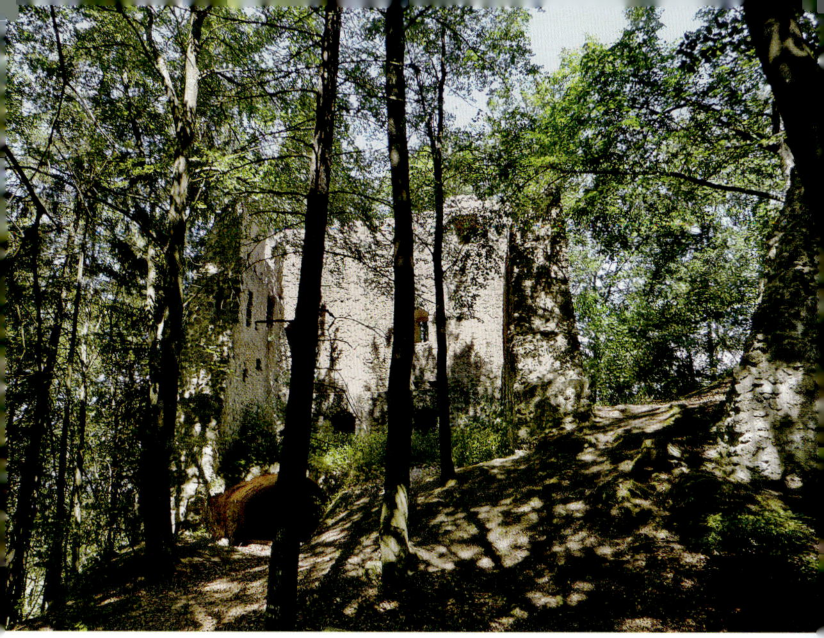

Ruine Roßstein im erst 2006 gegründeten Naturpark Hirschwald.

zur **Ruine Roßstein (3)**. Einsam stehen hier die Reste eines turmartigen Wohngebäudes zwischen hohen Laub- und Nadelbäumen. Wir steigen stets der 14 folgend rechts über **Spieshof (4)** ins Taubenbachtal ab. Auf dem ruhigen Sträßchen wenden wir uns nach links. Wir biegen in Sichtweite zum Ortsschild Voggenhof links ab und steigen den Wald hinauf zu einer Lichtung. Dort weist uns die 14 nach rechts und wir wandern im Zickzack hinab zu einer Straße. Über diese hinweg und dann links hinauf zu einem Kreuz mit Bank oberhalb von **Zanklberg (5)**. Etwas unterhalb leitet uns die 14 wieder in den Wald. Erst ein Stück rechts bergab, dann geht es auf einem Pfad auf halber Höhe über dem Taubenbachtal entlang. Dem querenden Teersträßchen folgen wir nach links und kurz darauf wieder rechts durch den Wald. Genau auf die Markierung achtetend, geht es links und dann auf einem Pfad an der Hangkante entlang, bis er schließlich auf einem Grasweg rechts ins Tal hinuntersteigt. Auf einem Feldweg erreichen wir bald die Straße im Lauterachtal. Wir folgen der Straße ein kleines Stück nach rechts und gehen dann links über die Lauterach zur **Schwarzmühle (6)**. Hinter der Mühle wenden wir uns nach links und kehren auf dem Lauterachtal-Radweg (der Radweg soll zukünftig aspaltiert werden; Stand 2021) nach **Schmidmühlen (1)** zurück.

45 Kallmünz, Perle des Naabtals

3.00 Std.

Über Kalksteinfelsen auf die aussichtsreichen Anhöhen des Naabtals

Das von einer Burgruine gekrönte Kallmünz liegt eingebettet zwischen den Flüssen Naab und Vils am Fuß hoch aufragender Kalkfelsen. Der mittelalterliche Ortskern mit den in den Burgfels gebauten Häusern und den engen Gassen hat nicht nur Anfang des 20. Jahrhunderts die Maler inspiriert; auch heute noch leben Künstler im sogenannten Malerwinkel. Unser erstes Wanderziel ist die Ruine, von der man einen herrlichen Ausblick auf das Naabtal genießen kann. Anschließend geht es über sonnige Trockenhänge mit Wacholderbewuchs ins felsige Vilstal.

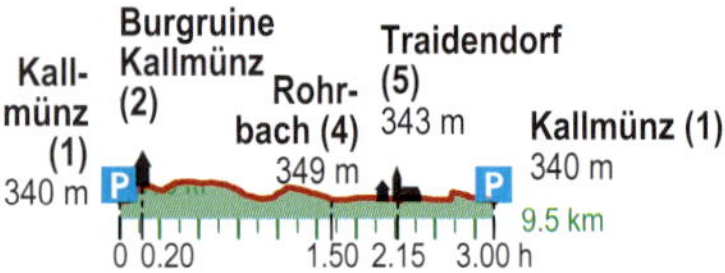

Ausgangspunkt: Kallmünz, 344 m, Parkplatz hinter dem neuen Rathaus (Navi: 93183 Kallmünz, Keltenweg).
Höhenunterschied: 290 m.

Anforderungen: Kurzer Rundweg, 9,5 km; meist Feld- und Wiesenwege und Pfade, kurzer Abschnitt auf asphaltiertem Radweg, steiler Anstieg auf Treppenstufen zur Burg.
Einkehr: Mehrere Gasthäuser in Kallmünz, Hammerschloss in Traidendorf (Sa, So geöffnet, Tel. +49 9473 9516166 oder 176 18018010).
Tipp: Taschenlampe für das Osterloch, Baden in der Naab am Campingplatz bei Zaar und in Kallmünz.

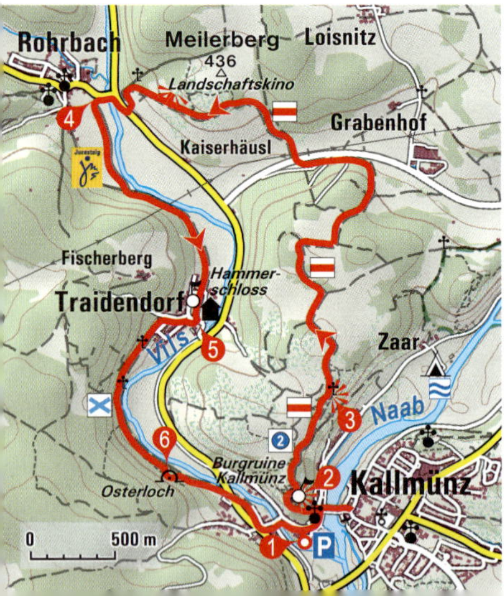

Vom Parkplatz in **Kallmünz (1)** gehen wir über die Vilsgasse rechts zum Marktplatz. Nach einem Abstecher zur Steinernen Brücke beginnt rechts neben der Kirche der steile Treppenaufstieg zur **Burgruine Kallmünz (2)**.

Man betritt die Burganlage durch ein kleines Tor in der mächtigen Ringmauer. Vom Bergfried genießt man einen herrlichen Blick auf Kallmünz und das malerische Naabtal. Wir verlassen die Burg durch das große Haupttor und folgen der weiß-rot-weißen Markierung und der blauen 2 des Wittelsbacher Burgensteigs

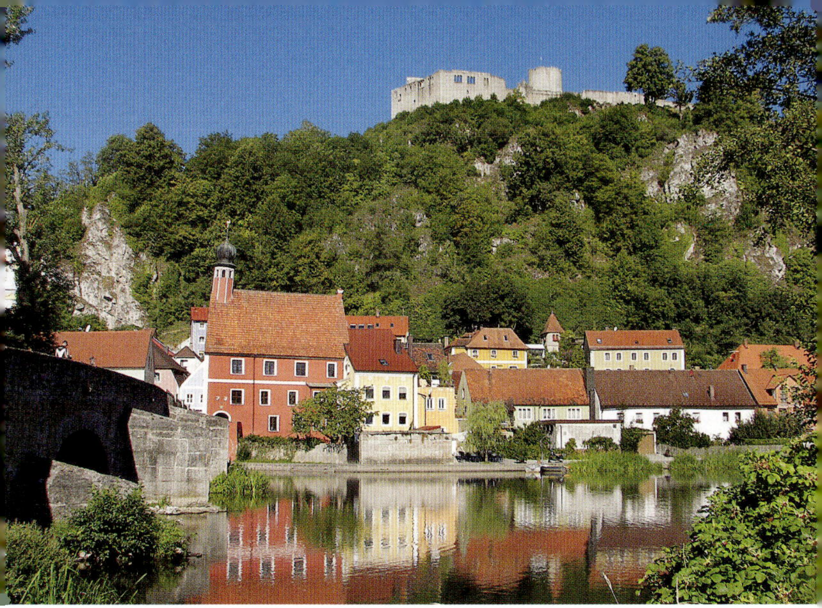

Original und Spiegelung des Marktes Kallmünz, darüber die imposante Burganlage.

parallel zum Naabtal. Am nächsten Abzweig links über eine Wacholderheide bergan zum Gipfelkreuz mit **Aussichtsbank (3)**. Der Wanderpfad führt hinter dem Kreuz durch Buschwerk und dann rechts auf Grasweg weiter. 5 Min. später biegen wir vor einem Waldstück mit der weiß-rot-weißen Markierung links ab (blaue 2 verlassen). Der Feldweg schwenkt rechts in den Wald. Am Waldrand links entlang geht es hinab zu einer Straße. Wir gehen ca. 350 m nach links, dann steigen wir rechts den Meilerberg hinauf zu einem Sendemast. Links geht es am Wacholderhang entlang zum »Landschaftskino«, dann hinab ins Vilstal und über eine Straße auf **Rohrbach (4)** zu. Kurz nach der Brücke biegen wir links mit dem Jurasteig ab und gehen an der Vils entlang. Am Waldrand geht es kurz auf dem asphaltierten Radweg weiter, dann mit dem Jurasteig auf einem Grasweg nach links zum hübschen Hammerschloss von **Traidendorf (5)**. Die Straße »Zum Fischerberg« rechts bergan, dann »Am Fallgatter« links und mit dem blauen Schrägkreuz des Vilstalwanderweges in den Wald. Kurz nach einem verschlossenen Keller führt ein steiler Pfad hinauf zur Höhle **Osterloch (6)** (Tropfsteine nicht berühren!). Schließlich queren wir eine Straße und erreichen kurz darauf den Ortseingang von **Kallmünz**. Auf der Dinauerstraße links über die Vils, dann rechts über die Vilsgasse zum **Parkplatz (1)**.

46 Über Babylon nach Domažlice (Taus)

3.30 Std.

Reise ins Land der Chodové (Choden)

Auf abwechslungsreichen Wegen geht es über den Erholungsort mit dem schönen Namen Babylon ins Land der Choden. Domažlice mit seinem reizenden Stadtbild ist das Kulturzentrum dieses slawischen Volksstammes, der sich bereits im 11. Jahrhundert entlang der böhmisch-bayerischen Grenze ansiedelte. Im Mittelalter gehörte es zu den Aufgaben der Choden, die Grenze zu bewachen und gegen Feinde zu verteidigen. Weniger kämpferisch, aber bestimmt nicht ruhiger geht es heutzutage beim alljährlich im August stattfindenden Chodenfest zu. Das älteste Folklorefestival Tschechiens erweckt Volksmusik, traditionelle Tänze und Bräuche zu neuem Leben. Auf mehreren Bühnen wird getanzt und musiziert; fester Bestandteil ist auch der Altböhmische Jahrmarkt im Stadtzentrum.

Ausgangspunkt: Česká Kubice (Böhmisch Kubitzen), 520 m, Parkmöglichkeit am Bahnhof. Zufahrt: Im Ort den Schildern »Cabaret Pyramida« und »Nádraži« folgen (Navi: 34532 Česká Kubice).
Endpunkt: Domažlice (Taus), 430 m. Rückkehr mit dem Zug, tägl. um 8.29, 10.29, 12.29, 14.29 und 16.38 Uhr.
Höhenunterschied: Anstieg 250 m, Abstieg 330 m.
Anforderungen: Streckenwanderung, ca. 13 km; meist Waldwege und Pfade, in Babylon und von Veselá hora bis nach Domažlice asphaltiert.
Einkehr: Mehrere Gasthäuser in Babylon und Domažlice.

Variante: Wer eine kürzere Tour bevorzugt, kann seinen Ausgangspunkt zum Wanderparkplatz gegenüber dem Strandbad in Babylon (2) verlegen. Von dort muss man zunächst den weiß-blau-weißen Wandermarkierungen ca. 100 m am See entlang folgen. Dann weiß-grün-weiß markiert links ab und auf der Hauptroute nach Domažlice/Taus (6). Die Rückkehr erfolgt auch hier mit dem Zug. Anschließend am Bahnhof Babylon der weiß-rot-weißen Markierung nach rechts folgen. Am Hotel Praha vorbei, dann rechts durch die Siedlung oberhalb des Sees und zurück zum Strandbad (ca. 8 km, 2.20 Std.).

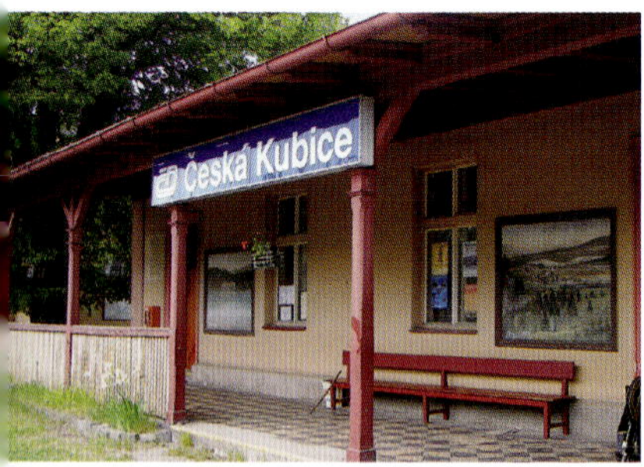

Vom Bahnhof in **Česká Kubice (1)** folgen wir der weiß-blau-weißen Markierung am Cabaret Pyramida vorbei den Betonplattenweg entlang. Am Sperrschild für Fahrradfahrer biegen wir rechts in den Wald. Auf schmalen Pfaden führt uns der gut gekennzeichnete Weg, der stets den Lauf eines kleinen

Liebevoll hergerichtet – der Bahnhof von Česká Kubice.

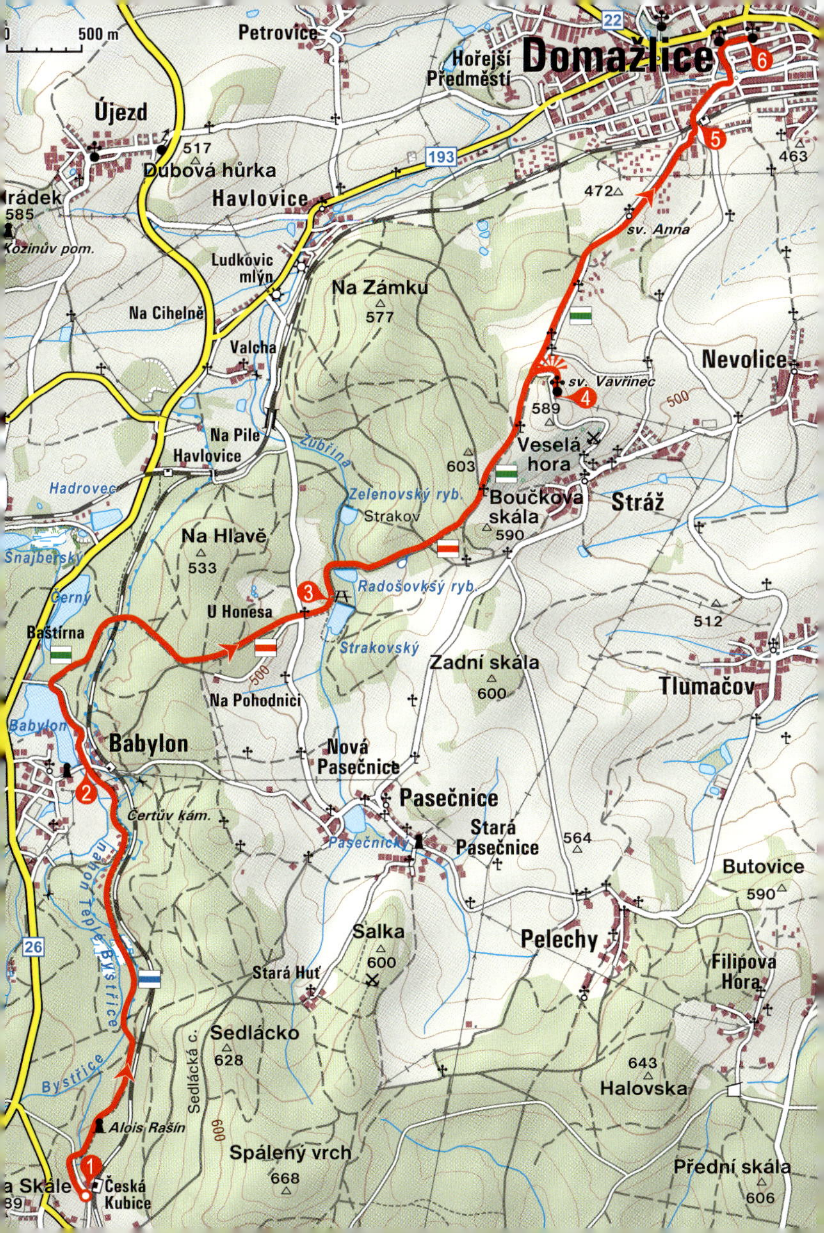

500 m
Petrovice
Hořejší Předměstí
Domažlice
22
6
Újezd
517
Dubová hůrka
193
5
463
Havlovice
472
sv. Anna
585
Kozinův pom.
Ludkovic mlýn
Na Zámku
577
Na Cihelně
Valcha
Nevolice
sv. Vavřinec
4
589
500
Na Pile
Havlovice
Zubřina
603
Veselá hora
Hadrovec
Zelenovský ryb.
Boučkova skála
Stráž
Strakov
590
Na Hlavě
533
Snajberský
Černý
3
Radošovský ryb.
512
U Honesa
Baštírna
Strakovský
500
Zadní skála
600
Tlumačov
Na Pohodnici
Babylon
Babylon
Nová Pasečnice
2
Čertův kám.
Pasečnice
Pasečnický
Stará Pasečnice
564
Butovice
590
náhon Teplé Bystřice
Salka
600
Pelechy
26
Stará Huť
Filipova Hora
Sedlácko
628
643
Halovska
Bystřice
Sedlácká c.
Alois Rašín
Spálený vrch
1
Česká Kubice
668
Přední skála
606

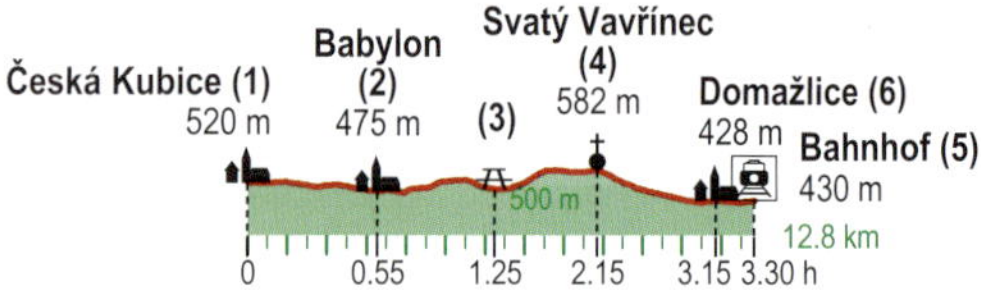

Bächleins begleitet, nach **Babylon (2)**. Vorbei an ersten prachtvollen Häusern, über eine Kreuzung und an weiteren Villen entlang zum See. Bänke am Ufer laden zum Verweilen ein. Der Eingang zum **Strandbad** liegt auf der gegenüberliegenden Seite des Sees **Babylonský rybník**. Wer ohne Abstecher nach Domažlice weiterwandern will, hält sich an die weiß-grün-weiße Markierung. Sie zweigt etwa 100 m vor dem Bad rechts auf einen breiten Holzsteg ab. Dann begleitet sie uns bis zu einem Tunnel, der unmarkiert unter einer Eisenbahnlinie hindurchführt. Wir nutzen den Tunnel, gehen kurz darauf geradeaus einen schmalen Waldweg bergan und treffen auf einen weiß-rot-weiß markierten Querweg. Diesem folgen wir links auf verwurzeltem Waldweg zu einer Straße, die wir überqueren. Auf einem Wiesenpfad geht es hin-

Prachtvolle Arkaden zieren das Zentrum von Domažlice.

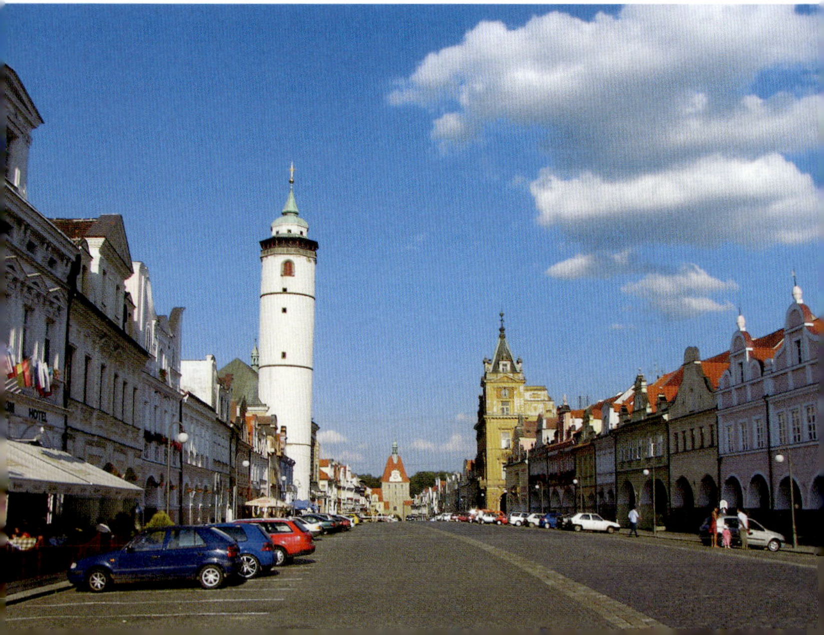

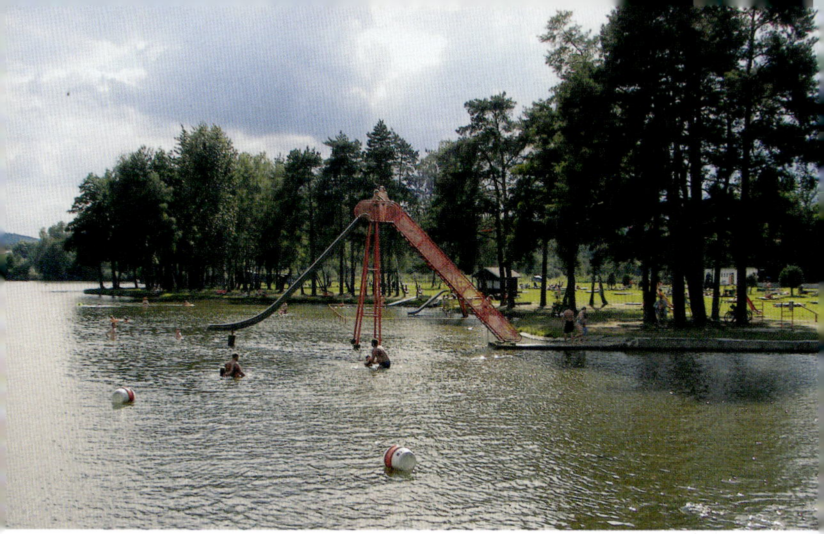

Das Freibad am schönen Badesee in Babylon.

ab zum See **Strakovský rybník** mit **Rastplatz (3)**. An dessen Ufer links entlang zu einem weiteren See. Am Ende dieses Sees nach rechts und einen steilen Waldweg bergan. Den Querweg ignorieren wir und steigen weiter hinauf, bis ein weiß-grün-weiß markierter Weg quert. Wir folgen der Markierung nach links aus dem Wald hinaus und erreichen bald ein asphaltiertes Sträßchen. Hier bietet sich ein kurzer Abstecher hinauf zur Wallfahrtskirche **Svatý Vavřínec (4)** an, der Kirche »Zu Ehren des heiligen Laurentius«, die auf dem aussichtsreichen Hügel **Veselá hora** liegt. Anschließend geht es auf dem asphaltierten Sträßchen gut 15 Min. bergab, dann rechts in einen Fußweg und an der Kapelle St. Anna vobei. Am Ortseingang passieren wir den **Bahnhof (5)** und gelangen ins malerische Zentrum von **Domažlice (6)**. Nach der Stadtbesichtigung gehen wir zum **Bahnhof (5)** zurück, von wo uns der Zug wieder nach **Česká Kubice (1)** bringt.

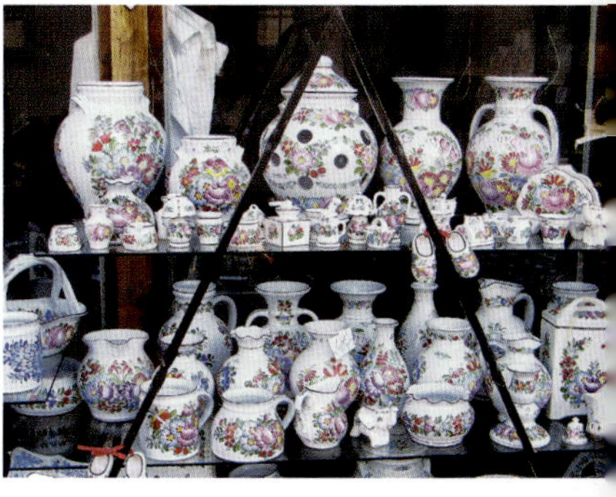

Hübsch bemaltes Porzellan: Das traditionelle Kunsthandwerk lebt noch in Domažlice und Umgebung.

47 Zur Ruine Starý Herštejn (Alter Hirschstein), 878 m

2.45 Std.

Verschwundene Grenzdörfer und ein alter Wachposten im Grenzgebiet

Im Dornröschenschlaf versunken zu sein scheint die stark renovierungsbedürftige Schlossanlage von Pívoň (Stockau). Auf dem Weg zur Ruine bezwingen wir den steilen Lissaberg mit seiner felsigen Gipfelkuppe. Von den einstigen Grenzdörfern sind nur noch die Umrisse einzelner Häuser im überwucherten Gelände zu erkennen. Sie wurden in den 1950er-Jahren geschliffen. Das Ziel unserer Wanderung ist die Burg Starý Herštejn (Alter Hirschstein), einst ein wichtiger Stützpunkt im Grenzgebiet.

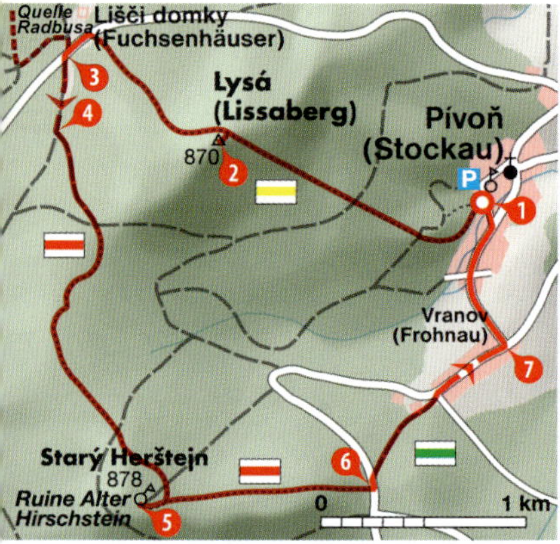

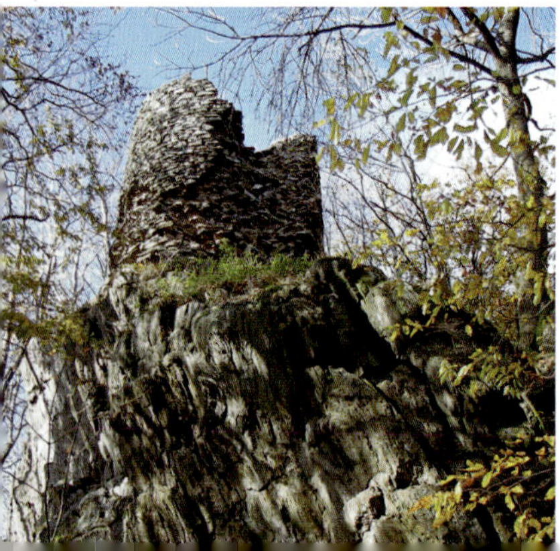

Ausgangspunkt: Pívoň (Stockau), 595 m, Parkplatz am Waldrand zwischen der Pension Pívoňka (kleine Hinweisschilder) und dem Schloss (Navi: 34522 Pívoň/Pobňžovice).
Höhenunterschied: 450 m.
Anforderungen: Rundwanderung, ca. 9 km; überwiegend wurzelige Waldwege und Pfade, ein steiler, langer Anstieg zum Lysá hora (Lissaberg).

Vom Parkplatz beim Schloss in **Pívoň (1)** gehen wir weiß-gelb-weiß markiert an der Pension Pívoňka vorbei und rechts in den Wald. Kurz darauf geht es noch einmal nach rechts, dann folgt ein langer, kerzengerader Anstieg auf wurzeligem Waldweg steil bergan. An den ersten Felsen steigen wir leicht links haltend vorbei, dann weiter bis zum 870 m hohen **Lysá hora (2)**. Ein unmarkierter Pfad nach links steigt zu den Felsen am Gipfel an. Der Weiterweg führt uns links um den Gipfel, dann hinab zu einer Lichtung, die den Blick Richtung Westen und Norden freigibt. Rechts haltend geht es auf einem steinigen Wald-

Burg Starý Herštejn diente dem Schutz eines der Regensburger Handelswege.

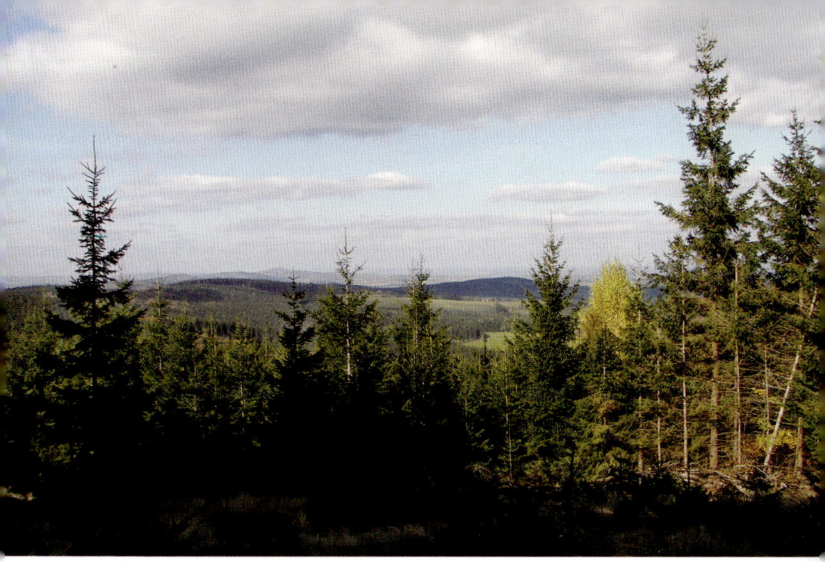

Beim Abstieg vom Lissaberg öffnet sich der Blick nach Norden.

weg hinab zu einem Sträßchen. Hier links und an der Lichtung, auf der einst der Ort **Liščí domky** (**3**, Fuchsenhäuser) zu finden war, entlang zu einer Kreuzung (geradeaus Richtung Zavíst und dann rechts ist ein Abstecher zur Quelle Radbusa möglich; 30 Min. hin und zurück). Wir wenden uns nach links und wandern weiß-rot-weiß markiert an noch schemenhaft erkennbaren Häuserresten vorbei zum ebenfalls zerstörten Ort **Herštejnské chalupy** (**4**, Hirschstein Hütten), der im Jahr 1930 noch 38 Häuser und 226 Einwohner zählte. Von dort bringt uns unsere Markierung links in den Wald und ohne größere Steigung zur Infotafel am Fuß der Ruine **Starý Herštejn (5)**. Zur Ruine leitet ein markierter Weg. Ein steiler Aufstieg führt rechts um den Turm, links herum steigt ein einfacherer Weg von hinten auf. Auf dem Plateau kann man bei Sonnenschein neben einer herrlichen Aussicht auch ein gemütliches Picknick genießen. Zurück an der Infotafel, geht es auf dem weiß-rot-weiß markierten Weg weiter. Geradeaus steigen wir auf steinigem Pfad hinab zum **Vranovské sedlo** (**6**, Frohnauer Sattel). Auf dem Sträßchen mit der weiß-grün-weißen Markierung links und gleich darauf rechts in einen Hohlweg, der hinab nach **Vranov** (**7**, Frohnau) führt. Am Ortsende links und auf der Straße zurück zum Parkplatz in **Pívoň (1)**.

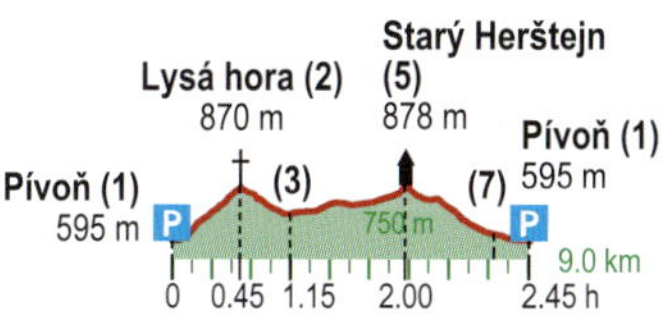

48

Zur Burgruine Přimda (Pfraumberg), 848 m

3.30 Std.

Rundweg entlang eines Kulturlehrpfads

Weithin sichbar thront Burg Přimda auf dem Pfraumberg. Sein seltsamer Name leitet sich von der deutschen Bezeichnung »Pfrimberg« ab und bezieht sich auf eine besondere Ginsterart, den sogenannten Pfriemenginster, der hier einst auf dem Fels wuchs. Erklimmt man den steilen Burgberg, wird man mit einem fantastischen Fernblick, der bei klarem Wetter bis nach Prag reichen soll, belohnt. Auf wilden Pfaden folgen wir dem felsigen Gipfelgrat und genießen die Aussicht, um dann durch ein herrliches Naturwaldreservat den Berg zu umrunden. Auf gemütlichen Wegen führt ein Lehrpfad anschließend im weiten Bogen um den Berg.

Ausgangspunkt: Přimda, 700 m, Parkplatz vor der Kirche (Navi: 34806 Přimda).
Höhenunterschied: 350 m.
Anforderungen: Etwa 9 km lange Runde, die im ersten Abschnitt auf steilen Waldwegen und felsigen Pfaden verläuft. Ab Station 7 geht es auf Wald- und kleinen Asphaltwegen um den Berg.
Einkehr: Mehrere Gasthäuser in Přimda.
Tipp: Im Informationszentrum beim Parkplatz gibt es eine Broschüre zum Rundweg in deutscher Sprache.

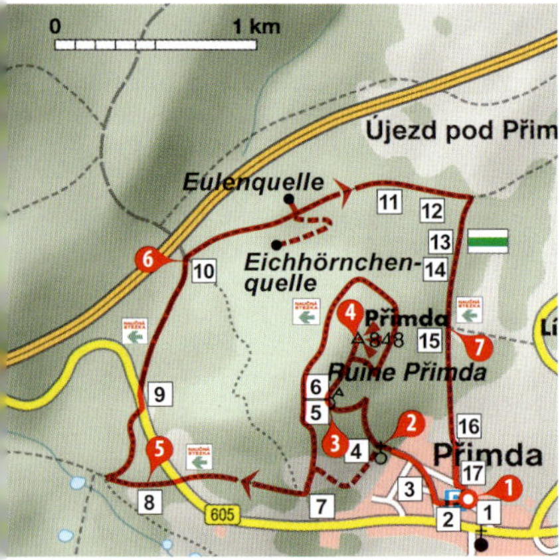

Gegenüber dem Informationszentrum in **Přimda (1)** beginnt der Lehrpfad Přimda. Die **Station 1** berichtet über die Pfarrkirche, die dem heiligen Georg geweiht ist. Wir gehen Richtung Tankstelle und zu **Station 2**. Sascha Kolowrat-Krakowsky, eigentlich Alexander Joseph Graf Kolowrat-Krakowsky (1886–1927), von 1910–1927 Besitzer Přimdas, war ein österreichischer Filmproduzent und begeisterter Liebhaber des Motorsports. Zu Beginn der 1920er-Jahre initiierte er zusammen mit Ferdinand Porsche den Bau eines Rennautos, das als »Sascha-Wagen« für großes Aufsehen sorgte. Zu Ehren dieses berühmten Pioniers des Automobilsports organisiert der Oldtimerclub Böhmerwald alljährlich Ende Juni ein »Internationales Oldtimertreffen«. An der Pension Oma biegen wir rechts ab und treffen auf **Station 3**. Der Ort Přimda wurde wie die Burg vermutlich Mitte des 12. Jh. gegründet. Das älteste schriftliche Dokument ist von 1331, als König Johann von Luxemburg die Privilegien für die Bürger Přimdas festlegte, da sie, wie die Choden, Hüter der Grenze waren. Dann geht es links die Allee hinauf zum Hotel Horský und geradeaus weiter in den Wald. Steil steigen wir hinauf zu einem **Marienstandbild (2)** in einer kleinen Kapelle, die 1885 errichtet wurde **(Station 4)**. Wir wenden uns nach rechts und folgen dem Schotterweg zu einer Infotafel über Přimda, von wo wir in wenigen Minuten die **Burgruine Přimda (3)** mit den **Stationen 5 und 6** erreichen. Im Anbau des Wohnturms finden wir eine mittelalterliche Toilette, einen Aborterker. Von den Felsen genießen wir die Aussicht. Vermutlich gab es hier schon um 925 eine Burg, belegt ist diese aber erst seit 1126. Sie diente im 12. und 13. Jh. vor allem der Grenzbefestigung und als Gefängnis. Bedeutend war sie aufgrund ihrer Lage am Handelsweg von Nürnberg nach Prag. Seit Ende des 16. Jh. ist sie dem Verfall preisgegeben. Wir steigen ein kurzes Stück ab und biegen nach der Holzhütte links in einen Pfad ein, der zur 250 m entfernten »vyhlídka« (Aussicht) führt. Durch das Naturwaldreservat führt der Pfad mit roten Pfeilen markiert am Gipfelgrat entlang zum eigentlichen **Gipfel des Pfraumbergs (4)**, 848 m. Wir genießen die Aussicht, dann gehen wir ein kurzes Stück auf selbem Weg zurück und folgen nach dem kleinen Abstieg über den Felsen einem Pfad nach links. Er leitet uns oberhalb der Bergstation eines Skilifts vorbei zu einem Waldweg. Hier zweigen wir links ab, gehen unter dem Skilift hindurch und folgen dem kleinen Felsenpfad um den Berg. Dieser ist in Gegenrichtung mit den grünen Pfeilen der kleinen Lehrpfadrunde (Malý Okruh) markiert. Bald führt der Pfad leicht bergab, erreicht die mit roten Ringen markierte Grenze des Naturschutzgebiets und stößt auf einen **alten Kohlenmeiler**, der rechts vom Weg liegt.

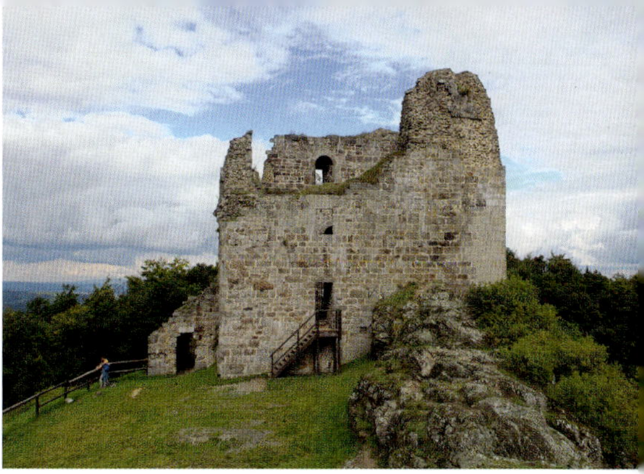

Ein weithin sichtbarer Wachtposten – die Burgruine Přimda.

Kurz darauf treffen wir auf den Abzweig zur großen Lehrpfadrunde (Velký Okruh). Nach links können wir abkürzen und über das **Marienstandbild (2)** nach **Přimda (1)** zurückkehren (insg. knapp 5 km,

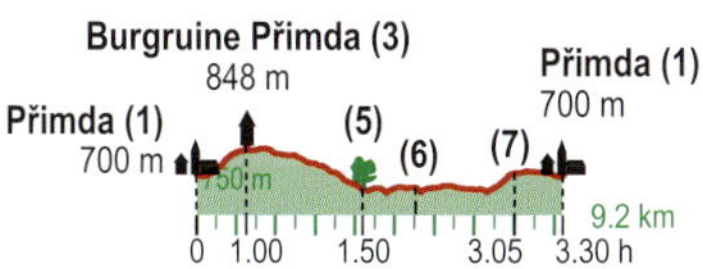

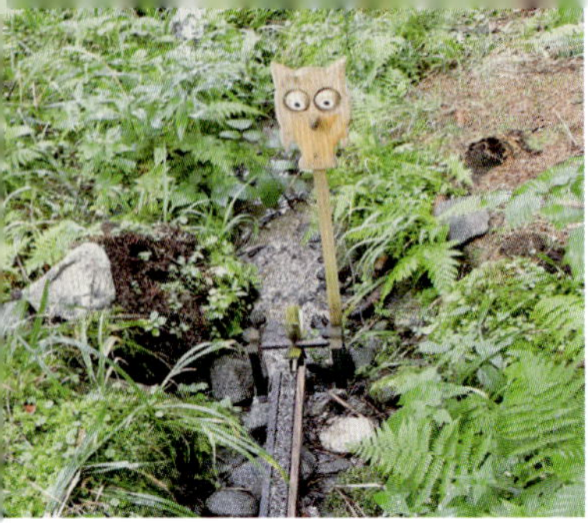

Quelle mit Wasserspiel.

160 Hm, 1.30 Std.). Der Hauptweg führt rechts hinab zu einem Rastplatz mit **Station 7**, die das 33 ha große Naturschutzgebiet um den Burgberg thematisiert. Dort wenden wir uns nach rechts und wandern bald durch lichten Wald weiter abwärts. Der Weg führt rechts versetzt über die Straße, dann leitet uns die Markierung links zu einer rund 250 Jahre alten **Linde (5)** mit einem Stammumfang von fast 7 m **(Station 8)**. In diesem feuchten Tal befand sich einst eine kleine Siedlung. Die erste Mühle wurde 1540 errichtet, 1930 lebten hier noch 144 Personen. Unser Weiterweg führt kurz durch das Mühlental und an der nächsten Kreuzung halb rechts hinauf zur Straße. Links, auf der anderen Straßenseite, erwartet uns **Station 9**. Wir befinden uns in den Kolowrat-Wäldern, dem Waldgebiet um das Jagdschloss Diana, den 1742 erstmals erwähnten Wohnsitz der Herren von Kolowrat unweit von hier. Neben Waldwirtschaft wurden bis 1930 Landwirtschaft, Obstanbau (für Apfelwein) und mehrere Glashütten betrieben. Auf einem alten Sträßchen wandern wir an der Westseite des Berges auf die **Autobahn D5 (6, Station 10)** zu. Sie verläuft von Prag über Rozvadov (Roßhaupt) und ab Waidhaus als A6 weiter nach Nürnberg. Sie entspricht etwa der alten Handelsroute »Goldene Straße«. Bei Přimda überwindet sie mit 625 m ihren höchsten Punkt. Auf einem breiten Waldweg geht es eben weiter. Wir passieren das Schild »U veverek« – hier leiten uns weiße Tupfen rechts hinauf zu einer weit entfernten Quelle mit Eichhörnchen. Kürzer ist da der nächste Abzweig nach links zur »Pod Kamenem«, zu einer Quelle mit Wasserrädchen und Eulenspiel. An den **Stationen 11 und 12**, Jägersitz und Wildfütterung, vorbei erreichen wir eine Waldecke und schwenken nach rechts. Nun auch grün-weiß markiert steigen wir auf breiten Waldwegen hinauf zu **Station 13**. Sie befasst sich mit den in Europa weit verbreiteten Rotbuchenwäldern sowie aus Feldsteinen errichteten Steinmauern. **Station 14** finden wir neben einer Kapelle, die zu Beginn des 20. Jh. ein Bauer aus Ujazd aus Dankbarkeit errichten ließ. 2007 wurde sie durch den Orkan Kyrill zerstört und 2009 wiederaufgebaut. Vom 1965 gegründeten **Ski Areal Přimda (7, Station 15)** kann man die Aussicht genießen und auf einer Bank vor der Skibar rasten. Im Wald geht es nun eben weiter, dann schwenkt der Weg nach links und gleich darauf rechts auf Přimda zu. **Station 16** erklärt eine historische Wetterstation und **Station 17** erläutert einige historische Daten, wie die letzte Hinrichtung, die 1743 stattfand, dass Přimda 1925 elektrischen Strom bekam und sich die Bevölkerung zwischen 1946 und 1947 von 1041 auf 217 Einwohner verringerte. Dann ist der Marktplatz von **Přimda (1)** erreicht.

5.15 Std.

Im Tal der tausend Datschas

Entlang der Mže (Mies) zur Ruine Volfštejn (Wolfstein)

Ein Relikt aus realsozialistischen Zeiten sind die tschechischen Wochenendhäuser, die Datschas. Liebevoll gepflegt und individuell gestaltet fügen sie sich harmonisch in das Tal der Mže ein. Unsere Wanderung nimmt im Wechsel bergige Pfade und gemütliche Uferwege in Anspruch. Einen schönen Blick auf das Tal hat man beim Aufstieg zur idyllisch im Wald gelegenen Ruine Volfštejn mit erhaltenem Bergfried. Ein Geisterort ist das fast schon vollständig verfallene Záhoří: Das Dorf wurde trotz herrlicher Lage vor vielen Jahren bis auf ein einziges Haus verlassen. Wer noch Zeit hat, sollte sich die Zusatzrunde um den Vlčí hora zum Goethe-Ausblick nicht entgehen lassen.

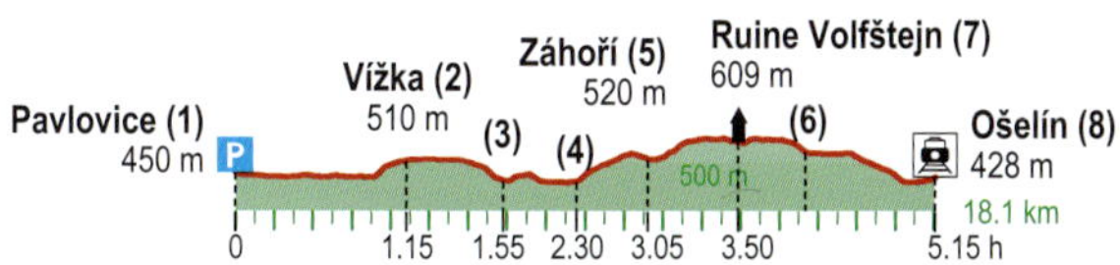

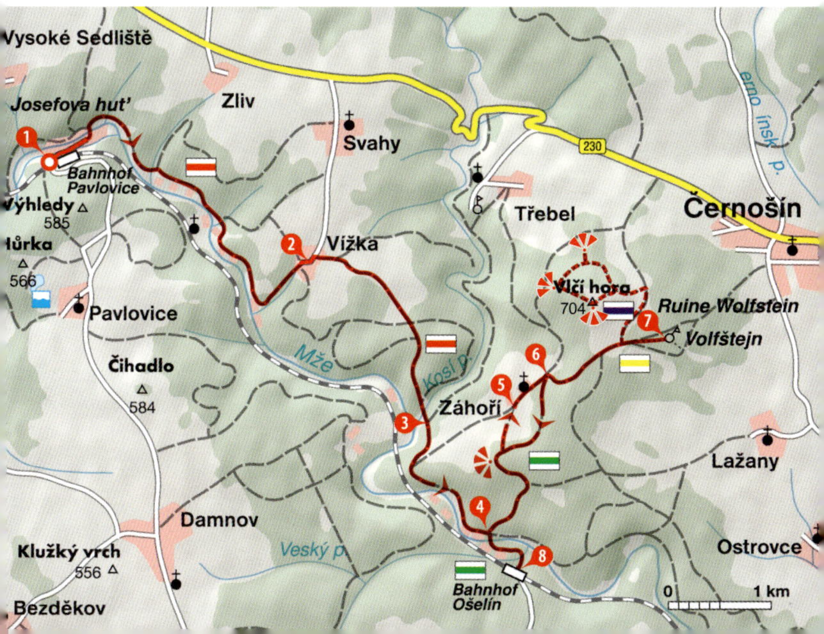

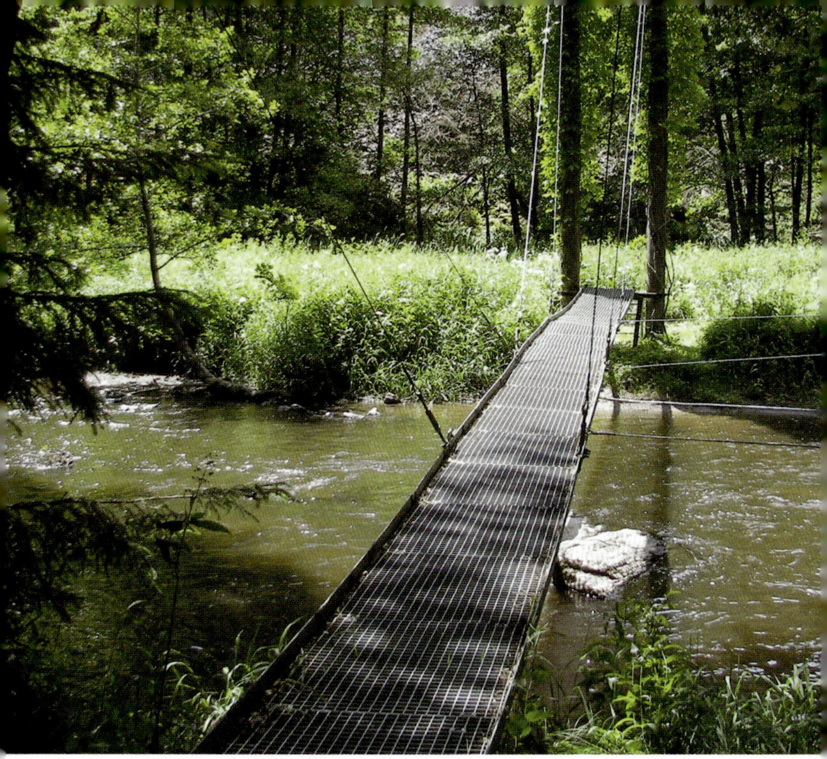

Wackelige Hängebrücke über die Mže (Mies) kurz hinter dem Abzweig nach Vížka.

Ausgangspunkt: Pavlovice, 450 m, Parkplatz am Bahnhof. Zufahrt: Vom Grenzübergang Waidhaus über Přimda oder auf den Autobahnen A6 und D5 (Achtung, in Tschechien Vignettenpflicht!) bis nach Bor (Autobahnausfahrt 128), dann Richtung Planá. In Bezděkov rechts und über Damnov und Pavlovice hinab ins Tal der Mže; Bahnhof kurz hinter dem Bahnübergang (Navi: 34815 Pavlovice).
Endpunkt: Ošelín, 428 m. Rückkehr mit dem Zug (www.bahn.de).
Höhenunterschied: Anstieg 530 m, Abstieg 550 m.
Anforderungen: Streckenwanderung, ca. 18 km; meist Uferpfade, Wald- und Wiesenwege, Ausdauer erforderlich.
Einkehr: Keine.
Varianten: 1. Ohne den Abstecher nach Záhoří und zur Ruine Volfštejn benötigt man für die Tour nur 3.00 Std. (10,5 km). 2. Die Zusatzrunde zu den Aussichtspunkten Vlčí hora (Wolfsberg, 704 m), Goethova Vyhlídka (Goethe-Ausblick, 660 m) und Nad Lomen, 640 m, ist blau markiert. Vom Nad Lomen den unmarkierten Waldweg bergan zurückgehen (zusätzlich 3 km, 35 Min.).
Tipp: Herrlicher Badesee im Basaltsteinbruch oberhalb von Pavlovice.

Vom Bahnhof in **Pavlovice (1)** gehen wir auf der Straße hinab ins Tal, queren die Mže (Mies) und wenden uns an der **Josefova hut'**, einem ehemaligen Eisenwerk, der weiß-rot-weißen Wandermarkierung folgend nach rechts. Flussabwärts an der Mže entlang. Bald verlässt der Weg kurzzeitig das Tal, um gleich darauf sehr steil wieder hinunterzusteigen. Es geht vorbei an einigen Datschas, dann mündet der Weg in einen unbefestigten Fahrweg. Mit der Markierung links (Abstecher zur Hängebrücke geradeaus) bergan nach **Vížka (2)**. Im Ort biegen wir rechts in einen Feldweg und wandern wieder hinab ins Tal und über den Bach **Kosí potok (3)**. Auf einem schmalen Bergpfad bergauf, dann begleitet uns ein kurzes Stück die Bahnlinie, bevor wir erneut ins Tal absteigen und eine weitere Siedlung von Datschas queren. Am Abzweig **U Mže (4)** biegen wir mit weiß-grün-weißer Markierung nach links zur Ruine Volfštejn (Wolfstein) ab (geradeaus und kurz darauf rechts geht es zum Bahnhof Ošelín; vgl. Variante 1). Der Waldweg führt uns aus dem Tal und mündet in den breiten Fahrradweg »2205«. Links, weiterhin grün markiert, bis zu einem Rastplatz in einer Rechtskurve. Hier besteht die Möglichkeit, auf bequemem Weg rechts direkt weiter zum weiß-gelb-weiß markierten Abzweig am Nad Záhořím zu wandern. Ansonsten setzen wir unseren Weg geradeaus zu den Ruinen von **Záhoří (5)** fort. Den Wiesenweg hinab zum einzigen noch bewohnten Haus und an der kleinen roten Markierung am Baum rechts zu den Häuserruinen. Im Anschluss steigt der Weg den Hang empor. Auf Höhe eines Jägerstandes gehen wir rechts hinauf zu einer renovierten Kapelle. Von ihrer linken Seite führt ein schmaler Pfad durch den Wald zum grün markierten Wanderweg. Auf diesem geht es links zum Abzweig **Nad Záhořím (6)**. Nun folgen wir dem gelb markierten Pfad hinauf zur **Ruine Volfštejn** (**7**, Wolfstein). Unterwegs bietet sich die Möglichkeit, nach links auf den Vulkan Vlčí horá (704 m) und zum Goethova Vyhlídka (Variante 2) zu steigen. Nach einer Besichtigung der Ruine kehren wir auf selbem Weg zurück zum Abzweig **Nad Záhořím (6)**. Nun gehen wir auf direktem Weg der grünen Wandermarkierung folgend nach links hinab ins Miestal. An der Abzweigung **U Mže (4)** halten wir uns jetzt links und biegen kurz darauf am grünen Schild nach rechts über die Brücke zum Bahnhof von **Ošelín (8)** ab. Von dort kehren wir mit dem Zug zurück nach **Pavlovice (1)**.

Eine der vielen Datschas im Tal der Mže.

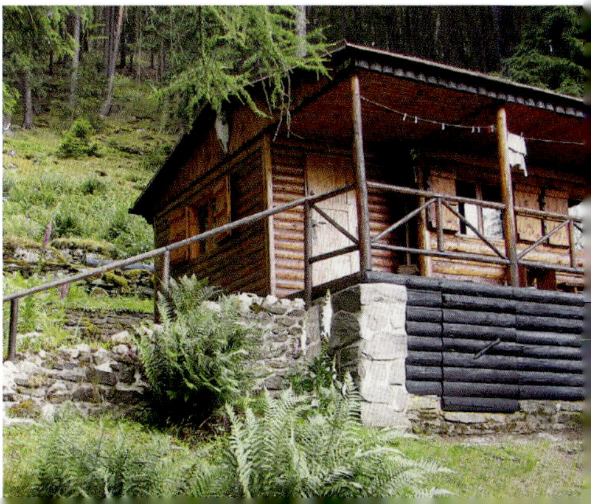

50 Lázně Kynžvart (Bad Königswart) – Schloss und Ruine

2.45 Std.

Entdeckungstour unweit des bekannten Kurorts Marienbad

In neuem Glanz erscheint Zámek Kynžvart (Schloss Königswart). Das 2001 renovierte Gebäude wurde 1690 errichtet und in den 1930er-Jahren für Fürst von Metternich im Empire-Stil umgebaut. Heute beherbergt es ein Museum und ein Café, in den Nebengebäuden sind Hotel und Restaurant entstanden. Das Zentrum des Städtchens Lázně Kynžvart wirkt dagegen eher bescheiden. Verträumt im Wald liegt die Zřícenina hradu Kynžvart (Ruine Schloss Königswart), die wir auf unserem kurzen Rundgang auf einsamen Wegen entdecken.

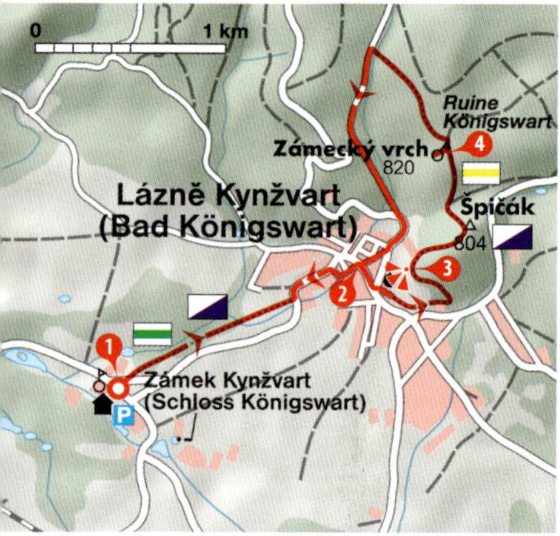

Ausgangspunkt: Zámek Kynžvart (Schloss Königswart), 595 m, gebührenpflichtiger Parkplatz (Navi: 35491 Zámek Kynžvart).
Höhenunterschied: 280 m.
Anforderungen: Kleine Runde, ca. 8 km; Waldwege und steinige Pfade, steiler Anstieg zur Ruine.
Einkehr: Café im Schloss sowie Schlosshotel Metternich und Golfrestaurant beim Schloss Königswart und in Bad Königswart.
Tipps: Metternich-Museum im Schloss Königswart (www.zamek-kynzvart.cz), Golfanlage; Mariánské Lázně (Marienbad); Kladská (Glatzen), Ansiedlung alpenländischer Holzhäuser um ein Jagdschlösschen (Einkehr) mit Rundweg um Glatzer Moor (2,5 km, Anfahrt: ca. 3 km Richtung Prameny).

Vom Parkplatz am **Zámek Kynžvart (1)** folgen wir den weiß-grünen und blauen dreieckigen Markierungen an einem Bächlein entlang nach **Lázně Kynžvart**. Am Ortseingang links, dann rechts blau markiert ins **Zentrum (2)**. Vor der Kirche biegen wir unmarkiert in die Seitenstraße J. E. Purkyně und folgen einem Fußweg durch den Wald zur Kinderheilanstalt Königswart. Rechts dahinter finden wir einen **Heilbrunnen**. Anschließend steigen wir mit dem blauen Dreieck einen Waldpfad links bergan. Dieser führt zum **Aussichts-**

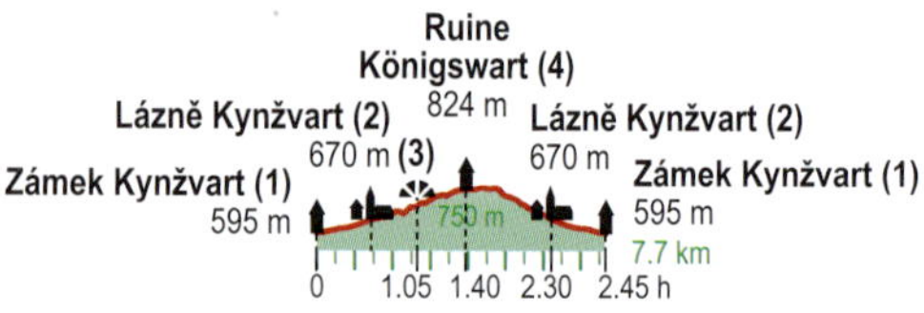

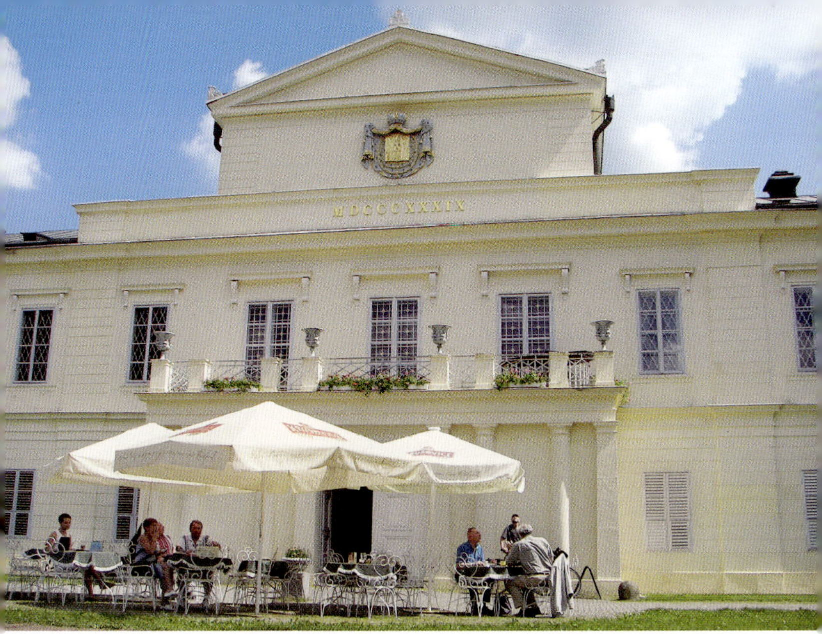

Stilvolles Kaffeetrinken im Garten von Schloss Königswart.

punkt am Spitzberg (3) und dann in einem Bogen um den bewaldeten Gipfel zu einem Sattel. Hier geradeaus weiß-gelb markiert auf dem felsigen Pfad weiter, der Blick öffnet sich auf die Grenzberge und dann tauchen die Mauerreste der **Ruine Königswart (4)** über uns auf. Über den Steg und links bergan zur ehemals gewaltigen Burganlage. Der Erkundungsgang über die Ringwälle hoch hinauf zu den Mauerresten erfordert etwas Trittsicherheit. Nach dem Abstecher zur Burgruine führt uns der weiterhin weiß-gelb markierte Weg nur noch leicht bergan Richtung Vysoké sedlo (Hochsattel), fällt ab und quert schließlich ein kleines Bächlein. Hier unmarkiert nach links abzweigen und auf breitem Weg am Bächlein entlang abwärts. Der Weg mündet in ein Sträßchen, auf dem wir am sehenswerten **Friedhof** vorbei nach **Lázně Kynžvart** absteigen. Die Spielstraße rechts hinunter und auf dem bekannten Weg zurück zum **Zámek Kynžvart (1)**.

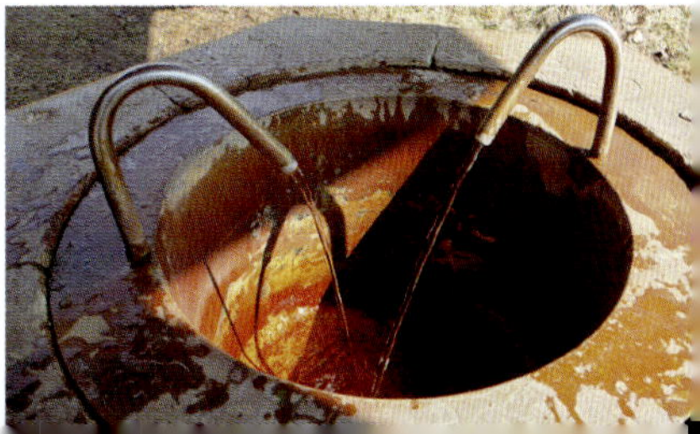

Die Mineralquellen Helena und Viktor.

Stichwortverzeichnis

Umschlagbild:
Burgruine Flossenbürg (Tour 25).

Bild im Innentitel:
Am Butterfass im Waldnaabtal (Tour 30, Variante).

Alle 120 Fotos stammen von der Autorin, ausgenommen Seite 106 (Geschichtspark, Bärnau).

Kartografie:
29 Wanderkärtchen im Maßstab 1:50.000/1:75.000
www.rolle-kartografie.de
22 Wanderkärtchen im Maßstab 1:50.000
Geodaten © OpenStreetMap und Mitwirkende,
kartografisches Design: Freytag & Berndt Prag, www.freytagberndt.cz
Übersichtskärtchen im Maßstab 1:700.000, 1:1.000.000
© Freytag & Berndt, Wien.

4., aktualisierte Auflage 2021

ISBN 978-3-7633-4388-1

MIX
Papier aus verantwortungsvollen Quellen
FSC® C021956

Wir freuen uns über jeden Korrekturhinweis zu diesem Wanderführer!
Bitte per E-Mail an: leserzuschrift@rother.de

ROTHER BERGVERLAG · München
D-82041 Oberhaching · Keltenring 17 · Tel. +49 89 608669-0 · www.rother.de